高等教育城市与房地产管理系列教材

工程项目咨询

王　军　主编

中国建筑工业出版社

图书在版编目(CIP)数据

工程项目咨询/王军主编. —北京：中国建筑工业
出版社，2013.11
高等教育城市与房地产管理系列教材
ISBN 978-7-112-15835-5

Ⅰ.①工…　Ⅱ.①王…　Ⅲ.①工程-咨询服务-高
等学校-教材　Ⅳ.①F224.5

中国版本图书馆 CIP 数据核字(2013)第 217322 号

本书包括的主要内容有：工程项目咨询概论、工程项目咨询的行业制度、规划咨询与政策研究咨询、工程项目前期咨询——决策与设计、工程项目前期咨询——方案与评价、工程项目准备阶段咨询、工程项目建设阶段咨询、工程项目运营阶段咨询。书中给出了反映工程项目咨询工作的大量的实际案例和方法，力求通过工程实例讲清相关概念、原理、具体方法的应用，为教师的备课、学生的学习提供最大方便。

本书可作为高等学校工程管理、工程造价专业及其他相关专业的本科教材，也可作为工程管理人员的岗位培训教材，还可供建设工程项目的建设单位、施工单位及设计监理等工程咨询单位的人员学习参考。

责任编辑：胡明安　姚荣华
责任设计：董建平
责任校对：王雪竹　刘　钰

高等教育城市与房地产管理系列教材
工程项目咨询
王　军　主编

*

中国建筑工业出版社出版、发行（北京西郊百万庄）
各地新华书店、建筑书店经销
北京科地亚盟排版公司制版
北京君升印刷有限公司印刷

*

开本：787×1092 毫米　1/16　印张：14½　字数：362 千字
2014 年 1 月第一版　　2014 年 1 月第一次印刷
定价：**35.00 元**
ISBN 978-7-112-15835-5
(24601)

高等教育城市与房地产管理系列教材

编写委员会

主任委员：刘亚臣

委　　员（按姓氏笔画为序）：

于　瑾　王　军　王　静　包红霏　毕天平

刘亚臣　汤铭潭　李丽红　战　松　薛　立

编审委员会

主 任 委 员：王　军

副主任委员：韩　毅（辽宁大学）

汤铭潭

李忠富（大连理工大学）

委　　员（按姓氏笔画为序）：

于　瑾　马延玉　王　军　王立国（东北财经大学）

刘亚臣　刘志虹　汤铭潭　李忠富（大连理工大学）

陈起俊（山东建筑大学）　周静海　韩　毅

系列教材序

沈阳建筑大学是我国最早独立设置房地产开发与管理（房地产经营与管理、房地产经营管理）本科专业的高等院校之一。早在1993年沈阳建筑大学管理学院就与大连理工大学出版社共同策划出版了《房地产开发与管理系列教材》。

随着我国房地产业发展，以及学校相关教学理论研究与实践的不断深入，至2013年这套精品教材已经6版，已成为我国高校中颇具影响力的房地产经营管理系列经典教材，并于2013年整体列入辽宁省"十二五"首批规划教材。

教材与时俱进和不断创新是学校学科发展的重要基础。这次沈阳建筑大学又与中国建筑工业出版社共同策划了本套《高等教育城市与房地产管理系列教材》，使这一领域教材进一步创新与完善。

教材，是高等教育的重要资源，在高等专业教育、人才培养等各个方面都有着举足轻重的地位和作用。目前，在教材建设中同质化、空洞化和陈旧化现象非常严重，对于有些直接面向社会生产实际的应用人才培养的高等学校和专业来说更缺乏合适的教材，为不同层次的专业和不同类型的高校提供适合优质的教材一直是我们多年追求的目标，正是基于以上的思考和认识，本着面向应用、把握核心、力求优质、适度创新的思想原则，本套教材力求体现以下特点：

1. 突出基础性。系列教材以城镇化为大背景，以城市管理和城市房地产开发与管理专业基础知识为基础，精选专业基础课和专业课，既着眼于关键知识点、基本方法和基本技能，又照顾知识结构体系的系统。

2. 突出实用性。系列教材的每本书除介绍大量案例外，并在每章的课后都安排了现实性很强的思考题和实训题，旨在让读者学习理论知识的同时，启发读者对房地产以及城市管理的若干热点问题和未来发展方向加以分析，提高学生认识现实问题、解决实际问题的能力。

3. 突出普适性。系列教材很多知识点及其阐述方式都源于实践或实际需要。并以基础性和核心性为出发点，尽力增加教材在应用上的普遍性和广泛适用性。教材编者在多年从事房地产和城市管理类专业教学和专业实践指导的基础上，力求内容深入浅出、图文并茂，适合作为普通高等院校管理类本科生教材及其他专业选修教材；还可作为基层房地产开发及管理人员研修学习用书。

本套系列教材一共有九本，它们是《住宅与房地产概论》、《房地产配套设施工程》、《城市管理概论》、《工程项目咨询》、《城市信息化管理》、《高层住区物业管理与服务》、《社区发展与管理》、《市政工程统筹规划与管理》和《生态地产》。

本套系列教材在编写过程中参考了大量的文献资料，借鉴和吸收了国内外众多学者的研究成果，对他们的辛勤工作深表谢意。由于编写时间仓促，编者水平有限，错漏之处在所难免，恳请广大读者批评指正。

刘亚臣

前　　言

咨询的发展是经济发展的产物，随着经济发展，专业化分工越来越细，对咨询的需求也越来越多。目前中国正处于经济高速发展阶段，基础设施、生产和生活设施的建设正在大规模地展开，为工程建设领域注入了新的生机与活力。工程建设必然离不开一支专业的咨询队伍（如监理工程师、咨询工程师、项目管理师、招标师等）和咨询组织（如代建单位、施工单位、设计单位等）。

在我国工程咨询业，一支知识面较广、综合素质较高、工作能力比较强的咨询工程师的队伍已经初具规模，他们在为经济社会发展、工程项目决策与实施提供咨询和管理服务中，发挥出日益显著的骨干作用。但是跟国外的咨询组织和专业人士相比，国内的咨询组织和人士仍然存在着业务能力不全面、竞争力较弱等问题。如何培养优秀的、与国际接轨的工程咨询人才成为摆在我们教育工作者面前的紧迫问题。本书主要基于作者多年工程实践和咨询经历，为了解决这个问题进行了长期的探索和尝试。在社会对工程咨询人才的巨大需求和对工程咨询人才的复合型知识要求越来越综合的背景下，《工程项目咨询》课程成了顺应社会需求的一门集实践与理论一体的新课程。

本书以典型的工业工程为背景、以工程项目咨询的周期为主线，全面系统地介绍了工程咨询行业制度、规划咨询与政策研究咨询、工程项目咨询各个阶段的内容和方法，体现了我国当前工程咨询管理体制改革中的最新精神。全书共8章，主要内容包括：工程项目咨询概论、工程项目咨询的行业制度、规划咨询与政策研究咨询、工程项目前期咨询——决策与设计、工程项目前期咨询——方案与评价、工程项目准备阶段咨询、工程项目建设阶段咨询、工程项目运营阶段咨询。书中给出了反映工程项目咨询工作的大量的实际案例和方法，力求通过工程实例讲清相关概念、原理、具体方法的应用，为教师的备课、学生的学习提供最大方便。

本书可作为高等学校工程管理、工程造价专业及其他相关专业的本科教材，也可作为工程管理人员的岗位培训教材，还可供建设工程项目的建设单位、施工单位及设计监理等工程咨询单位的人员学习参考。

本书由沈阳建筑大学王军教授担任主编，李丽红、张扬担任副主编。主编提出写作的总体思路和主要设想，以及各章节目录。编写人员的具体分工如下：第1章：王军、李丽红（沈阳建筑大学），第2、6章：战松（沈阳建筑大学），第3章：包红霏（沈阳建筑大学），第4章：王军（沈阳建筑大学），第5章：张扬（沈阳理工大学），第7章：李丽红（沈阳建筑大学），第8章：李丽红（沈阳建筑大学）。王萍、安镜如参加了部分内容的写作工作。王军教授最后对全书统撰定稿。

在策划和编写过程中，沈阳建筑大学管理学院老师以及许多实际工作者对全书的结构和内容提出了许多宝贵的意见，在此致以深深的谢意；写作过程中，我们直接或间接地参阅、借鉴和引用了大量国内外有关专著、教科书、论文和媒体的相关报道，在此对有关著作或文章的原作者表示最诚挚的谢忱。

由于我们的水平有限，书中难免存在不当之处，恳请专家、学者、同行及广大读者批评指正。

编 者

2013 年 5 月

目　　录

第 1 章　工程项目咨询概论

关键词：工程；项目；咨询；内容；程序

[**案例导读**] 某房地产开发公司拟在一城市进行房地产开发业务拓展，找到该市工程咨询营业额排名第一的甲级资质×咨询公司进行业务咨询，通过双方协商与谈判，最终确定由×咨询公司负责帮助该公司进行市场机会分析、投资选址分析、开发小区的定位与设计等咨询服务，房地产开发公司负责支付给公司一定的咨询费用。

分析：为什么要请咨询公司介入房地产开发业务的拓展？工程咨询的职能是什么？

1.1　项目与工程项目的概念

1.1.1　项目的概念与特征

1. 项目的定义

在人类发展的历程中，人们开展了各种有组织的活动。随着社会的发展进步，有组织的活动逐渐分化为两种类型：一类是连续不断、周而复始的活动，人们称之为"运作"（Operations），如企业日常生产产品的活动；另一类是临时性、独特的、一次性的活动，人们称之为"项目"（Projects），如企业的技术改造活动、一个建筑产品的建造等。对于企业的发展来说，项目和运作是相互支撑的，可以认为：项目的实施会引起相应的组织或社会的跳跃式变化，而运作活动所带来的通常是循序渐进的变化。各关系人对跳跃式变化和循序渐进的变化的反应和态度肯定是不同的，如图 1-1 所示。

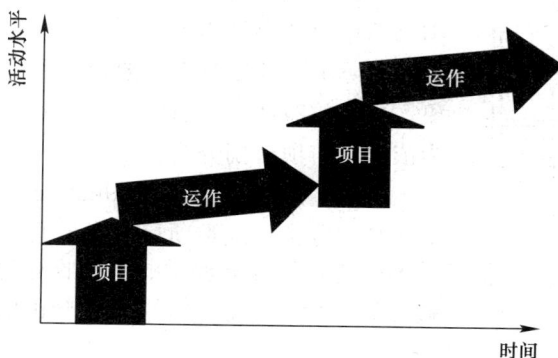

图 1-1　项目和运作之间的关系图

项目和运作的主要区别，如表 1-1 所示❶。

项目与运作的区别　　　　　　　　　　　　　　　　　　表 1-1

项　　目	运　　作
在规定的时间内结束	不断经营下去
临时性团队	永久的组织机构
各专业组合成一个整体协同作战	各专业按既定的章程分工负责
创造一个独特的产品或服务	重复生产同一产品或服务
实施过程有较大的不确定性	过程比较稳定、规范
一次性、众多利益冲突的项目关系人	永久的，可按长期行之有效的办法加以经管理的利益相关人
确定的客户（业主）	不确定的、经常变化的客户
项目目标的多样性和相互制约性	经营目标的单一性和各分目标的相互促进
强调活动的有效性（客户的满意程度）	强调活动的效率

基于上述讨论，项目可以定义为——项目是完成某一独特的产品或服务所做的一次性努力，是一个多任务的复合体。"一次性"是指项目有明确的开始时间和明确的结束时间；"独特"是指项目所创造的产品或服务与所有的其他产品或服务相比较，在某些方面存在着明显的差别。下面是一些项目的例子：

（1）开发一种新产品或提供一种新服务。

（2）实现组织结构、工作人员和经营风格的一次改变。

（3）开发或获取一个新的信息系统或者改进原有信息系统。

（4）设计一种新型运输工具。

（5）建造一座建筑物或设施。

（6）在一个发展中国家为某个社区建造一个水利系统。

（7）为政治机构开展一场竞选活动。

（8）实施一套新的商业程序或过程。

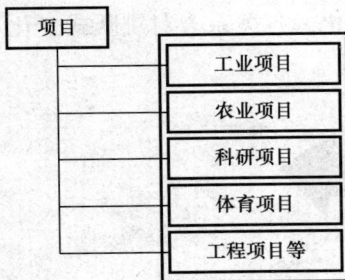

图 1-2　项目的分类图

2. 项目的分类

按照项目的类型可以将项目划分为工业项目、农业项目、科研项目、体育项目、工程项目等，如图 1-2 所示。本书的项目主要是指工程项目。

国际上对项目分类主要以项目的产出物性质、服务对象、主要效益特点、对社会的贡献、资金来源等几个方面为依据，将项目划分为：

（1）生产类项目（Productive Sector Projects）：包括工业和农业类。这类项目的主要特点有：项目直接为社会生产物质产品；在为社会提供产品的同时，为社会提供财政税收和直接积累；此类项目可以完全市场化运作；项目财务效益明显；投资资金来源可以完全由资本市场筹集，一般无

---

❶　汪小金著．理想的实现—项目管理方法与理念．北京：人民出版社，2003：36.

需动用政府预算或财政资金，主要依靠资本市场融资。但是，农业项目则比较特殊，产品对社会很重要，但往往财务效益较差，加之农业的从业人员较多，社会影响大，许多国家都对本国农业采取特殊的资助政策。

（2）基础设施类项目（Infrastructure Sector Projects）：包括交通、通信、邮电、供排水设施等项目。此类项目的特点是：项目为生产类行业和人民生活提供服务，一般没有直接的物质产品产出，但社会效益显著；项目的资金来源主要是政府预算和政策允许的其他资金。

（3）社会发展和人力资源开发类项目（Social Development and Human Resources Development Sector Projects）：包括社会公共设施、环境保护、文化提议、教育培训、医疗卫生、社会福利等行业项目。这类项目的主要特点是：项目直接为改善和提高人民生活质量的公共事业服务；一般无财务收益，属于非盈利性行业，不能提供财政税收和社会积累；此类项目的运营在政府直接监管下运作，不能完全市场化；项目的产出主要是社会效益；项目资金来源一般全部来自预算资金和公共资金。此类项目是政府关注、投入和监管的重中之重。

3. 项目的特征

（1）一次性

一次性是指项目有明确的开始时间和明确的结束时间。当项目目标已经实现，或因项目目标不能实现而导致项目中止时，就意味着项目的结束。一次性并不意味着项目历时短，许多项目都历时数年；项目也不是一直持续进行的工作，在所有项目的例子中，项目的历时总是有限的。

另外，项目是一次性的，而项目所提供的产品或服务通常并不是一次性的。项目可能常常会带来一些预期的和不可预期的社会、经济和环境影响，这些影响可能会比项目本身持续的时间长得多，实际上，大多数项目实施的目的就是要创造一个永久性的结果，例如，建造民族纪念碑，就是希望所创造的结果世代永存。

区别项目目标与日常运作的目标将帮助我们理解项目的一次性，一个项目的目标得以实现，这个项目就告结束；而持续进行的一项非项目型运作，就是要保持这一业务。即项目与非项目工作的最基本的区别在于当确定的目标达到后，项目就会结束，而非项目工作通常会选定新的目标继续进行。

项目的一次性还表现在其他方面，例如：市场机会通常都是短暂的——所有的项目都必须在有限的时间内完成，以提供产品和服务。项目队伍依赖项目而存在——项目由项目队伍实施，项目队伍因为实施项目这一独特的目的而组建，项目一旦完成，项目队伍就会被解散，其成员会被重新分配工作。

（2）独特性

项目所生产的产品、服务或完成的任务与已有的相似产品、服务或任务，在一些方面有明显的差别。项目可能是在以往的工作基础上的延续，或是为下面开启新的工作做铺垫。但大多数情况下，项目是从零开始的工作，并且到某个具体的终点结束，项目自身有具体的时间期限、费用和性能质量方面的要求。一个产品或服务即使其所属的类别很大，但它也是独特的，例如，建造成千上万个写字楼，但每一个写字楼都是独特的，它们有不同的业主、不同的设计形式、不同的地理位置、不同的承包商等。这当中也许存在重复的成分，但不会改变整个项目结果的独特性。可以通过下面的例子思考项目独特性的特征。

1）一个开发新商业飞机的项目可能需要多个原型。

2）将新的药品投放市场之前，需要上千剂药进行临床试验。

3）一个房地产开发项目可能包括上百个独立的单元。

4）一个开发项目（例如，水和卫生设施）可能在不同的地理位置实施。

（3）渐近明细的特征

渐近明细的特征实际上是综合了项目一次性和独特性的特征。"渐近"的含义是指"这是一种持续不断的增长过程"；"明细"的含义是指"工作需要仔细、详细，并要通盘考虑"。渐近明细的特征明显地表现在项目进程工作中，如项目的范围、内容等在项目前期只能被粗略、广泛的定义，随着项目对项目产品、服务的理解更好和更完整，将对项目的范围、内容等作出更为精确和详尽的定义。由于每个项目的产品或服务是"一次性"和"独特的"，因此，项目队伍对项目的描述应该（也只能是）渐近地详细，以区分项目之间产品或服务的特征。

对项目产品或服务特征的渐近明细还应与项目的范围定义结合起来，特别是当项目以合同形式执行的时候，项目产品或服务特征的渐近明细与项目的范围定义更应该综合考虑加以区别，合同签订后，项目的范围（所要完成的工作）应该是被准确定义了，在随后的项目实施过程中，即使对产品或服务特征的描述逐步细化，项目的范围也应该保持不变。若合同规范的项目范围不能准确实现项目的目标，则需要签订补充协议，变更项目的范围。下面给出两个不同应用领域中的例子，说明渐近明细是如何进行的。

[例1-1]　一个化学加工厂首先开始工艺设计以确定工艺特性。这些特性被用来设计主要的加工单元。这些信息将成为工程设计的依据。工程设计确定了详细的平面布置和加工单元及其辅助设备的机械性能。据此可绘制设计图，进而设计装配图（施工轴侧图）。在施工中，经批准可对这些图纸做出必要的解释和修改，这种对产品特性的进一步详细描述将包含在设计图中。在测试和移交阶段，通常以最终运行调整的方式进一步详细阐述产品的特征。

[例1-2]　一个经济开发项目的产品最初可以定义为"提高×社区最低收入居民的生活质量"。随着项目的进展，这个产品可以更确切地描述为"使×社区中500位低收入居民可以获得食品和水"。假设水的供应处在次要的位置，因此，如果农业能够发展顺利的话，就解决了食品的问题，在这种情况下，下一阶段的"渐近明细"就可能集中在提高农产品产量和市场营销能力。

（4）项目的其他特征

1）项目的多目标属性。项目目标包括成果性目标和约束性目标，在项目过程中成果性目标是由一系列技术指标来定义的，表现为一个期望的结果或产品。同时，项目都受到多种条件的约束，这种约束性目标往往是多重的。成果性目标通常依照约束性目标来定义。例如，一个项目的目标可能是用3个月的时间把一种满足预先规定的性能规格的空气清新器按10万元的预算推销给市场，而且期望工作范围能够高质量地完成，使客户满意。

2）项目需要用各种资源来完成。资源可能包括不同的人力、组织、设备、原材料和工具。例如，一次婚礼就是一个管理可能包括筹备人、鲜花商、大型高级轿车和接待大厅等资源的项目。

3）项目是在组织的所有层次上进行的。完成项目可能只涉及一个人，也可能涉及成百上千的人，项目可能只涉及组织中的一个单独部门，也可能以联营体或合伙的形式跨越多个组织。例如，政府投资建设的高速公路项目，它涉及政府、设计部门、施工单位和监理公司，以及供应商等。这些组织之间将分别签订合同，组成一个项目组织来实施项目。

4）项目包含着一定的不确定性。一个项目开始之前，应当在一定的假定条件和预算基础上准备一份计划，这个假定条件包括一套独特的任务、任务所需的时间估计、各种资源和这些资源的有效性及性能。这种假定和预算的组合产生一定程度的不确定性，影响项目目标的实现。例如，项目可能到预定日期会实现，但其最终成本可能会由于最初低估了某些资源的成本，高于预计成本。在项目进行之中，一些假定将会被精炼或被实际资料所取代。例如，一旦公司年度报告的概念设计被定型，全面的细节设计和打印所需要的时间和精力将会被完善地予以估计。

1.1.2　工程项目的概念与分类

1. 工程项目的概念

"工程"一词有广义和狭义之分。广义的工程是指由一群人为达到某种目的，在一个较长时间周期内进行协作活动的过程。狭义的工程是以某组设想的目标为依据，应用有关的科学知识和技术手段，通过一群人的有组织活动将某个（或某些）现有实体（自然的或人造的）转化为具有预期使用价值的人造产品过程。这里主要是指狭义的工程。

而关于工程项目的定义，不同的单位给出了不同的解释，这里引用几个具有权威的解释。

联合国工业发展组织编写出版的《工业项目评价手册》的定义是："一个项目是对一项投资的提案，用来创造、扩建和（或）发展某些工厂企业，以便在一定周期时间内增加货物的生产和（或）社会服务。此外，为了评价目的，一个项目就是一个投资的单位，它可以从技术上、商业上和经济上区别于其他各项投资。"

世界银行对工程项目的解释是："在规定的期限内为完成某项开发目标（或是一组目标）而规划的投资、政策以及执行机构和其他有关活动的综合体。一个项目一般有以下5个要素，或是其中的几个要素：对土建工程和设备的投资；提供的有关设计和工程技术、施工监督以及改进操作和维修等服务；项目的实施机构和人员培训；对有关价格、补贴和投资等方面的政策；拟订的项目实施计划。"

国家计委投资司建设部标准定额研究所编的《建设项目经济评价方法与参数实用手册》所作的解释是："项目是指在一个总体设计或初步设计范围内，由一个或若干个有内在联系的单项工程所组成，经济上实行统一核算，行政上有独立的组织形式，实行统一管理的建设工程总体。凡属于一个总体设计中的主要工程和相应的配套工程、综合利用工程、环境保护工程、供水与供电工程、铁路专用线工程以及水库的干渠配套工程等，都只作为一个项目。凡不属于一个总体设计、经济上分别核算、工艺流程上没有直接关系的几个独立的工程应分别列为几个项目。"

因此，综合上述的概念，本教材的工程项目是指以工程建设为载体的项目，是作为被管理对象的一次性工程建设任务。它以建筑物或构筑物为目标产出物，需要支付一定的费用、按照一定的程序、在一定的时间内完成，并应符合质量要求。

2. 工程项目的特点

（1）工程项目是在一定时期内为实现一定经济或社会目标而设计的投资方案。项目具有明确的功能和时限，如工业项目是在一定时期内为满足某种社会需求而提供产品或服务，通过产品或服务实现投资获取一定经济目标的投资方案。再如交通工程项目是为满足社会对公共交通的需求而进行的投资方案。

（2）工程项目是一个为实现一定功能而设计的物质系统。如工业项目为实现经济目标就必须生产产品或服务，而生产产品就必须建设厂房、安装设备以及其他工程设施等。

（3）工程项目是通过一套完整的知识体系来实现其预期目标的，如建设前期的可行性研究，建设时期的工程技术设计，施工组织监督和控制，生产时期的组织、管理和经营等。

（4）工程项目从评价的角度必须具有清晰的范围界定。

3. 工程项目的类型

根据不同的划分标准，工程项目可分为不同的类型。

（1）生产性工程项目和非生产性工程项目

生产性工程项目是指形成物质产品生产能力的工程项目，例如，工业、农业、交通运输、建筑业、邮电通信等产业部门的工程项目；非生产性工程项目是指不形成物质产品生产能力的工程项目，例如，公用事业、文化教育、卫生体育、科学研究、社会福利事业、金融保险等部门的工程项目。

（2）基本建设工程项目（简称建设项目）、设备更新和技术改造工程项目

基本建设工程项目是指以扩大生产能力或新增工程效益为主要目的的新建、扩建工程及有关方面的工作。建设项目一般在一个或几个建设场地上，并在同一总体设计或初步设计范围内，由一个或几个有内存联系的单项工程所组成，经济上实行统一核算，行政上有独立的组织形式，实行统一管理。通常是以一企业、事业、行政单位或独立工程作为一个建设单位。更新改造项目是指对原有设施进行固定资产更新和技术改造相应配套的工程以及有关工作。更新改造项目一般以提高现有固定资产的生产效率为目的，土建工程量的投资占整个项目投资的比重按现行管理规定应在 30% 以下。

（3）新建、扩建、改建、恢复和迁建项目

新建项目一般是指为经济、科学技术和社会发展而进行的平地起家的投资项目。有的单位原有基础很小，经过建设后其新增的固定资产的价值超过原有固定资产原值三倍以上的也算新建。扩建项目一般是指为扩大生产能力或新增效益而增建的分厂、主要车间、矿井、铁路干线、码头泊位等工程项目。改建项目一般是指为技术进步，提高产品质量，增加花色品种，促进产品升级换代，降低消耗和成本，加强资源综合利用、"三废"治理和劳动安全等，采用新技术、新工艺、新设备、新材料等而对现有工艺条件进行技术改造和更新的项目。迁建工程项目一般是指为改变生产力布局而将企业或事业单位搬迁到其他地点建设的项目。恢复项目一般是指因遭受各种灾害而使原有固定资产全部或部分报废，以后又恢复建设的项目。

（4）大、中、小型项目

大型项目、中型项目和小型项目是按项目的建设总规模或总投资额来划分的。生产单一产品的工业项目按产品的设计能力划分；生产多种产品的工业项目按其主要产品的设计

能力来划分；生产品种繁多、难以按生产能力划分的按投资额划分。划分标准以国家颁布的《大中小型建设项目划分标准》为依据。

（5）内资项目、外资项目和中外合资项目

内资项目、外资项目和中外合资项目是以资本金的来源为标准进行划分，其中内资项目是指运用国内资金作为资本金进行投资的工程项目；外资项目是指利用外国资金作为资本金进行投资的工程项目；中外合资项目是指运用国内和外国资金作为资本金进行投资的工程项目。

4. 工程项目周期划分

我国根据投资管理体制和项目建设程序，对工程项目周期作如下划分和界定。

（1）前期阶段。政府投资项目从项目策划起，到批准可行性研究报告为止。这个阶段的主要工作有：编审项目建议书（或初步可行性研究报告）和可行性研究报告，咨询评估，最终对项目和方案进行决策。

企业投资项目从项目策划到项目申请报告核准止，主要工作有：项目规划，勘察，进行机会研究和可行性研究，编制项目申请报告，咨询评估等。

（2）准备阶段。从项目可行性研究报告或项目申请报告批准、核准起，到项目正式开工建设为止。主要工作有：工程设计、筹资融资、对外谈判、招标投标、签订合同、征地拆迁及移民安置、施工准备（场地平整、通路、通水、通电）

（3）实施阶段。从投资项目的主体工程破土动工起，到工程竣工交付运营止。主要工作：建筑工程施工、设备采购安装、工程监理、合同管理、生产准备、试生产考核、竣工验收等。

（4）运营阶段。从项目竣工验收交付使用起，到运营一定时期（非经营性项目）或回收全部投资（经营性项目）为止。主要工作：正常生产运营、项目后评价（运营 3～5 年之后）、偿还贷款、更新改造等。

在项目周期全过程及各个阶段，工程咨询单位围绕特定工作内容和委托方要求开展业务活动。

1.2 工程项目咨询的概念与特点

1.2.1 工程项目咨询的概念

1. 咨询的含义

所谓咨询，其词汇意义是：征求意见（多指行政当局向顾问之类的人员或特设的机关征求意见）。显然，这是从求教者的角度所作的解释；而从被求教者即"顾问"或"特设的机关"角度来看，是指当顾问，出主意。因此，"咨询"和"顾问"实质上是同义语，只是解释的角度不同而已，现在，很多场合下两者互相通用，并且，其基本含义就是利用拥有的专业知识和经验，为解决各种实际问题提供指导和服务。

一般意义的咨询活动已有很悠久的历史。在我国古代一些著作中，早就有对咨询的描写。例如，诸葛亮在《前出师表》中说："愚以为宫中之事，事无大小，悉以咨之，然后施行，必得裨补阙漏，有所广益。"由此可以看出，事无巨细都可以咨询。然而在现代文明社会，由于科学技术和生产力高度发展，社会分工越来越细，专业化越来越强，咨询已不只是一种普通的社会活动，而是一种专门的行业活动，在政治、经济、法律、生产、社会发展和人民生活等各个领域都出现了充当"顾问"，采取各种形式提供咨询的人员和机构，形成了一个新兴的咨询行业。所以，从实质上讲，咨询服务是以信息为基础，依靠专家的知识和经验，对客户委托的任务进行分析、研究，提出建议、方案和措施，并在需要时协助实施的一种智力密集型的服务。

2. 工程咨询的含义

工程咨询是适应现代经济发展和社会进步的需要，充分利用准确、适用的信息，集中专家的群体智慧和经验，运用现代科学技术、经济管理、法律和工程技术等方面的知识，为工程建设项目决策和管理提供智力服务。即工程咨询是受客户（Client）的委托，将知识和技术应用于工程领域，为寻求解决实际问题的最佳途径而提供服务。在咨询业的分类中，工程咨询是最重要和最成熟的分支之一，已成为一个相对独立的、新兴的、多学科综合性的服务行业。

工程咨询可以分为工程技术咨询和工程管理咨询两大类，前者是对工程建设中所涉及的现代科学技术、工程技术等方面进行咨询，如建筑勘察和设计；后者则从管理的角度，从事工程项目的咨询工作，如工程项目管理。但是，这两者也不是完全相互独立的，很多技术上的问题需要通过一定的管理手段才能得以顺利解决；而管理工作中又必须运用先进的科学技术，才能提高管理效率。因此，二者相互联系，相互制约。

工程咨询是随着社会经济发展，在生产建设实践中产生和形成的一种行业，并正在发展成为一门新学科。尽管目前对"工程咨询"还没有一个统一的、规范化的定义，但上述解释已基本阐明了它的含义，反映出它的实质，包括应用对象、知识基础、目标和方法。

工程咨询是投资和工程建设管理中的重要环节。凡需各级政府部门批准立项的建设项目，应遵守国家有关法规和规定，委托有资格的工程咨询单位进行阶段的或全过程的咨询。其他建设项目可自主选择有资格的工程咨询单位进行必要的咨询。

工程咨询业是智力型服务行业，运用多学科知识和经验、现代科学技术和管理办法，遵循独立、科学、公正的原则，为政府部门和投资者对经济建设和工程项目的投资决策与实施提供咨询服务，以提高宏观和微观的经济效益。

1.2.2 工程项目咨询的特点

1. 服务性

工程咨询业属于第三产业，是为委托者决策服务的行业。咨询人员受聘于委托方，从委托方的根本利益出发，运用咨询人员的各种专业知识，为委托方做出正确的判断，寻求最佳的对策和方案，或使委托方能顺利实现一项规划和目标。即专业人士通过掌握卓越的知识、丰富的经验、广泛而准确的信息和良好的职业道德素质，取得委托方的信任，为委托方提供最优的实施方案，作为委托方决策的依据。

2. 知识性

工程咨询以知识为基础，是利用专家头脑中所储备的知识和经验，通过科学的分析、消化、提炼和升华出的新知识，从而完成一项具体的咨询业务，使原有的知识和经验生产更大的效益，是一种"知识扩大再生产"的过程。

3. 独立性、公正性

这是工程咨询最重要的特征。咨询方不隶属或依附于决策者，而是独立自主的机构，它接受客户的委托，进行独立研究，不受外界的干扰或干预，向客户提供独立、公正的咨询意见和建议。在研究过程中，固然需要充分理解决策者的意图，但保持高度的独立性，一切从实际出发，采取客观、公正的态度和科学的分析方法，最终得出符合客观规律的科学见解，采取科学的措施和步骤，使建设项目经得起市场竞争的检验，尽可能取得最大的经济效益、社会效益和环境效益。

4. 综合性

在各种工程项目的决策和建设中，决策者往往要考虑到从战略到战术，从宏观到微观，从全局到局部，从经济价值到社会效益等多方面的问题。这些问题通常不是单一学科、单一技术和单一方法所能解决的，经常需要多种专业知识和新技术信息的聚集，包括自然科学、社会科学和工程技术知识的综合应用。在当今科学技术高度分化又高度综合的情况下，只有通过多种学科的综合荟萃，相互渗透，并加以分析提炼，才能得出正确的判断。

5. 系统性

咨询行业是以智力服务于社会，它在接受客户提供的各种咨询任务后，须有效地提出实现项目最终目标的思路、策略、设计方案和实施计划等。因此，咨询工作特别强调系统性，自身工作的系统性和科学化是使决策科学化的重要前提。要使咨询工作科学化，必须拥有丰富的科学知识和大量的信息，对事物的分析，既要有系统观念，又要有整体观念，重视事物之间的联系和制约关系。特别是要做动态研究，通过科学的预测掌握未来的趋势。

1.2.3 工程咨询的重要性

工程咨询在我国经济建设中发挥着重要的作用，主要表现在为科学决策提供依据，避免和减少失误，提高投资效益；优化建设方案，缩短建设周期，降低成本；以及保证建设进度，提高工程质量等方面。案例导读中的工程咨询公司的职能分析实际也是工程咨询重要性的体现。

1. 是节省投资的需要

在我国，工程咨询量最大、面最广的咨询服务是为项目投资决策服务的。主要由以下几个方面构成：（1）政府投资、审批、核准的项目，决策之前必须经过有资格的咨询机构评估。（2）随着投资主体多元化、投资来源多渠道形成的项目融资咨询、建设咨询。（3）项目后评价，随着我国政府对项目后评价越来越重视，项目后评价也成为工程咨询的重要内容。

工程咨询深入地参与项目建设全过程，势必肩负起工程成败、质量好坏和效益大小的义务和责任。图1-3表明了工程咨询在不同阶段可能产生的作用，越是前期，节省投资的可能性越大。

2. 对工程建设全过程进行有效控制

工程咨询贯穿于工程建设全过程，工程咨询中的可行性研究、工程概预算审核、招标投标、工程监理、工程建设和项目后评估等工作，对节约建设资金，加快工程进度，提高

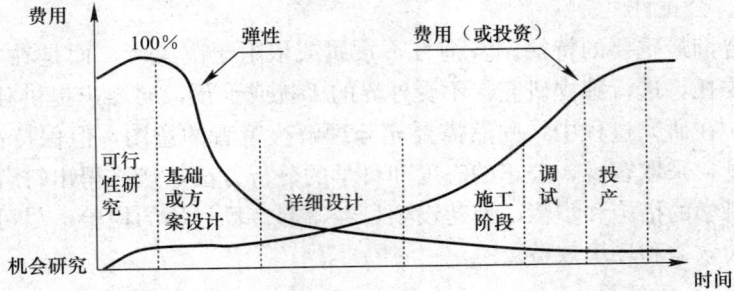

图 1-3 　 工程咨询各阶段与投资（费用）的关系图

工程质量，总结项目建设经验教训，改进项目管理都将发挥积极的作用。此外，通过委托工程咨询公司提供专业化的咨询服务，既可以节省投资单位临时组建管理班子所需的资源，又可以大大提高对于建设项目全过程全方位管理的科学性。

3. 帮助实现国家基本建设宏观调控的重要手段之一

我国基本建设最大的投资者是国家，宏观调控也是国家，而工程咨询业的主要服务对象是国家。工程咨询单位对建设项目的评估咨询，是从全国、全社会乃至整个世界的高度考虑工程项目是否可行，是否符合国家的发展战略，是否符合国家产业政策和地区经济发展政策，它在工作中严格遵循"科学性、公正性、可靠性"的原则，在充分调查研究的基础上，提出科学的、实事求是的评估咨询意见，为有关综合经济管理部门进行宏观经济调控提供决策参考。因此，工程咨询是一个投资少、效果好的宏观调控手段。

几年来，我国部分工程咨询机构承担了不少国民经济重大专项研究课题，为有关决策部门和一些行业及地区制定发展战略、规划和政策，城市工业技术改造总体规划等提供了有力帮助，在战略、政策制定，重点产业选择，规划方案优化等方面都作出了积极的贡献。

4. 工程咨询是对工程项目进行科学管理的得力助手

随着我国建设管理体制不断深化以及对国外经验的借鉴，已有越来越多的工程项目由工程咨询单位参与项目管理，提供施工监理、造价服务，相比过去由投资单位临时组建管理班子的做法，既可节约人力，又可大大提高项目管理的科学性。特别是现代项目管理技术和手段的应用，使工程项目的进度、质量和投资得到了严格的控制。

5. 积极开拓国际工程咨询业务，走向世界

我国一些有实力的咨询公司和工程设计单位已开始积极发展国际业务。美国《工程新闻纪录》（ENR）2011 年 7 月 25 日版公布了 2010 年世界 200 强国际工程咨询设计商排名名单，见表 1-2。中国有 20 家公司入围，其中 19 家中国内地公司，1 家香港公司。工程咨询业进入国际市场，不仅直接为国家创造了外汇收入，更重要的是可以带动材料、设备和工程承包与劳务出口，促进外贸发展和国际合作。

世界 200 强国际工程咨询设计商排名（中国公司部分）　　　　　表 1-2

公司名称	2010 年度排名	2009 年度排名	国际总收入（百万美元）
中国水电工程顾问集团公司	41	102	346.0
中国石化工程建设公司	51	44	261.5

公司名称	2010 年度排名	2009 年度排名	国际总收入（百万美元）
中国成达工程有限公司	52	37	252.4
中国交通建设集团有限公司	56	69	225.4
中国石油天然气管道工程有限公司	57	71	224.8
山东电力基本建设总公司	72	100	156.9
中国机械工业集团公司	77	77	137.1
中国中铁股份有限公司	81	52	121.1
中国冶金科工集团公司	94	—	90.1
中国石油工程建设集团公司	99	95	86.0
中国寰球工程公司	104	136	76.3
中国电力工程顾问集团公司	108	96	64.5
中国水利水电建设集团公司	113	125	59.6
中国水利电力对外公司	125	140	49.8
中国铁建股份有限公司	136	132	38.0
中国天辰工程公司	145	148	33.6
沈阳远大铝业工程有限公司	161	165	24.5
王董建筑师事务有限公司（香港）	175	181	19.9
中国石化工程建设上海公司	179	—	18.3
中国葛洲坝集团股份有限公司	200	154	12.7

1.3　工程项目咨询的组织与管理

1.3.1　政府投资项目咨询的组织与管理

1. 政府投资的范围和方式

（1）政府直接投资项目

政府投资主要用于关系国家安全和市场不能有效配置资源的经济和社会领域，包括加强公益性和公共基础设施建设，保护和改善生态环境，促进欠发达地区的经济和社会发展，推进科技进步和高新技术产业化。中央政府投资的项目，包括本级政府建设项目，以及跨地区、跨流域和对经济社会发展全局有重大影响的项目。

（2）政府注入资本金项目

政府注入资金的投资项目需要编制项目建议书和可行性研究报告，报送政府审批机关审批。

1）投资特点

政府投入的资金应行使相应的股东权益。政府一般不直接以股东的身份参与项目投资建设，而是通过授权投资的机构或部门组建的具有投资职能的投资公司来代为行使政府财政投资的股权，作为政府投入资本金的出资人代表。

2）投资范围

以资本金方式投资的项目主要有两类：

① 带有显著外部效益，具有明显公益性特征，具有一定的经济收入但收入不足以弥补投资成本的准公共产品项目，如高速公路、城市道路、学校教育、医疗卫生、公有住房、环境保护等项目。

② 以电力供给、铁路、电信、地铁、供水、污水处理、垃圾处理、广播电视等为代表的自然垄断行业项目。这些项目的产品和服务或具有排他性，或具有竞争性，消费者愿意直接付费，具有一定的收入来源，但由于存在着超额需求，收入难以弥补全部成本支出。

3）投资方式

对于这类领域项目的投资，政府介入的程度高低取决于政府的财力、项目自身的创收能力及经营效率等，其资本金可以完全由政府出资，其余资金通过银行贷款等方式解决，但更多的是由政府部门与企业共同出资来为项目筹集资本金。政府注入的资本金，可以采用多种方式行使股东权益。

2. 政府投资项目的审批制

政府投资项目的建设必须先列入行业、部门或区域发展规划；由政府投资主管部门审批项目建议书、审查决定项目是否立项；再经过对可行性研究报告的审查，决定项目是否决策建设。

《国务院关于投资体制改革的决定》要求，政府投资项目实行审批制管理，由投资主管部门负责项目决策。中央政府与地方政府之间、国务院投资主管部门与行业主管部门之间，根据项目性质、资金来源和事权安排划分项目审批权限。

中央政府投资除安排本级政权建设所需投资项目外，主要安排跨地区、跨流域以及对经济和社会发展全局有重大影响的项目。

政府投资项目应按严格的管理程序，对项目建议书、可行性研究报告、初步设计及概算和开工报告进行审批。审批过程中，应经过符合资质要求的工程咨询单位进行评估论证。特别重大的项目还应实行专家评议制度。对于重大公益性项目和对经济、社会和环境有重大影响的项目，实行听证制度和政府投资项目公示制度。

对于采用直接投资和资本金注入的政府投资项目，政府投资主管部门从投资决策角度只审批项目建议书和可行性研究报告。除特殊情况外，不再审批开工报告，同时应严格执行政府投资项目的初步设计、概算审批工作；采用投资补助、转贷和贷款贴息方式的，只审批资金申请报告。

3. 审批制项目的行政管理程序

各级政府投资主管部门，如发展改革部门，牵头负责政府投资项目的审批工作。政府其他管理部门，如城乡规划、国土资源、环境保护等部门，会同投资主管部门建立项目管理联动机制，分别在各自职能范围内对项目实行管理。

审批制项目的具体行政管理程序，在《国务院办公厅关于加强和规范新开工项目管理的通知》中有明确的规定：实行审批制的政府投资项目，第一步，项目单位应向发展改革等项目审批部门报送项目建议书；第二步，项目单位依据项目建议书批复文件分别向城乡规划、国土资源和环境保护等政府部门申请办理规划预审、用地预审和环境影响评价审批手续；第三步，项目单位向发展改革等政府审批部门申报可行性研究报告，并附规划选址预审、用地预审和环境影响评价审批文件；第四步，项目单位依据可行性研究报告批复文件，向城乡规划部门申请办理规划许可手续，向国土资源部门申请办理正式用地手续；最后，项目单位依据相关批复文件，向建设主管部门申请办理开工手续。项目单位提供的相关项目文件、报告等，必须满足国家发展改革委和其他行政管理部门颁布的一系列相关标准、规范和格式要求。具体流程，参见表1-3。

政府投资项目审批流程　　　　　　　　　　　　　　　　表1-3

建设阶段	涉及的有关机构	机构行为
项目建议书及投资估算	政府计划主管部门	审查
	各级政府、各级人民代表大会或其常务委员会（特别重大项目）	审查批准
可行性研究报告	改革发展主管部门	审批
初步设计及概算	政府规定的部门	审批
	政府改革发展部门	审核批准、作为项目总投资的依据
施工图设计及预算	政府规定的部门	审批施工图设计
	政府投资审计机构	审核项目预算
	政府改革发展部门	核定项目预算
工程招标投标及标底	经财政部门指定的专门评审机构	评审
项目施工过程的资金拨付	政府财政部门	按工程建设进度分期拨付建设资金
	由项目法人报财政部门	—
	财政部门	提供结算资金
项目竣工验收	政府计划主管部门和财政部门均要委托相关资质的单位或审计部门	委托相关资质的单位或审计部门对竣工结算进行审查
财务决算及后评价	国家发展改革部门	总结和评价

1.3.2 企业投资项目的咨询组织与管理

企业投资项目决策，特别是投资规模较大的大型项目的投资决策，关系到企业的长远发展。应按照公司法人治理结构的权责划分，经经理层讨论后，报决策层进行审定，特别重大的投资决策还要报股东大会讨论通过。有的企业投资项目是由项目的发起人及其他投资人出资，组建具有独立法人资格的项目公司，由出资人或其授权机构对项目进行投资决策。

政府对企业投资项目实行核准制或备案制，主要从外部性管理的角度对企业投资项目可能产生的外部影响进行核准评价，并据以做出是否准予项目建设的决定，履行有限的行政许可决策责任。

1. 企业投资项目的核准制

对企业投资项目，政府仅对《政府核准的投资项目目录》（以下简称《核准目录》，由国务院投资主管部门会同有关部门提出、报国务院批准后实施）内的项目（重大项目和限制类项目）从维护公共利益角度进行核准，其他的项目，除国家法律法规和国务院专门禁止投资的项目以外，无论规模大小，均改为备案制。项目的市场前景、经济效益、资金来源和产品技术方案等均由企业自主决策、自担风险，并依法办理环境保护、土地利用、资

13

源利用、安全生产、城市规划等许可手续和减免税确认手续。

企业投资建设实行核准制的项目，仅需向政府提交项目申请报告，不再实施项目建议书、可行性研究报告和开工报告的审批。

《国务院办公厅关于加强和规范新开工项目管理的通知》明确规定了核准制项目的行政管理程序：实行核准制的企业投资项目，第一步，项目单位分别向城乡规划、国土资源和环境保护部门申请办理规划选址预审、用地预审和环境影响评价审批手续；第二步，履行相关手续后，项目单位向发展改革等项目核准部门申报核准项目申请报告，并附规划选址预审、用地预审和环境影响评价审批文件；第三步，项目单位依据项目核准文件，向城乡规划部门申请办理规划许可手续，向国土资源部门申请办理项目开工手续。核准制项目在办理各项行政管理手续过程中，应按政府主管部门的相关标准、规范和格式准备各类项目文件和报告。具体核准程序，如图1-4所示。

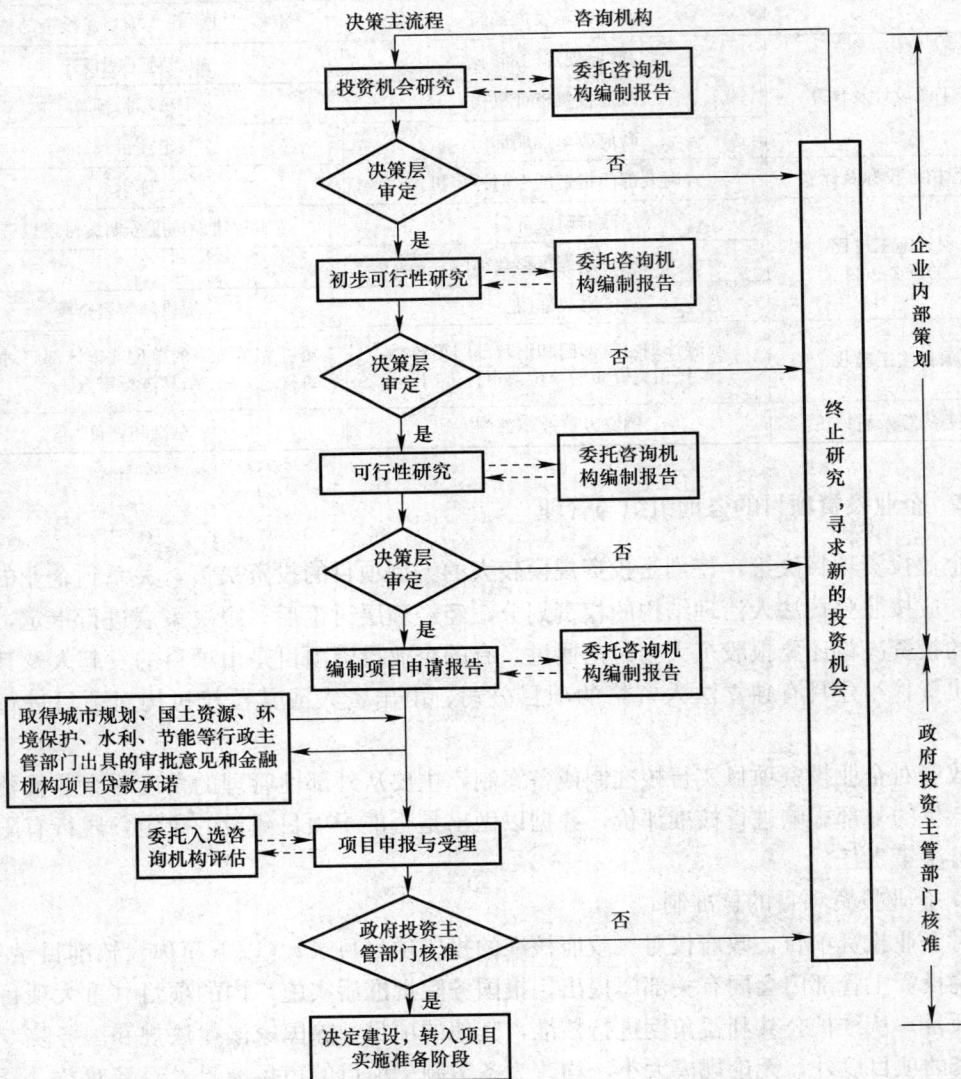

图1-4　企业投资项目核准程序图

2. 企业投资项目的备案制

备案制项目由企业自主决策，但需向政府备案管理部门提交备案申请，履行备案手续后方可办理其他手续。《国务院办公厅关于加强和规范新开工项目管理的通知》明确规定了备案制项目的行政管理程序：实行备案制的企业投资项目，项目单位必须首先向发展改革等备案管理部门办理手续；备案后分别向城乡规划、国土资源和环境保护部门申请办理规划选址、用地和环境影响评价审批手续；最后，项目单位依据相关批复文件，向建设主管部门申请办理项目开工手续。

在企业投资项目备案过程中，政府备案管理部门应按国家有关规定，在投资者提交项目相关文件和报告等资料后，在确定的期限内完成备案手续。备案项目文件的具体内容和格式等，由各级发展改革部门根据本地实际情况确定。是否允许备案，以国家产业政策、技术政策等为判断标准，国家法律、法规和国务院专门规定禁止投资的项目不予备案。

3. 外商投资项目的核准制

外商投资项目，包括中外合资、中外合作、外商独资、外商并购境内企业、外商投资企业增资等各类外商投资项目，依据国家发改委颁布的《外商投资项目核准暂行管理办法》进行核准。

外商投资项目行政管理主体为各级发展改革部门。按《外商投资产业指导目录（2011年修订）》分类，总投资额（包括增资，下同）3亿美元及以上的鼓励类、允许类项目和总投资5000万美元以上的限制类项目，由国家发改委核准项目申请报告；总投资5亿美元以上的鼓励类、允许类项目和总投资1亿美元以上的限制类项目由国家发改委对项目申请报告审核后报国务院核准；总投资3亿元以下的鼓励类、允许类项目和总投资5000万美元以下的限制类项目，由地方发展改革委核准，此类项目的核准权不得下放。

地方政府按照有关法规对上述外商投资项目核准另有规定的，从其规定。

外商投资项目申请核准时，应提交项目申请报告以及核准要求的相关文件、资料。按核准权限属于国家发展改革委和国务院核准的项目，由项目单位向项目所在地省级发展改革部门提出项目申请报告，经省级发展改革部门审核后报国家发展改革委。计划单列企业集团和中央管理企业可直接向国家发展改革委提交项目申请报告。

1.4　工程项目咨询的程序

工程咨询的方式主要以合同协议为契约，根据客户要求，提供服务。工程咨询合同可以通过公开招标、邀请招标、直接委托等形式获得。因为选择工程咨询的重要因素是专业知识、技能和工作经验，不是支付给咨询者的报酬，因此工程项目咨询的评标不宜以投标报价作为重要评标依据，实际工作中，经常采用邀请与谈判、设计竞赛等。

工程咨询的承担方式以公司方式和个人咨询专家方式为主，还有联合咨询方式、分包方式等，以及施工和咨询联合方式。

1. 工程咨询招标的程序

工程咨询招投标就是对项目工程咨询服务进行招投标。公开招标的过程主要分为7个步骤：

（1）编制工作大纲。工作大纲主要包括：项目的基本情况和背景资料、项目的目标、项目的工作范围（即咨询公司应当完成的咨询任务和具体要求）、培训要求、咨询工作的进度和工作进展情况报告以及其他应说明的事项。

（2）估算咨询费用。以工作大纲中拟订的工作量和预期成果，估算完成咨询任务所需要的人力、物力、时间和费用。

（3）筛选部分有条件的公司，制成短名单。

（4）制定评选方法和标准。

（5）给短名单上的公司发邀请函、征求建议书。

（6）评标委员会对技术建议书进行评价。

（7）与确定的中标人进行合同谈判和签约。

2. 工程咨询投标工作程序

工程咨询投标和工作程序包括：接受咨询项目，收集项目相关资料，成立项目组，拟订项目进度计划，与委托人沟通，确认资料的有效性、可靠性和正确性，编制咨询成果文件初稿，项目编制人员、项目组自审，将咨询成果定稿送给委托单位，对工程项目进行中突发问题的咨询，项目回访，后评价及资料整理归档，如图1-5所示。

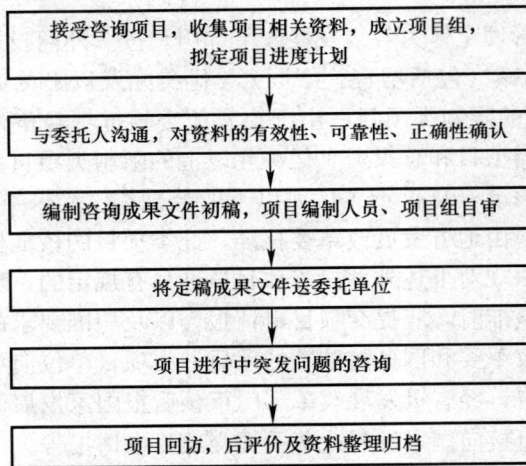

图1-5　工程咨询工作程序图

1.5　工程项目咨询的内容和服务对象

1.5.1　工程项目咨询的内容

工程咨询涉及的内容广泛，西方发达国家的工程咨询业务一般包括以下内容：

1. 项目投资前的咨询

工程建设项目投资前阶段通常也称为项目前期工作阶段，工程咨询公司在这一阶段所提供的咨询服务即为投资前咨询，一般包括规划咨询、项目选定咨询和项目决策咨询等内容。

项目决策咨询是本阶段咨询工作的核心，其中以可行性研究和评估为重点，内容涉及项目的目标（包括市场需求、发展规划和运营策略等）；资源评价（包括物质资源、资金来源、技术资源和人才资源等）；建设条件分析（包括基础设施条件、厂址条件等）；经济效益分析（包括财务评价和国民经济评价等）；以及社会和环境影响评价等等。

企业投资项目的前期咨询主要包括编制企业发展规划、项目投资机会研究、项目商业计划书、项目初步可行性研究报告、项目可行性研究报告以及相关专题研究报告为企业发展战略研究和投资决策服务。

2. 建设准备阶段的咨询

建设准备阶段的咨询是在项目确定以后，直到施工开始之前。这个阶段为项目建设准备工作所提供的咨询服务，主要包括工程设计、设计审查、工程和设备采购中的服务等。

工程设计以批准的可行性研究报告为依据，一般分为概念设计、基本设计和详细设计，任务是为项目建设制订一个完整的方案，编制一整套设计图纸和施工方法和规范。

设计审查是对已有的工程设计从项目目标、采用的设计标准和规范、工艺流程以及基础数据的选取等方面进行审核。

工程和设备采购方面的咨询服务是帮助客户做好采购工作，为项目准备好一切设备、材料和施工力量。主要服务内容为工程与设备采购招标文件编制以及准备工作；评标以及合同谈判等。

3. 项目实施阶段的咨询

项目实施阶段的咨询服务是在项目从开工到竣工这一阶段，为项目实施建设所提供的咨询服务，总的任务是保证项目按设计、计划的进度、质量和投资预算顺利实施建设，最后达到预期的目标和要求，咨询业务包括：项目管理、施工监理等。实施阶段咨询工作的核心是对工程进度、工程成本和工程质量的控制，无论施工监理还是项目管理，均以这三大控制为主线展开。除此之外，这一阶段的咨询工作，还包括咨询工程师以个人身份进入争端审议委员会（Disputes Review Board，DRB）、人员培训，以及为承包商提供施工管理、进行索赔咨询等专项服务。即项目管理或施工监理。

4. 项目运营阶段的咨询

此阶段的咨询业务就是帮助客户对已经建成和运营的项目进行总结，以获得有益于改进今后工作的经验，一般称为后评价。

后评价是指对已完项目的目的、执行过程、效益、作用和影响进行公正客观和科学系统的分析，通过总结，考察项目预期的目的是否达到，项目是否合理有效，项目能否持续发展，并通过可靠的信息反馈，为未来项目决策提供经验教训，其内容一般包括过程评价、效益评价、影响评价和综合评价等4个方面。

业主和工程咨询机构在项目建设全过程的任务和程序可以简要地概括如表1-4所示。

项目各阶段工程咨询的内容　　　　　　　　　　　　　　　　　　　　表 1-4

项目阶段划分	业主咨询内容	工程咨询机构的成果
投资前阶段	规划咨询与政策研究咨询 投资意向 项目决策、立项	规划研究与政策研究报告 投资机会研究或项目建议书 或初步可行性研究、评估 可行性研究、评估报告

续表

项目阶段划分	业主咨询内容	工程咨询机构的成果
准备阶段	工程项目勘察设计咨询 工程项目融资咨询 工程与货物采购咨询 招标代理	基本设计图纸或详细设计图纸 融资建议书 编制招标文件 评标与合同谈判
建设阶段	项目代建 监理 造价咨询 竣工咨询	代建合同与项目管理 施工监理合同与项目监理 工程款支付等 竣工验收书
运营阶段	后评价	后评价报告

中国的工程咨询业由于归属不同部门管理，因此，整个行业被分成工程咨询、工程造价咨询、工程监理、勘察设计、招标代理五种资质。这五种资质的执业范围在一定程度上有一定的重叠性。

1.5.2　工程项目咨询的原则

"独立"、"科学"、"公正"是工程项目咨询的原则。

1. 独立

独立是指工程咨询单位应具有独立的法人地位，不受客户和其他方面的干扰，独立自主地执业，对自己完成的咨询成果独立地承担法律责任。工程咨询单位的独立性是其从事市场中介服务的基础，是其坚持客观、公正立场的前提条件，是其赢得社会信任的重要因素。

2. 科学

科学是指工程咨询的依据、方法和过程应具有科学性。工程咨询科学化的程度，决定工程咨询的水准和质量，进而决定咨询成果是否可信、可靠、可用。

3. 公正

公正是指在工程咨询工作中，坚持原则，坚持公正立场。工程咨询的公正性，要求反对无原则的调和或折中，也不是简单地在矛盾中保持中立。工程咨询是原则性、政策性很强的工作，既要忠实地为委托方服务，又不能完全以委托方满意度作为评价工作好坏的唯一标准。工程咨询单位及其执业人员要恪守职业道德，不应为了自身利益丧失原则。

1.5.3　工程咨询的服务对象

我国工程咨询服务覆盖国民经济 31 个专业，为国内外各类项目的投资建设提供阶段的或全过程咨询服务。由于工程咨询服务的空间范围、专业领域和业务内容极其广泛，工程咨询服务的对象也相当广泛，以下着重介绍为出资人、项目业主和工程承包商服务。

1. 为出资人服务

（1）为政府出资人服务。工程咨询单位接受政府部门、机构委托，为它们出资建设项目、课题研究提供服务。包括：

1）规划咨询。即规划研究、规划评估等。重点研究综合、区域、专项发展规划，内容包括发展目标、发展战略、经济结构、产业政策、规模布局等。

2）项目评估。以项目可行性研究评估为主，重点评价项目的目标、效益和风险。

3）项目后评价。通过对项目投入运营后的评价，重点评价目标、效益和项目的可持续能力，总结经验教训。

4）政策咨询。即宏观专题研究。从宏观层面研究地区或行业的发展目标、产业政策、经济结构、规模布局、可持续发展等问题，为政策的调整和完善服务。

（2）为银行贷款人服务。工程咨询单位为贷款银行服务，常见的形式是受银行的委托，对申请贷款的项目进行评估。受委托的咨询单位必须满足与该项目有关各方没有任何商业利益和隶属关系的条件。工程咨询公司的评估，有利于帮助银行理清贷款项目的工艺方案和投资估算的准确性，并对项目的财务指标再次核算或进行敏感性分析，帮助分析项目投资的效益和风险。银行要求独立咨询工程师不受业主和项目有关当事人的影响，提出客观、公正的报告。独立咨询工程师的项目评估报告，是银行贷款决策的重要参考依据。

（3）为国际组织出资人服务。国际组织是指跨国的金融、援助机构，包括世界银行和联合国开发计划署、粮农组织以及其他地区性开发机构，如亚洲开发银行、泛美开发银行、非洲开发银行等。这一类机构的贷款基本上用于援助发展中国家。

为世行等国际金融组织提供的咨询服务，包括：咨询单位或个人作为本地咨询专家，受聘参与在华贷款及技术援助项目咨询服务；投标参与这些机构在其他国家或地区贷款及技术援助项目的咨询服务。工程咨询的参与方式有两种，即以咨询单位名义和以个人咨询专家名义。

（4）为企业及其他出资人服务。随着我国社会主义市场经济的发展和成熟，多元投资主体的投融资格局的形成，国有企业投资自主权不断扩大，民营投资者融资能力增强，国外投资者大量涌入，这些出资人的出现扩大了工程咨询的服务对象和服务内容。他们除了需要按照项目程序提供通常的咨询服务，更加关注投资的直接目的和投资时机，更加关注项目的财务和经济效益，更加关注投资的风险。因此，对于不同的出资人，咨询服务的内容、重点和深度也有所不同。

2. 为项目业主服务

项目业主是工程咨询服务的主要对象之一。当工程咨询单位的客户为项目业主时，工程咨询单位常被称作该项目的业主工程师。业主工程师是指经过竞争性选聘或直接受项目业主的委托，为其提供工程咨询服务的工程咨询单位。

业主工程师是工程咨询单位承担咨询服务的最基本、最广泛的形式之一。业主工程师的基本职能是提供工程所需的技术咨询服务，或者代表业主对设计、施工中的质量、进度、造价等方面的工作进行监督和管理。现代工程项目工作过程的具体步骤划分得较细，项目管理模式多种多样。业主工程师所承担的业务范围，既可以是全过程咨询，也可以是阶段性咨询，还可以是承包工程服务。

（1）全过程咨询服务。这种服务的内容包括：项目的规划研究、投资机会研究、初步可行性研究、可行性研究、勘察设计、招标和评标项目的服务、合同谈判服务、合同管理、施工管理（监理）、生产准备（人员培训）、调试验收、总结评价等。

全过程咨询服务的主要特点是：业主工程师接受业主全盘委托，在上述工作进程中，陆续将工作成果提交业主审查认可。在某种意义上，业主工程师不仅作为业主的受聘人开展工作，而且也代行业主的部分职责。

（2）阶段性咨询服务。所谓阶段性咨询服务，是指工程项目建设的某一阶段或某项具体工作的咨询服务。业主在一个工程项目的实施过程中，有时只是在部分工作阶段聘请咨询单位，比较常见的是项目的可行性研究、项目评估、设计、工程监理服务等，多以单独的合同形式出现。业主也可能在一个工程项目中，委托不止一个工程咨询单位承担工作。比如委托一个咨询单位完成项目设计，聘请另外的咨询单位对设计方案进行技术审查。又比如，委托一个咨询单位编可研报告，聘请另一个咨询单位对可研报告进行评估。业主的意愿、项目的规模和技术复杂性、资金来源渠道等多种因素，决定了工程项目对咨询单位的依赖程度。

（3）承包工程服务。国外一些大型工程咨询公司，由于实力比较雄厚，往往和设备制造厂家或施工公司联合投标，共同完成项目建设的全部任务。工程咨询公司可以作为总承包商，承担项目的主要责任与风险。联合其他公司承担 EPC 项目和交钥匙工程，或者作为总承包商，工程咨询公司的服务内容与作为承包商的设计分包商时基本相似，主要的区别在于承担的项目风险不同，服务的对象不是承包商而是项目业主。

虽然联合承包工程的风险相对较大，但可以给工程咨询公司带来更多的利润，因此承担 EPC 项目与交钥匙工程，或者参与 BOT 项目，以至于作为这些项目的发起人和总体策划公司，已成为国际上大型工程咨询公司拓展业务的一个趋势。

3. 为承包商服务

承包商是指为工程项目提供设备的厂商和负责土建与设备安装工程的施工公司。业主多采用招标（竞争性）的方式选择承包商，以期在保证较高技术水平和质量的前提下争取较低的工程造价。对于大中型项目，一般设备制造厂和施工公司都和工程咨询单位合作参与工程投标。这时工程咨询单位是作为投标者的设计分包商为之提供技术服务。咨询单位分包工艺系统设计、生产流程设计以及不属于承包商制造的设备选型与成套任务，编制设备材料清册、工作进度计划等，有时还要协助澄清有关技术问题；如果承包商以项目交钥匙的方式总承包工程，咨询单位还要承担土建工程设计、安装工程设计，并且协助承包商编制成本估算、投标估价，同时帮助编制现场组织机构网络图、施工进度计划和设备安装计划，参与设备的检验与验收，参加整套系统调试、试生产等。工程咨询单位以分包商身份承担工程项目咨询，直接服务对象是工程的承包商或总承包商，咨询合同只在咨询单位和承包商之间签订。

思考与练习

1. 什么是项目？项目的基本特征有哪些？

2. 围绕你的大学生活，请列举出 10 个项目。

3. 工程项目的周期可以划分为哪些阶段？

4. 工程项目咨询的特点有哪些？

5. 政府投资项目的管理与企业投资项目的管理有何异同？

6. 企业投资项目核准的流程包括哪些？

7. 工程咨询的内容包括哪些？其成果形式分别是什么？

8. 工程咨询的原则是什么？

9. 工程咨询的服务对象有哪些？

进一步阅读文献推荐

1. 全国注册咨询工程师（投资）资格考试参考教材编写委员会. 项目决策分析与评价 [M]. 北京：中国计划出版社，2011.

2. 夏立明，朱俊文. 工程项目管理 [M]. 天津：天津大学出版社，2010.

3. 全国注册咨询工程师（投资）资格考试参考教材编写委员会. 工程咨询概论 [M]. 北京：中国计划出版社，2011.

4. 张萍. 中国工程咨询专业人士制度研究 [D]. 天津理工学院，2004.

第2章 工程项目咨询的行业制度

关键词：工程；项目；咨询；行业制度

[案例导读] 2011年7月，某施工企业（下称乙方）与中国某工程集团有限公司（下称甲方）签订了《某项目工程分包合同》，双方约定：甲方将某大厦弱电系统工程分包给乙方，并确定了工程款的具体数额及支付时间。该合同签订后，申请人按照该合同约定履行了自己的义务。2012年11月，该工程进行了最终结算，由于材料价格上涨及人工费价格上涨等因素，乙方拟将原合同额上浮10%，但甲方不认可。

问题：乙方若寻求专业的工程咨询机构的话，该机构咨询人员应如何解决此事？

2.1 工程咨询业的发展沿革

2.1.1 工程咨询业发展简史

1. 工程咨询业起源和发展

（1）工程咨询业的起源

工程咨询最初作为一个独立行业出现在建筑业中始于19世纪下半叶。1818年，英国建筑师约翰·斯梅顿组织成立了第一个"土木工程师协会"，1913年，国际咨询工程师联合会（FIDIC）成立，从此，工程咨询行业形成并进入规范化的发展阶段。工程咨询作为独立的行业，最先出现在建筑业中。

（2）工程咨询业的发展

从世界范围内看，国际工程咨询业的发展大体经历了3个阶段，即个体咨询时期、合伙咨询时期和综合咨询时期。

1）个体咨询时期

具有代表性的是19世纪90年代由美国建筑师梅斯丁成立的土木工程协会，独立承担从土木工程建设中分离出来的技术业务咨询。

2）合伙咨询时期

20世纪，个体咨询已从土木工程拓展到工业、农业、交通等领域，咨询形式也由个体独立咨询发展到合伙人公司。

3）综合咨询时期

从第二次世界大战以后至今，工程咨询业发生了三大变化，从专业咨询发展到综合咨询，从工程技术咨询发展到战略咨询，从国内咨询发展到国际咨询，出现了一批著名的国际工程咨询公司，如美国的HARZA工程公司、法国的SOGREAH咨询公司、我国台湾地区的亚新工程顾问公司等。

2. 工程咨询业的特点和现状

（1）工程咨询业的特点

工程咨询业经过数十年的发展，具有以下几个特点：

1）发达国家在工程咨询业的优势明显

主要发达国家的咨询业经过一个多世纪的发展，已经成为相当成熟和发达的产业，其共同特点是专业领域宽，业务范围大；有较完善的行业法规；机构种类多，从业人员和公司数量多；技术水平高，市场竞争激烈，积极发展海外业务。

在全球市场中，美国咨询市场最大，占全球市场的50%，英国咨询业历史悠久，德、法也有着悠久历史，日本已进入稳步发展阶段，澳大利亚等欧洲国家也都形成了能力较强的工程咨询业。相比较而言，我国的工程咨询业仍然处于起步阶段，竞争力相对较弱。

2）国际工程咨询市场竞争激烈

如今，不仅是专业工程咨询公司承揽工程咨询业务，建筑公司以及设计施工公司以其强大的技术能力和资金实力，也投身于咨询市场的角逐。

3）发展中国家的工程咨询业正在兴起

随着发展中国家经济独立和高速发展，特别是许多国际金融组织援助和贷款项目的实施，促进了各国咨询业的形成与发展。共同的特点是虽然起步晚但发展迅速，重视与国外公司合作，学习发达国家经验，作为当地参与国际机构在本国援助和贷款项目的咨询，并积极开展国际业务。工程咨询业发展较快的发展中国家，现在正积极打入国际市场。

4）国际交流与合作日益频繁

国际间的合作与交流，使得工程咨询业务向国际化、规范化方向发展。国际咨询工程师联合会（FIDIC）通过一系列"政策声明"和"道德准则"来规范咨询工程师及其行为。联合国工发组织（UNIDO）编制《工业可行性研究编制手册》，世行和亚行都出版了《咨询服务用户手册》及其咨询服务协议范本等。这些都大大促进了各国工程咨询业的规范化发展，尤其为发展国际业务提供了技术基础。

（2）政府对工程咨询业的管理

国外政府对咨询业的管理是实行宏观调控、行业协会微观约束的体制。政府参与的管理主要是制定咨询业的总体规划；制定与咨询业有关的法律、政策和标准，以合同方式促进政策的实施。但政府没有直接管理部门，是靠自律性行业协会规范执业人员和公司的行为。行业协会，一方面代表咨询机构和咨询者个人利益，负责同政府及有关团体联系；另一方面将政府的法规、政策化为具体的制度和方法，用以约束会员行为。自律性行业协会，大都有很高的声望和权威，入会是咨询机构或咨询工程师身份和信誉的一种体现。如国际咨询工程师联合会（菲迪克）、美国建筑师联合会等。国际咨询工程师联合会，是国际工程咨询业最具权威的自律组织，成立于1913年，现有70多个国家和地区成员协会，它所制定的职业准则及各种规范性文本，在国际工程承包、国际工程咨询和监理等业务活动中，已被广泛应用。

2.1.2 中国工程咨询业发展的历史回顾

1. 中国工程咨询业的发展历史

我国工程咨询业的发展大体上经历了4个阶段，具体介绍如下：

（1）起步阶段

"一五"时期，我国投资决策体制沿用前苏联的模式，在较短的时间内培养了覆盖各工业行业的专业技术人员，奠定了我国工程咨询业发展的组织和队伍基础，初步形成了主要围绕项目建设前期工作的工程咨询服务体系。

（2）艰难发展阶段

20 世纪 60～70 年代，受到当时国内社会不安定状况的影响，我国工程咨询业的发展受到了一定的限制，这一时期，应该是我国工程咨询业发展的最艰难时期。

（3）快速发展阶段

改革开放以来，随着经济体制改革和实行对外开放，在 20 世纪 80 年代我国加强了工程项目建设管理，推行了工程设计招标、设备采购招标、施工监理、后评价等一系列改革措施。建立于 1982 年的中国国际工程咨询公司是国内最早成立的一家综合性工程咨询公司。随后，国家各部委以其所属规划、勘察设计院为基础成立了一批专业性工程咨询机构。同时，各省市自治区计委系统也相继成立了一批地区性的综合性工程咨询公司。这些工程咨询公司大都是行政管理部门所属的事业单位，以各自的地域或行业为经营空间，主要从事项目建议书、可行性研究报告的编制与评估等项目建设前期阶段的投资咨询业务，并正式纳入投资项目决策程序，形成了先咨询、后决策的制度。这一阶段应该是我国工程咨询业发展最快的阶段，为后期奠定较好的基础。

（4）稳步发展阶段

进入 20 世纪 90 年代以后，随着我国建立社会主义市场经济体制目标的逐步确立，政府管理经济及社会配置资源的方式发生变化，国家投资体制改革进程加快，我国工程咨询的产业化进程加快，工程咨询市场逐步发育，行业管理趋于规范。

1992 年成立的中国工程咨询协会，标志着我国工程咨询行业正式形成。

1994 年，国家计委颁布了《工程咨询业管理暂行办法》，这是我国制定颁布的第一个对工程咨询全过程进行规范化管理的政府文件。

2. 我国工程咨询业的现状

（1）工程咨询队伍规模

根据有关部门统计，截至 2012 年 8 月，我国拥有工程咨询单位资格证书的机构共5298 家，从业专业技术人员达 70 万人，拥有注册咨询工程师（投资）注册证书人员共44766 人。全行业从业人员超过 200 万人。

（2）工程咨询单位性质和知识结构

工程咨询队伍中，高学历、高职称的专业技术人员所占比例较大；主持各类工程咨询业务的骨干，一般都是取得规定的个人执业资格证书的人员。从事工程咨询的单位，勘察设计、工程监理、招标代理为企业性质；前期咨询为主的综合性工程咨询单位，有的是事业性质，有的是企业性质。

2008 年 7 月 15 日，国务院正式发布了国家发改委"三定方案"，明确"指导工程咨询业发展"是国家发改委的主要职能之一。首次明确中国工程咨询业的归口为管理部门。国家发改委编制印发的新中国成立以来第一个工程咨询业发展纲要——《工程咨询业 2010～2015 年发展规划纲要》中明确工程咨询业发展目标、战略重点，规范行业管理，引导市场主体行为，促进工程咨询业持续健康发展。

3. 我国工程咨询业目前存在的主要问题

（1）社会对行业地位的认同度不够

工程咨询还没有在社会上和各决策层中确立应有的地位，社会各界对工程咨询的概念不清，"先咨询、后决策"的制度未能严格遵守，不咨询就决策的现象仍然存在。咨询收费一直较低，设计收费是概算投资的1%～2%，而前期咨询收费只是设计收费的15%～18%。从长期发展来看，低报酬不可能获得稳定的优质服务，也不可能吸引高素质的人才。

（2）缺乏对工程咨询业发展规划的重视和政策扶持

我国工程咨询业在发展过程中，政府有关部门颁布了指导、管理、监督的政策法规，对推动刚刚起步的工程咨询业的发展起到了一定的作用。1994年，国家计委先后颁发第二号令和第三号令，旨在对工程咨询机构的性质定位和资格认定，这些政策法规沿用到现在仍然有效。但是，随着形势的发展和中国加入WTO的新情况，政府对工程咨询业的发展没有制定中远期的规划。同时，对于综合性工程咨询公司在脱钩转制中可能出现的问题缺乏专门的研究，因而政策扶持难以体现。可以说，目前工程咨询的转制仍然没有明确的指导意见和政策支持。

（3）行业法制建设严重滞后

工程咨询服务涵盖项目建设的全过程，但由于历史的原因，在我国形成了分阶段、分部门进行行业管理的格局，政出多门的现象比较突出。我国现行有关工程咨询的行业法规还没有形成体系。

（4）工程咨询企业的组织、结构和管理机制存在问题

我国工程咨询机构大部分是从计委系统过来的，也有部分是从建委系统过来的，还有从经贸委过来的。不管是哪个系统设立的工程咨询机构，其职能都分别为其上级主管部门的项目建设或技术改造提供咨询服务。在某种程度上看，这些咨询机构都分别担负着一定的行政管理和服务职能。因此，90%以上是按政府机关系列来设立其编制和级别的事业单位。这些背景、渊源、服务对象以及对资源的占有和报酬的取得，至今仍存在浓重的计划经济色彩，且根深蒂固。中国加入WTO后，将会进一步扩大对外开放，政府办事更大程度地公开、透明，在国际上要求必须严格按WTO规则处理经济贸易事务，在国内将深化行政审批制度改革，同时进一步放开法律、会计，工程设计、咨询、监理等专业性服务，由政府转向社会。这样，靠垄断保护生存的工程咨询机构，原有的"靠山"和"保护"的优越感将会逐渐失去或彻底消失，必须通过市场机制和市场竞争来寻找出路。我国现有的工程咨询单位的国有比重过大，缺乏经营自主权，许多单位没有建立现代企业制度，体制、程序、方法和标准，规范、规定与国际通行模式不接轨，管理体制落后，运行机制不灵，项目管理水平低，不适应市场竞争的需要。

（5）市场公平竞争机制不完善

一方面，在国家投资建设的重点行业或重点地区，咨询任务比较饱满，一些单位出于所谓"肥水不流外人田"的想法，即使自己吃不掉也不许别人干，自己能力不够也要上，势必以降低咨询服务质量为代价。而在另一方面，原有一些咨询单位，即使技术实力雄厚，也往往处于"无米下锅"的境地。

（6）我国工程咨询队伍在素质方面存在缺陷

工程咨询服务质量的高低直接关系着工程质量，要求咨询单位做到多谋慎断和敢讲真

话。但不少单位迫于业主和市场的压力，为迎合业主要求而置"客观、公正"的工程咨询职业道德于不顾，违心地把可行性报告编制成"可批性"报告。有些客户借可行性研究之名走过场，要求工程咨询单位在两三天内编出可研报告，导致报告粗制滥造。在主观方面，我国工程咨询队伍本身的素质也亟待提高，我国工程师的专业技术水平和现场经验有时比外国人还强，但人员综合素质和外语水平较低，特别缺乏复合型、国际型的工程项目管理人才。普遍欠缺市场、商务、法律等方面的系统知识和综合协调管理能力，全过程咨询能力弱。国际工程信息渠道不畅，缺乏先进技术来源和与外国专利商的合作，难以得到先进的专利技术参与国际投标竞争，没有融资能力。这些缺陷都严重地影响了工程咨询业的公信度。

（7）国际化程度低，与国际接轨有很大的差距

尽管我国的工程咨询业已经有了 20 年的发展历史，但是大都停留在国内开展业务，只有极少数机构进入国际市场，国际化程度较低。因此，无论从体制、管理、技术、人才以及与国际的联系等方面都比较欠缺，大多数的工程咨询机构对国际惯例不熟悉，不了解国际市场客户需要、竞争态势，难以融于国际社会和适应国外工程项目建设的要求。缺乏国际竞争中应有的数据、资料、信息、法规等等的资源。

4. 中国工程咨询业的未来发展机遇

当前是我国经济社会发展的重要战略机遇期，我国经济增长已经稳定地进入新一轮上升阶段。工程咨询业也面临着一个极好的发展机遇，经济的发展对工程咨询业的影响主要表现在以下几方面：

（1）我国社会经济发展进入新阶段，为工程咨询业的发展带来新的空间。

（2）投资体制改革的实施，为工程咨询业拓展了新的业务领域。

（3）贯彻落实科学发展观，为工程咨询业理论和方法的创新提供了新的动力。

（4）加强行业监管给咨询行业带来重组机会。

（5）工程咨询业进一步开放，市场竞争日趋激烈。

随着我国对外开放进程的加快，我国的工程咨询业也将进一步对外开放，这对于我国工程咨询业来说既是机遇也是挑战。面临着日益激烈的市场竞争，我们要把握机会、勇往直前、积极努力提高自己的水平，以适应世界工程咨询市场的需求。

2.2　工程项目咨询专业人士的资格考试与管理

2.2.1　注册咨询工程师（投资）

1. 注册咨询工程师（投资）含义

国际上咨询工程师认可的一般概念是：咨询工程师是以从事工程咨询业务为职业的工程技术人员和其他专业（经济和管理等）人员的统称。目前，我国注册咨询工程师（投资）与国际上通称的"咨询工程师"是有区别的。国际上属于广义咨询工程师的范围，除了项目前期咨询之外，还包括设计、建造、监理等全部工程咨询的业务内容。由于我国现行管理体制下，工程建设领域和阶段被分由不同的政府行政部门管理，为避免与国家已经确定的其他职业资格注册制度重复和矛盾，我国在注册咨询工程师名称上专门标上（投

资）两字。因此，我国"注册咨询工程师（投资）"的含义为：以建设前期投资咨询为主，同时也兼顾到经济建设全过程中与投资相关的业务，并取得《中华人民共和国注册咨询工程师（投资）职业资格证书》和《注册咨询工程师（投资）注册证》的专业技术人员的统称。

2. 报考及免试条件

（1）报考条件

凡中华人民共和国公民，遵守国家法律、法规，并具备下列条件之一者，可以申请参加注册咨询工程师（投资）执业资格考试。

1）工程技术类或工程经济类专业毕业

大专毕业且从事工程咨询相关业务满 8 年、本科毕业且从事工程咨询相关业务满 6 年、取得第二学士学位或研究生班毕业且从事工程咨询相关业务满 4 年、硕士学位且从事工程咨询相关业务满 3 年、博士学位且从事工程咨询相关业务满 2 年者。

2）非工程技术类、工程经济类专业上述学历或学位人员，其从事工程咨询相关业务年限相应增加 2 年。

3）人事部、国家发改委规定的其他条件。

（2）考试科目

考试科目分为《工程咨询概论》、《宏观经济政策与发展规划》、《工程项目组织与管理》、《项目决策分析与评价》、《现代咨询方法与实务》等 5 个科目。

注册咨询工程师（投资）执业资格考试原则上每年举行一次，日期定为每年 4 月。

（3）免试条件

凡符合下列条件之一者，可免试《工程咨询概论》、《宏观经济政策与发展规划》、《工程项目组织与管理》3 个科目：

1）符合考试认定范围，但在考试认定中未获得通过的人员。

2）获国家发改委或中国工程咨询协会优秀工程咨询成果奖项目及全国优秀工程勘察设计奖项目的主要完成人。

3）在 2002 年底前按国家规定取得高级专业技术职务任职资格，并从事工程咨询相关业务满 8 年。

4）通过国家执业资格考试，获得工程技术类执业资格证书，并从事工程咨询相关业务满 8 年。

根据《关于同意香港、澳门居民参加内地统一组织的专业技术人员资格考试有关问题的通知》（国人部发〔2005〕9 号），凡符合注册咨询工程师执业资格考试相应规定的香港、澳门居民均可按照文件规定的程序和要求报名参加考试。

3. 注册咨询工程师（投资）的登记注册

（1）首次注册

1）申请注册条件

① 在工程咨询单位工作恪守职业道德。

② 取得注册咨询工程师（投资）执业资格证书。

③ 身体健康，能在注册咨询工程师（投资）岗位上坚持工作。

④ 并有良好业绩。

2）申请材料

注册时需要的申请材料主要有：注册申请表；注册咨询工程师（投资）执业资格证书；任职（聘用）单位出具的任用（聘用）证明；任职（聘用）单位出具申请人职业道德证明。

3）申请注册程序

注册咨询工程师的注册程序，如图 2-1 所示。

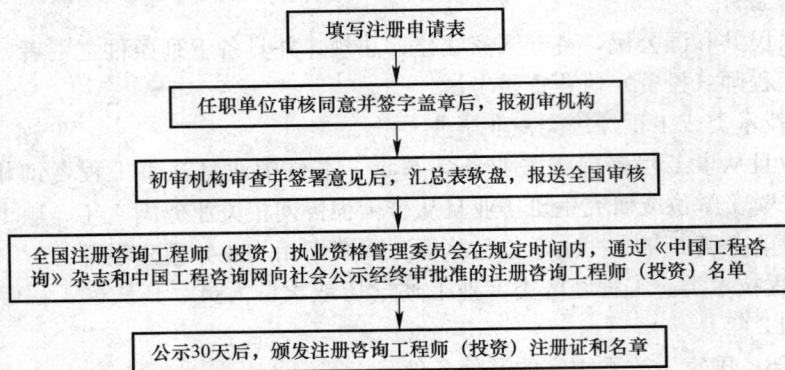

图 2-1　注册咨询工程师的注册程序图

4）不予注册

凡是具有以下 6 个情形之一的不予注册：

① 不具有完全民事行为能力的。

② 因受刑事处罚，自刑事处罚执行完毕之日起至申请注册之日止不满 5 年的。

③ 在工程咨询工作中有重大过失，受过行政处罚或撤职以上行政处分，且处罚、处分决定之日至申请注册之日不满 2 年的。

④ 在申请注册过程中有弄虚作假行为的。

⑤ 不在工程咨询单位执业或者在 2 个或 2 个以上单位执业的。

⑥ 有关法律、法规规定不予注册的其他情形。

（2）继续注册

注册咨询工程师（投资）注册有效期为 3 年，有效期满需要继续注册的，须申请办理继续注册手续。

1）注册材料

继续注册需要的注册材料有：继续注册申请表；从事工程咨询工作的业绩证明；满足注册咨询工程师（投资）继续教育规定中对继续教育的各项要求；要求注册变更的，还需按注册变更提供相应材料。

2）不予注册

凡是具有以下情形之一的不予注册：

① 无业绩证明。

② 同时在 2 个或 2 个以上单位执业的。

③ 未能完成注册咨询工程师（投资）继续教育学时规定的。

④ 允许他人以本人名义执业的。

⑤ 申请过程中弄虚作假的。

⑥ 在工程咨询工作中发生严重过失的。

⑦ 违反其他法规规定的。

（3）注册变更

注册咨询工程师（投资）变更工作单位时，须申请注册变更。

1）跨地区或跨行业注册变更，按照下列程序办理。

① 申请人填写注册变更申请表交新任职（聘用）单位。

② 新任职（聘用）单位审核有关上报材料，同意并签字盖章后，连同申请人与原注册时所在单位已办理的解聘手续证明材料，上报管辖的初审机构。

③ 初审机构审查同意并签字盖章后，将注册变更申请表和原注册咨询工程师（投资）注册证、名章报送全国注册咨询工程师（投资）执业资格管理委员会。

④ 全国注册咨询工程师（投资）执业资格管理委员会审核，并将变更情况通过《中国工程咨询》杂志和中国工程咨询网向社会公示。公示 30 天后，在未收到相关投诉或举报的情况下，颁发申请人变更后的注册证和名章，并通知申请人原初审机构核销备案。

2）同地区或同行业注册变更，按照下列程序办理。

① 申请人填写注册变更申请表，交新任职（聘用）单位审核。

② 新任职（聘用）单位审核同意并签字盖章后，连通申请人与原注册时所在单位已办理的解聘证明材料报初审机构。

③ 初审机构审查批准后，将注册变更人员表格和原注册咨询工程师（投资）注册证、名章报送全国注册咨询工程师（投资）执业资格管理委员会。

④ 全国注册咨询工程师（投资）执业资格管理委员会审核备案，并发给申请人变更后的注册证和名章。

3）注册咨询工程师（投资）注册变更，每年最多申请一次。

（4）注册注销

对注册咨询工程师（投资）注册后不能正常履行职责者，做注册注销处理。

4. 注册咨询工程师（投资）的权利和义务

（1）注册咨询工程师（咨询）的权利

1）咨询业务的权利

根据人事部、国家发改委下发的《人事部、国家发展计划委员会关于印发〈注册咨询工程师（投资）执业资格制度暂行规定〉和〈注册咨询工程师（投资）执业资格考试实施办法的通知〉》的相关内容，国家投资或政府审批的固定资产投资项目，必须由注册咨询工程师（投资）主持其工程咨询业务。注册咨询工程师（投资）也可以主持其他项目业主委托本单位的工程咨询业务。

2）注册咨询工程师（投资）的名称权

注册咨询工程师（投资）的名称是专有的，只能由取得《注册咨询工程师（投资）注册证》的人员专有。咨询文本名称权是指注册咨询工程师（投资）主持完成的咨询文本名称，属专有的。

3）签名盖章权

注册咨询工程师（投资）有权以注册咨询工程师（投资）的名义执行义务，对其出具的所有咨询文本有签名盖章权，并具有法律效力。

（2）注册咨询工程师（投资）的义务

1）遵守国家法律、法规，服从行业自律管理，维护国家、社会和业主利益。

2）客观、公正执业，保证工程咨询质量。

3）严格保守在执业中知悉的单位、个人技术和经济秘密。

4）不得同时受聘于 2 个以上工程咨询单位。

5）不得准许他人以本人名义执行工程咨询业务。

6）接受继续教育的义务。

5. 注册咨询工程师的发展现状

从 2002 年初全面启动注册咨询工程师（投资）执业资格制度，截至 2013 年 4 月，全国已有 3943 人获得注册咨询工程师（投资）执业资格。从 2009 年金融危机开始，国家为了挽救经济，就开始以投资拉动经济增长，另外我国也正处在从发展中国家向中等发达国家过渡的时段，而这个时段正是社会城市化发展最快的阶段，其最大的体现就是，城市基建工程非常多。作为投资就希望获取收益，即便是国家带动的基建投资，也是希望拉动周边行业的发展，因此这就需要咨询工程师利用自己的专业知识，来对投资项目进行专业的投资分析，以确定项目是否可行。

2011 年，国家提出了"十二五"规划，旨在进一步发展社会经济，未来（至少 5 年）以投资带动经济发展仍然是我国的一个发展方向。因此，在未来的投资发展中注册咨询工程师肯定是要起到先锋军的作用，为国家投资的项目做好前期规划和核定，这就需要有大量的咨询工程师。

2.2.2 注册造价工程师

1. 注册造价工程师含义

注册造价工程师，是指通过全国造价工程师执业资格统一考试或者资格认定、资格互认，取得中华人民共和国造价工程师执业资格，并按照本办法注册，取得中华人民共和国造价工程师注册执业证书和执业印章，从事工程造价活动的专业人员。

2. 报考、免试条件及考试形式

（1）报考条件

凡中华人民共和国公民，遵纪守法并具备以下条件之一者，均可申请造价工程师执业资格考试：

1）工程造价专业大专毕业，从事工程造价业务工作满 5 年；工程或工程经济类大专毕业，从事工程造价业务工作满 6 年。

2）工程造价专业本科毕业，从事工程造价业务工作满 4 年；工程或工程经济类本科毕业，从事工程造价业务工作满 5 年。

3）获得上述专业第二学士学位或研究生班毕业和获硕士学位，从事工程造价业务工作满 3 年。

4）获得上述专业博士学位，从事工程造价业务工作满 2 年。

上述报考条件中有关学历的要求是指经国家教育部承认的正规学历，从事相关工作经历年限要求是指取得规定学历前、后从事相关工作时间的总和。

（2）考试科目

考试科目分为《工程造价管理基础理论与相关法规》、《工程造价计价与控制》、《建设工程技术与计量》和《工程造价案例分析》4个科目。其中《建设工程技术与计量》科目分为土建与安装两个专业，考生可根据工作实际选报其一。

造价工程师执业资格考试成绩实行2年为一个周期的滚动管理。获得执业资格的条件是：参加全部科目考试的人员必须在连续2个考试年度内通过全部考试科目；免试部分科目的报考人员，必须在当年通过应试科目。

（3）免试条件

凡符合造价工程师考试报考条件的，且在《造价工程师执业资格制度暂行规定》下发之日（1996年8月26日）前，已受聘担任高级专业技术职务并具备下列条件之一者，可免试《工程造价管理基础理论与相关法规》、《建设工程技术与计量》两个科目，只参加《工程造价计价与控制》、《工程造价案例分析》2个科目的考试。

1）1970年（含1970年，下同）以前工程或工程经济类本科毕业，从事工程造价业务满15年。

2）1970年以前工程或工程经济类大专毕业，从事工程造价业务满20年。

3）1970年以前工程或工程经济类中专毕业，从事工程造价业务满25年。

此外，根据人事部《关于做好香港、澳门居民参加内地统一举行的专业技术人员资格考试有关问题的通知》（国人部发［2005］9号）文件精神，自2005年度起，凡符合造价工程师执业资格考试有关规定的香港、澳门居民，均可按照规定的程序和要求，报名参加相应专业考试。香港、澳门居民在报名时应向报名点提交本人身份证明、国务院教育行政部门认可的相应专业学历或学位证书，以及相应专业机构从事相关专业工作年限的证明。

（4）考试形式

全国造价工程师执业资格考试由国家住房和城乡建设部与国家人事部共同组织，考试每年举行一次，造价工程师执业资格考试实行全国统一大纲、统一命题、统一组织的办法。原则上每年举行一次，原则上只在省会城市设立考点。考试采用滚动管理，共设4个科目，单科滚动周期为2年。

3. 注册造价工程师的登记注册

（1）首次注册

1）申请注册条件

经过全国造价工程师执业资格统一考试合格，取得造价工程师执业资格考试合格证书的，并且在下列单位从事工程造价工作的人员可以申请注册：

① 具有工程造价咨询资质的企业。

② 工程建设领域的建设、勘察设计、施工、工程造价（定额）管理、招标代理、工程监理等单位。

③ 教育岗位直接从事工程造价理论研究或教学工作。

④ 并有良好业绩。

2）申请材料

注册时需要的申请材料主要有：

①《造价工程师初始注册申请表》。

② 造价工程师执业资格证书。

③ 申请人近 2 年完成的工作业绩简介和证明（完成编制或审核的两个单项或单位工程的估算、概算、预算、结算、标底等成果文件的封面或结论部分的复印件，复印件上要求加盖编制单位公章），或申请人发表的工程造价理论研究的报告。

④ 有效的人事档案证明或者离、退休证明。

⑤ 学历证明、居民身份证或有效身份证明。

⑥ 申请人免冠两寸彩色照片一张。

⑦ 注册单位为造价咨询企业的人员，在提交上述资料的同时，还应提供本单位的工程造价咨询企业资质证书复印件、社会养老保险证明。

⑧ 取得《造价工程师执业资格证书》超过一年，申请初始注册的，除提交上述材料外，还应当提交国务院建设行政主管部门认可的每年度不少于 40 学时的造价工程师继续教育证明。

3）申请注册程序

① 申请人登陆"中国建设工程造价信息网"，填写相关信息。

② 申请人向聘用单位提出申请，聘用单位审核同意后，在申请表格相应位置加盖公章。

③ 申请人持申请材料报注册机构审核，注册机构对申请人的书面申报材料及网上申报情况进行初审，初审合格的，由注册机构报送住房和城乡建设部审批。

（2）继续注册

注册有效期满要求继续执业的，造价工程师应当在注册有效期满前 2 个月向省级注册机构或者部门注册机构申请续期注册。

1）注册材料

① 从事工程造价活动的业绩证明和工作总结。

② 国务院建设行政主管部门认可的工程造价继续教育证明。

2）不予注册

凡是具有以下情形之一的不予注册。

① 无业绩证明和工作总结的。

② 同时在 2 个或 2 个以上单位执业的。

③ 未按照规定参加造价工程师继续教育或者继续教育未达到标准的。

④ 允许他人以本人名义执业的。

⑤ 申请过程中弄虚作假的。

⑥ 在工程造价活动中有弄虚作假行为的。

3）申请继续注册程序

① 申请人向聘用单位提出申请。

② 聘用单位审核同意后连同本办法第十一条规定的材料一并上报省级注册机构或者部门注册机构。

③ 省级注册机构或者部门注册机构对有关材料进行审核，对无本办法第十二条规定情形的，准予续期注册。

④ 省级注册机构或者部门注册机构应当在准予续期注册后 30 日内，将准予续期注册

的人员名单，报国务院建设行政主管部门备案。

续期注册的有效期限为 2 年，自准予续期注册之日起计算。

（3）注册变更

造价工程师变更工作单位，应当在变更工作单位后 2 个月内到省级注册机构或者部门注册机构办理变更注册。

1）申请注册变更，按照下列程序办理：

① 申请人向聘用单位提出申请。

② 聘用单位审核同意后，连同申请人与愿聘用单位的解聘证明，一并上报省级注册机构或者部门注册机构。

③ 省级注册机构或者部门注册机构对有关情况进行审核，情况属实的准予变更注册。

④ 省级注册机构或者部门注册机构应当在准予变更注册之日起 30 日内，将变更注册人员情况报国务院建设行政主管部门备案。

2）未按规定办理变更的，其变更注册无效。

3）造价工程师办理变更注册后一年内再次申请变更的，不予办理。

（4）注册注销

4. 注册造价工程师的权利和义务

有关注册造价工程师的权利和义务，见表 2-1。

注册造价工程师的权利和义务

表 2-1

序 号	注册造价工程师权利	注册造价工程师义务
1	使用注册造价工程师名称	遵守法律、法规、有关规定，恪守职业道德
2	依法独立执行工程造价业务	执行工程造价计价标准和计价方法
3	发起设立工程造价咨询企业	与当事人有利害关系的，应当主动回避
4	在本人执业活动中形成的工程造价成果文件上签字并加盖执业印章	保证执业活动成果的质量；接受继续教育，提高执业水平
5	保管和使用本人的注册证书和执业印章	保守在执业活动中知悉的国家秘密和他人的商业、技术秘密
6	参加继续教育	—

2.2.3 注册建造师

1. 注册建造师含义

注册建造师分为注册二级建造师和注册一级建造师。2002 年 12 月 5 日，人事部、住房和城乡建设部联合印发了《建造师执业资格制度暂行规定》（人发 [2002] 111 号）（以下简称《规定》），这标志着我国建立建造师执业资格制度的工作正式建立。该《规定》明确规定，我国的建造师是指从事建设工程项目总承包和施工管理关键岗位的专业技术人员。

注册建造师是指通过考核认定或考试合格取得中华人民共和国建造师资格证书，并按照有关规定注册取得中华人民共和国建造师注册证书和执业印章，担任施工单位项目负责人及从事相关活动的专业技术人员。

一级注册建造师可以担任《建筑业企业资质等级标准》中规定的必须由特级、一级建筑业企业承建的建设工程项目施工的项目经理；二级注册建造师只可以担任二级及以下建筑业企业承建的建设工程项目施工的项目经理。下面主要介绍一级建造师的报考及注册等相关知识内容。

2. 一级建造师报考及免试条件

（1）报考及免条件

凡遵守国家法律、法规，具备下列条件之一者，可以申请参加一级建造师执业资格考试：

1）取得工程类或工程经济类大学专科学历，工作满 6 年，其中从事建设工程项目施工管理工作满 4 年。

2）取得工程类或工程经济类大学本科学历，工作满 4 年，其中从事建设工程项目施工管理工作满 3 年。

3）取得工程类或工程经济类双学士学位或研究生班毕业，工作满 3 年，其中从事建设工程项目施工管理工作满 2 年。

4）取得工程类或工程经济类硕士学位，工作满 2 年，其中从事建设工程项目施工管理工作满 1 年。

5）取得工程类或工程经济类博士学位，从事建设工程项目施工管理工作满 1 年。

上述报名条件中有关学历或学位的要求是指经国家教育行政部门承认的正规学历或学位，从事建设工程项目施工管理工作年限是指取得规定学历前、后从事该项工作的时间总和。

（2）考试科目

一级建造师执业资格考试，设《建设工程经济》、《建设工程项目管理》、《建设工程法规及相关知识》、《专业工程管理与实务》4 个科目。其中《专业工程管理与实务》分为公路工程、铁路工程、民航机场工程、港口与航道工程、水利水电工程、市政公用工程、通信与广电工程、建筑工程、矿业工程、机电工程 10 个专业类别，考生在报名时可根据实际工作需要选择其一。

（3）免试条件

符合上述一级建造师的报名条件，于 2003 年 12 月 31 日前，取得建设部颁发的《建筑业企业一级项目经理资质证书》，并符合下列条件之一的人员，可免试《建设工程经济》和《建设工程项目管理》两个科目，只参加《建设工程法规及相关知识》和《专业工程管理与实务》2 个科目的考试：

1）担任工程或工程经济类高级专业技术职务。

2）具有工程类或工程经济类大学专科以上学历并从事建设项目施工管理工作满 20 年。

（4）考试形式

一级建造师执业资格实行全国统一大纲、统一命题、统一组织的考试制度，由人事部、建设部共同组织实施，原则上每年举行一次考试。

3. 一级建造师的登记注册登记

（1）首次注册

1）申请注册条件

① 经考核认定或考试合格取得资格证书。

② 受聘于一个相关单位。

③ 达到继续教育要求。

2）申请材料

① 注册建造师初始注册申请表。

② 资格证书、学历证书和身份证明复印件。

③ 申请人与聘用单位签订的聘用劳动合同复印件或其他有效证明文件。

④ 逾期申请初始注册的，应当提供达到继续教育要求的证明材料。

3）申请注册程序

取得一级建造师资格证书并受聘于一个建设工程勘察、设计、施工、监理、招标代理、造价咨询等单位的人员，应当通过聘用单位向单位工商注册所在地的省、自治区、直辖市人民政府建设主管部门提出注册申请。

省、自治区、直辖市人民政府建设主管部门受理后提出初审意见，并将初审意见和全部申报材料报国务院建设主管部门审批；涉及铁路、公路、港口与航道、水利水电、通信与广电、民航专业的，国务院建设主管部门应当将全部申报材料送同级有关部门审核。符合条件的，由国务院建设主管部门核发《中华人民共和国一级建造师注册证书》，并核定执业印章编号。

（2）继续注册

注册有效期满需继续执业的，应当在注册有效期届满 30 日前，申请继续注册。延续注册的，有效期为 3 年。

1）继续注册所需的注册材料

① 注册建造师延续注册申请表。

② 原注册证书。

③ 申请人与聘用单位签订的聘用劳动合同复印件或其他有效证明文件。

④ 申请人注册有效期内达到继续教育要求的证明材料。

2）申请继续注册程序

省、自治区、直辖市人民政府建设主管部门应当自受理申请之日起 5 日内审查完毕。国务院建设主管部门应当自收到省、自治区、直辖市人民政府建设主管部门上报材料之日起，10 日内审批完毕并作出书面决定。有关部门在收到国务院建设主管部门移送的申请材料后，应当在 5 日内审核完毕，并将审核意见送国务院建设主管部门。

（3）注册变更

1）变更条件

在注册有效期内，发生下列情形的，应当及时申请变更注册。变更注册后，有效期执行原注册证书的有效期。

① 执业企业变更的。

② 所在聘用企业名称变更的。

③ 注册建造师姓名变更的。

2）提交材料

① 注册建造师变更注册申请表。

② 注册证书和执业印章。

③ 申请人与新聘用单位签订的聘用合同复印件或有效证明文件。

④ 工作调动证明（与原聘用单位解除聘用合同或聘用合同到期的证明文件、退休人员的退休证明）。

3）变更注册程序同继续注册程序。

4. 注册建造师的权利和义务

有关注册建造师的权利和义务，见表 2-2 所示。

注册建造师的权利和义务　　　　　　　　　　　　　　表 2-2

序　号	注册建造师的权利	注册建造师的义务
1	使用注册建造师名称	执行技术标准、规范和规程
2	在规定范围内从事执业活动	保证执业成果的质量，并承担相应责任
3	在本人执业活动中形成的文件上签字并加盖执业印章	与当事人有利害关系的，应当主动回避
4	保管和使用本人注册证书、执业印章	遵守法律、法规和有关管理规定，恪守职业道德
5	对本人执业活动进行解释和辩护	保守在执业中知悉的国家秘密和他人的商业、技术等秘密
6	接受继续教育	接受继续教育，努力提高执业水准
7	获得相应的劳动报酬	协助注册管理机关完成相关工作
8	对侵犯本人权利的行为进行申述	—

2.3　工程咨询的法律责任

2.3.1　工程咨询相关的法律、法规、规章、技术规范

1. 工程咨询相关的法律

法律是行使国家立法权的全国人民代表大会及其常务委员会制定的规范性文件，在全国范围内具有普遍的约束力。

涉及投资建设管理的法律包括：《公司法》、《合同法》、《建筑法》、《招标投标法》、《行政许可法》、《政府采购法》、《反不正当竞争法》、《环境保护法》、《环境影响评价法》、《城市规划法》、《城市房地产管理法》、《土地管理法》、《可再生能源法》、《大气污染防治法》、《清洁生产促进法》、《安全生产法》、《消防法》、《劳动法》、《产品质量法》、《税收征收管理法》、《中外合资经营企业法》、《中外合作经营企业法》、《外资企业法》、《专利法》、《商标法》、《著作权法》、《循环经济促进法》等。

2. 工程咨询的行政法规

行政法规是国务院为领导和管理国家各项行政工作，根据宪法和法律，并且按照《行政法规制定程序条例》的规定而制定的，在全国范围内起到行政约束的作用。

与工程咨询业相关的法规包括：《国务院关于投资体制改革的决定》、《企业国有资产监督管理暂行条例》、《国务院关于调整部分行业固定资产投资项目资本金比例的通知》、

《国务院关于固定资产投资项目试行资本金制度的通知》、《建设工程安全生产管理条例》、《建设工程质量管理条例》、《建设工程勘察设计管理条例》、《建设项目环境保护管理条例》、《中华人民共和国注册建筑师条例》、《指导外商投资方向的规定》等。

3. 工程咨询业的部门规章

国务院组成机构（委员会、部、局）可以根据职责分工和行业特点，制定规范性文件，这些规范性文件通常在制定和颁布的委、部、局所管辖的业务范围具有约束效力。

有关工程咨询业的部门规章包括以下几个方面：

（1）工程咨询的管理

为了促进工程咨询业的发展，国家计委 1994 年发布了《工程咨询业管理暂行办法》和《工程咨询单位资格认定暂行办法》，1997 年发布了《工程咨询单位持证执业管理暂行办法》。

为了提高工程咨询质量与水平，人事部和国家发展计划委员会 2001 年联合制定了《注册咨询工程师（投资）执业资格制度暂行规定》和《注册咨询工程师（投资）执业资格考试实施办法》。

为了保障工程咨询质量，严格市场准入，国家发改委 2005 年根据《中华人民共和国行政许可法》和《国务院对确需保留的行政审批项目设定行政许可的决定》制定了《工程咨询单位资格认定办法》，《注册咨询工程师（投资）注册管理办法（试行）》。

（2）项目建议书、可行性研究报告的编制与评估

包括《关于建设项目进行可行性研究的试行管理办法》、《关于编制、审批境外投资项目的项目建议书和可行性研究报告的规定》、《关于印发〈建设项目评价方法与参数（第三版）〉的通知》、《国家计委办公厅关于〈投资项目可行性研究指南（试用版）〉的通知》、《关于实行建设项目法人责任制的暂行规定》、《工程建设项目可行性研究报告增加招标内容以及核准招标事项暂行规定》、《国家发展改革委委托投资咨询评估管理办法》、《企业投资项目核准暂行办法》、《外商投资项目核准暂行管理办法》、《境外投资项目核准暂行管理办法》、《中央企业固定资产投资项目后评价工作指南》。

（3）工程设计和造价

为了维护公共利益和建筑市场秩序，依据《中华人民共和国建筑法》和《建设工程勘察设计管理条例》等法律的规定，建设部制定了《建设工程勘察设计市场管理规定》、《建设工程勘察设计企业资质管理规定》、《勘察设计注册工程师管理规定》、《工程造价咨询企业管理办法》、《造价工程师注册管理办法》和《工程勘察设计收费管理规定》等部门规章。

（4）招标代理

为规范工程建设招标投标活动，保护国家利益、社会公共利益和招标投标活动当事人的合法权益，保证工程质量和提高投资效益，国家发改委、住房和城乡建设部、商务部、农业部、铁道部、交通部、信息产业部、水利部等部委根据《中华人民共和国招标投标法》和国务院有关部门的职责分工，制定了 70 多个有关招标投标活动的部门规章。主要包括：《中央投资项目招标代理机构资格认定管理办法》、《工程建设项目货物招标投标办法》、《工程建设项目勘察设计招标投标办法》、《工程建设项目施工招标投标办法》、《工程建设项目招标范围和规模标准规定》、《工程建设项目招标代理机构资格认定办法》、《机电

产品国际招标投标实施办法》、《政府采购货物和服务招标投标管理办法》、《农业基本建设项目招标投标管理规定》、《铁路建设工程招标投标实施办法》、《水利工程建设项目招标投标管理规定》、《通信建设项目招标投标管理暂行规定》和《工程建设项目招标投标活动投诉处理办法》等。

（5）工程监理和项目管理

为充分发挥投资效益，确保工程建设质量，提高管理水平，建设部制定了《工程建设监理规定》、《建设工程监理范围和规模标准规定》、《工程监理企业资质管理规定》、《监理工程师资格考试和注册试行办法》和《建设工程项目管理试行办法》等规定。

国务院其他部门根据所管辖的业务范围制定了相应的规范工程监理单位资质和执业资格的部门规章，如信息产业部制定的《信息系统工程监理单位资质管理办法》和《信息系统工程监理工程师资格管理办法》。

（6）设备监理

为了加强对建设项目设备工程质量的监督管理，保证设备工程质量，提高设备工程监理人员素质，规范设备工程监理活动，人事部、国家质量监督检验检疫总局决定在设备工程领域建立注册设备监理师制度，人事部颁发了《注册设备监理师执业资格制度暂行规定》、《注册设备监理师执业资格考试实施办法》和《注册设备监理师执业资格考核认定办法》等规定。

4. 工程咨询业的技术规范

技术规范是按照工程类型，各级建设主管部门或行业行政主管部门组织制定的有关工程建设的技术规程、标准、定额、指标、方法等规范性文件。技术规范可分为国家、行业、地方和企业四级，下级的规范标准不得与上级的规范标准相抵触。技术规范若由国家制定或认可，则在全国范围内有效。强制性的技术规范具有权威性，工程咨询机构和咨询工程师在从事与工程技术有关的咨询活动时必须贯彻执行。

2.3.2　工程咨询服务过程中的法律责任

1. 工程咨询单位的民事责任

（1）前期工程咨询的民事责任

工程咨询机构是指接受委托、对经济建设和工程项目提供专业服务，出具工程咨询成果文件的中介组织。

前期工程咨询的民事责任是指工程咨询机构没有履行合同约定的义务或者履行合同义务不符合约定，或者因为过错出具不合格的咨询报告，致使委托人受到损害而承担的不利后果。

1）违约责任

我国合同法实行严格责任原则，只要有违约行为，同时无免责事由，就要承担违约责任，《工程咨询业管理暂行办法》中规定："工程咨询机构除不可抗力原因外，未能按合同完成咨询任务，给委托方造成经济损失的，应承担合同规定的违约责任；若双方都有过失，应根据实际情况，由双方分别按合同规定承担各自应付的违约责任"。

① 咨询单位常见的违约行为

履行不能。因可归于咨询机构的事由导致合同不能履行。

履行迟延。对履行期已满而能够履行的合同，因可归于咨询机构的事由未能全部或部分履行。

拒绝履行。咨询机构能履行而明显不履行合同。

履行不当。咨询机构没有完全按合同约定的内容履行，主要包括：未按照合同要求提供全部报告或服务；咨询报告或服务有重大失误或质量较低，未达到合同要求；履行方式、地点不当；未履行合同附随义务，如咨询报告交付后未按约定对委托方进行必要的使用咨询报告的培训和讲解等。

② 承担违约责任的方式

继续履行，又称实际履行或强制履行。当事人一方不履行非金钱债务或者履行非金钱债务不符合约定的，对方可以要求履行，但有下列情形之一的除外：法律上或者事实上不能履行；债务的标的不适于强制履行或者履行费用过高；债权人在合理期限内未要求履行。

停止违约行为。是指当事人一方违约的。对方可以要求其停止违约行为；违约人也应当主动停止违约行为；人民法院有权责令违约人停止违约行为。

赔偿损失。最高赔偿额以违约一方在订立合同时预见或者应当预见到的因违约可能造成的损失为限。

支付违约金。合同法实行补偿性的约定违约金。

定金罚则。合同法确定了违约金与定金择一适用的原则。

还可采取其他一些补救措施，包括：防止损失扩大、暂时中止履行、要求适当履行、解除合同以及行使担保债权等。

③ 合同法中对咨询合同的特别规定

我国《合同法》第三百五十八条规定："技术咨询合同的受托人应当按照约定的期限完成咨询报告或者解答问题；提出的咨询报告应当达到约定的要求。"第三百五十九条第2款规定："技术咨询合同的受托人未按期提出咨询报告或者提出的咨询报告不符合约定的，应当承担减收或者免收报酬等违约责任。"

咨询机构没有提交咨询报告。按期提交咨询报告，是咨询机构最主要的义务，而没有提交咨询报告是最严重的违约行为，受托人不仅无权收取报酬，而且应当向委托人返还报酬或者赔偿损失。

咨询机构迟延提交咨询报告。在约定的期限内，不进行调查论证，委托人有权解除合同，并请求咨询机构返还已经支付的报酬和支付约定的违约金或者赔偿损失。

咨询机构所提交的咨询报告不符合合同的约定。委托人有权拒绝支付报酬，并请求受托人支付约定的违约金或者赔偿由此造成的损失。如果咨询报告基本符合约定的条件，但也存在着一定的缺陷，则咨询机构应当减收报酬，已经收到全部报酬的，应当返还一部分报酬。

2）侵权责任

① 侵权责任的含义

侵权责任指咨询单位或执业人员因侵犯他人物权、人身权、知识产权、商业秘密而应承担的民事责任，其中，侵犯知识产权最为常见。

② 承担侵权责任的方式

主要方式有：停止侵害、排除妨碍、消除危险、返还财产、恢复原状、赔偿损失、赔礼道歉、消除影响、恢复名誉。

以上承担侵权责任的方式，可以单独适用，也可以合并适用。

3）实施咨询报告发生损失的责任

① 咨询单位对委托人按照咨询单位提供的符合合同要求的咨询报告和意见作出决策所造成的损失，不承担责任。

② 咨询单位应对咨询报告的质量负责。如果咨询单位提交的咨询报告在主要观点和结论甚至整个咨询报告质量方面存在较大缺陷，不符合合同或委托书的要求，咨询单位应承担履行不当的违约责任。

（2）工程设计的民事责任

1）设计人义务

根据我国《合同法》和《建设工程设计合同（示范文本）》的规定，设计人主要有下列义务：

① 设计人应按国家技术规范、强制性标准、规程及发包人提出的设计要求，进行工程设计，按合同规定的进度要求提交质量合格的设计资料，并对其负责。

② 设计人应当按合同规定的内容、进度及份数，向发包人交付资料及文件。

③ 设计交付设计资料及文件后，按规定参加有关的设计审查，并根据审查结论负责对不超出原定范围的内容做必要调整补充。设计人按合同规定时限交付设计资料及文件，负责向发包人及施工单位进行设计交底、处理有关设计问题和参加竣工验收。

④ 设计人应保护发包人的知识产权，不得向第三人泄露、转让发包人提交的产品图纸等技术经济资料。

2）设计人违约责任

根据我国《合同法》和《建设工程设计合同（示范文本）》的规定，设计人主要有下列违约责任：

① 设计人对设计资料及文件出现的遗漏或错误负责修改或补充。由于设计人员错误造成工程事故损失，设计人除负责采取补救措施外，应免收直接受损失部分的设计费。损失严重的根据损失的程度和设计责任大小向发包人支付赔偿金。

② 由于设计自身原因，延误了按本合同约定的设计资料及设计文件的交付时间，每延误一天，应减收设计费2‰。

③ 合同生效后，设计人要求终止或解除合同，设计人应双倍返还定金。

（3）建设监理的民事责任

1）监理人义务

根据《建设工程委托监理合同》的规定，监理人通常具有下列义务：

① 监理人按合同约定派出监理工作需要的监理机构及监理人员，向委托人报送委派的总监理工程师及其监理机构主要成员名单、监理规划，完成监理合同专用条件中约定的监理工程范围内的监理业务。在履行合同义务期间，应按合同约定定期向委托人报告监理工作。

② 监理人在履行本合同的义务期间，应认真、勤奋地工作，为委托人提供与其水平相适应的咨询意见，公正维护各方面的合法权益。

③ 监理人使用委托人提供的设施和物品属委托人的财产。在监理工作完成或中止时，

应将其设施和剩余的物品按合同约定的时间和方式移交给委托人。

④ 在合同期内或合同终止后，未征得有关方同意，不得泄露与本工程、本合同业务有关的保密资料。

2）监理人违约责任

根据《建设工程委托监理合同》的规定，监理人通常承担下列违约责任：

① 监理人在责任期内，应当履行约定的义务，如果因监理人过失而造成了委托人的经济损失，应当向委托人赔偿，累计赔偿总额不应超过监理报酬总额（除去税金）。

② 监理人员不按监理合同履行监理职责，或与承包人串通给委托人或工程造成损失的，监理人承担相应的赔偿责任或连带赔偿责任。

③ 监理人向委托人提出赔偿要求不能成立时，监理人应当补偿由于该索赔导致委托人的各种费用支出。

（4）工程招标代理的民事责任

1）工程招标代理人义务

根据约定的代理业务的工作范围和内容，选择有足够经验的专职技术经济人员担任招标代理项目负责人。

按照合同约定的内容和时间完成下列工作：

① 依法按照公开、公平、公正和诚实信用原则，组织招标工作，维护各方的合法权益。

② 应用专业技术与技能为委托人提供完成招标工作相关的咨询服务。

③ 向委托人宣传有关工程招标的法律、行政法规和规章，解释合理的招标程序，以便得到委托人的支持和配合。

④ 应对招标工作中所出具有关数据的计算、技术经济资料等的科学性和准确性负责。

⑤ 不得接受与招标代理合同所涉及工程建设项目中委托招标范围之内的相关的投标咨询业务。

⑥ 为履行合同所提供技术服务的知识产权属招标代理人，任何第三方如果提出侵权指控，招标代理人须与第三方交涉并承担由此而引起的一切法律责任和费用。

⑦ 未经委托人同意，招标代理人不得分包或转让招标代理合同的任何权利和义务。

⑧ 不得接受所有投标人的礼品、宴请和任何其他好处，不得泄露招标、评标、定标过程中依法需要保密的内容。合同终止后，未经委托人同意，不得泄露与招标代理工程相关的任何招标资料和情况。

⑨ 未能履行以上各项义务，给委托人造成损失的，应当赔偿委托人的有关损失。

2）招标代理人违约责任

① 未按合同约定向委托人提供为完成招标工作的咨询服务，赔偿因其违约给委托人造成的损失。

② 未按合同约定接受了与招标代理工程建设项目有关的投标咨询服务，赔偿因其违约给委托人造成的损失。

③ 未按合同约定泄露了与招标代理工程建设项目有关的任何招标资料和情况，赔偿因其违约给委托人造成的损失。

④ 招标代理人的赔偿金额最高不应超过委托代理报酬的金额（扣除税金）。

2. 工程咨询机构的行政法律责任

（1）前期咨询的行政法律责任

1）工程咨询单位的行政法律责任

《国家发展改革委委托投资咨询评估管理办法》中明确规定："咨询评估报告有重大失误或质量低劣的，国家发展改革委可以对咨询机构提出警告、取消其承担咨询评估任务的资格、依据工程咨询单位资格管理的有关规定做出处罚。"

《工程咨询单位资格认定办法》第三十条规定："工程咨询单位有下列行为之一者，由资格认定部门根据情节轻重，分别给予警告、通报批评、停业整顿、降低等级直至取消工程咨询单位资格的处罚；构成犯罪的，依法追究刑事责任。"

① 涂改、倒卖、出租、出借《工程咨询单位资格证书》，或者以其他形式非法转让《工程咨询单位资格证书》的。

② 超越认定咨询专业和服务范围从事工程咨询活动的。

③ 变更或者终止业务，不及时办理变更和相应撤销、注销手续的。

④ 向负责监督检查的行政机关隐瞒有关情况、提供虚假材料或者拒绝提供反映其活动真实材料的。

⑤ 弄虚作假、泄露委托方的商业秘密以及采取不正当竞争手段，损害其他工程咨询单位利益，严重违反职业道德和行为准则的。

⑥ 经核实，咨询成果发生严重质量问题的。

⑦ 有其他违反法律、法规行为的。

2）工程咨询师的行政法律责任

根据《注册咨询工程师（投资）执业资格制度暂行规定》，注册咨询工程师在执业中，因工程咨询质量问题给委托方、第三方造成损失的，由其所在工程咨询单位承担责任，工程咨询单位应据此对签字盖章的注册咨询工程师进行处罚或处分。若咨询工程师同时在2个以上工程咨询单位执业或准许他人以本人名义执行工程咨询业务的，视情节轻重，将分别予以警告、停止执业、注销注册、收回执业资格证书的处分。

《注册咨询工程（投资）注册管理办法（试行）》规定："注册咨询工程师不按规定办理变更执业单位或专业手续的，超越规定专业执业的，由国家发展改革委员会给予警告1年的处分。在执业中有弄虚作假行为的，或不履行注册咨询工程师义务而造成不良后果的，由国家发展改革委员会给予暂停执业一年的处分。注册咨询工程师在执业中造成重大损失并负有直接责任的，由国家发展改革委员会给予吊销注册证并收回执业专用章的处分。"

（2）工程设计的行政法律责任

1）设计人的质量责任

根据《建筑法》、《建设工程勘察设计管理条例》和《建设工程质量管理条例》的规定，设计人在开展设计业务时，应遵照下列规定：

① 应当坚持先勘察、后设计、再施工的原则。

② 严格执行工程建设强制性标准。

③ 在资质等级许可得范围内承揽设计业务。

④ 未经注册的设计人员，不得以注册执业人员的名义从事设计活动。

⑤ 设计注册执业人员未受聘于设计单位的，不得从事设计活动。

⑥ 不得将所承揽的设计转包。

⑦ 必须在设计资质证书规定的资质等级和业务范围内承揽设计业务。

⑧ 应当根据勘察成果文件进行工程设计。设计文件应当符合国家规定的设计深度要求，注明工程合理使用年限。

⑨ 编制方案设计文件，应当满足编制初步设计文件和控制概算的需要。编制初步设计文件，应当满足编制施工招标文件、主要设备材料订货和编制施工图设计文件的需要。编制施工图设计文件，应当满足设备材料采购、非标准设备制作和施工的需要，并注明建设工程合理使用年限。

⑩ 设计文件中选用的材料、构配件、设备，应当注明其规格、型号、性能等技术指标，其质量要求必须符合国家规定的标准。除有特殊要求的建筑材料、专用设备和工艺生产线等外，设计人不得指定生产厂或供货商。

除上述内容以外，还应当在建设工程施工前，向施工单位和监理单位说明设计意图，解释设计文件。应当及时解决施工中出现的设计问题；应当参与建设工程质量事故分析，并对因设计造成的质量事故，提出相应的技术处理方案。

2）设计人安全责任

根据《建筑法》和《建设工程安全生产管理条例》的规定，设计人应承担下列安全责任：

① 建筑工程设计应当符合按照国家规定制定的建筑安全规程和技术规范，保证工程的安全性能。

② 设计人应当按照法律、法规和工程建设强制性标准进行设计，防止因设计不合理导致生产安全事故的发生。

③ 设计人应当考虑施工安全操作和防护的需要，对涉及施工安全的重点部位和环节在设计文件中注明，并对防范生产安全事故提出指导意见。

④ 采用新结构、新材料、新工艺的建设工程和特殊结构的建设工程，设计人应当在设计中提出保障施工作业人员安全和预防生产安全事故的措施建议。

（3）建设监理的行政法律责任

1）监理人的质量责任

根据《建筑法》和《建设工程质量管理条例》的规定，监理人开展监理业务时，应遵照下列规定：

① 监理人认为工程施工不符合工程设计要求、施工技术标准和合同约定的，有权要求建筑施工企业改正。

② 监理人发现工程设计不符合建筑工程质量标准或者合同约定的质量要求的，应当报告建设单位要求设计单位改正。

③ 监理人应当在其资质等级许可得监理范围内，承担工程监理业务。

④ 监理人与被监理的承包单位以及建筑材料、建筑构配件和设备供应单位不得有隶属关系或者其他利害关系。

⑤ 监理人不得转让工程监理业务。

⑥ 监理人不按照委托监理合同的约定履行监理义务，对应当监督检查的项目不检查

或者不按照规定检查，给建设单位造成损失的，应当承担相应得赔偿责任。

⑦ 监理人与承包单位串通，为承包单位谋取非法利益，给建设单位造成损失的，应当与承包单位承担连带赔偿责任。

2）监理人安全责任

根据《建设工程安全生产管理条例》的规定，监理人应承担下列安全责任：

① 监理人应当审查施工组织设计中的安全技术措施或者专项施工方案是否符合工程建设强制性标准。

② 监理人在实施监理过程中，发现存在安全事故隐患的，应当要求施工单位整改；情况严重的，应当要求施工单位暂时停止施工，并及时报告建设单位。施工单位拒不整改或者不停止施工的，监理人应当及时向有关主管部门报告。

③ 监理人应当按照法律、法规和工程建设强制性标准实施监理，并对建设工程安全生产承担监理责任。

④ 总监理工程师应要求施工企业编制下列分部分项专项施工方案并自己签字认可：基坑支护与降水工程、土方开挖工程、模板工程、起重吊装工程、脚手架工程、拆除、爆破工程、国务院建设行政主管部门或者其他有关部门规定的其他危险性较大的工程。

（4）招标代理人的政法律责任

根据《招标投标法》招标代理人承担下列行政责任：

泄露应当保密的与招标投标活动有关的情况和资料的，或者与招标人、投标人串通损害国家利益、社会公共利益或者他人合法权益的，处 5 万元以上 25 万元以下的罚款，对单位直接负责的主管人员和其他直接责任人员处单位罚款数额 5％以上 10％以下的罚款；有违法所得的，并处没收违法所得；情节严重的，暂停制止取消招标代理资格。

3. 避免或减少法律责任的措施

（1）工程咨询机构的职业责任保险制度的建立

咨询工程师所面临的职业风险是十分巨大的，如果因咨询工程师失误造成业主或第三方损失，工程咨询单位要承担相应的赔偿责任。以建设监理为例，《中华人民共和国建筑法》第三十五条规定："工程监理单位不按照委托监理合同的约定履行监理义务，对应当监督检查的项目不检查或者不按照规定检查，给建设单位造成损失的，应当承担相应的赔偿责任。"《建设工程委托监理合同》规定："监理人在责任期内，应当履行约定的义务。如果因监理人过失而造成了委托人的经济损失，应当向委托人赔偿。"然而工程咨询单位主要是为业主提供技术服务，其自身的经济实力较弱，经济赔付能力非常有限。一旦因咨询工程师的原因给业主和第三方造成重大损失，则很难保证受损失方得到应有的赔偿。例如，我国现行的监理合同的规定，监理单位因行为过失给业主造成损失的最高赔偿额不超过监理报酬总额，这显然对受损失方是不公平的。事实上，随着业主自我保护意识的增强，业主对由于咨询工程师责任引起的经济损失，要求全额赔偿的呼声越来越高；另一方面，即便是这有限的赔偿费，对工程咨询单位也是一个巨大的损失，信誉损失更是无法估量。

按照国际惯例，咨询工程师等专业人员开业的前提条件之一就是投保职业责任保险。如果因咨询工程师责任原因发生向工程咨询公司的索赔事件，将由保险公司来负责处理和赔付，这对于任何一方都是有利的。

（2）完善咨询服务合同

合同的内容由当事人约定，一般应包括以下主要条款：

1）咨询任务名称。

2）咨询任务的内容和具体要求，提供的方式。

3）完成咨询任务的时间要求。

4）对咨询成果的检验标准和方法。

5）咨询费用的计取标准和方法，支付日期和方式。

6）违约责任。

7）争议的解决办法。

8）当事人协商同意的其他条款。

2.3.3　工程咨询中的知识产权及其归属

1. 知识产权的概念及特征

（1）知识产权的概念

"知识（财产）所有权"或者"智慧（财产）所有权"，也称为智力成果权。在中国台湾和香港，则通常称之为智慧财产权或智力财产权。根据中国《民法通则》的规定，知识产权属于民事权利，是基于创造性智力成果和工商业标记依法产生的权利的统称。有学者考证，该词最早于17世纪中叶由法国学者卡普佐夫提出，后为比利时著名法学家皮卡第所发展，皮卡第将之定义为"一切来自知识活动的权利"。直到1967年《世界知识产权组织公约》签订以后，该词才逐渐为国际社会所普遍使用。

知识产权，指"权利人对其所创作的智力劳动成果所享有的专有权利"，一般只在有限时间期内有效。知识产权也是一种财产权，可以通过转让、受让、继承和许可他人使用等形式产生经济收益。工程咨询与任何其他技术服务一样，服务成果可能形成知识产权，在咨询服务过程中知识产权的归属，可以有3种结论：归客户；归咨询公司；归客户和咨询公司双方共有。

（2）知识产权的法律特征

1）知识产权的地域性，即除签有国际公约或双力、多边协定外，依一国法律取得的权利只能在该国境内有效，受该国法律保护。

2）知识产权的独占性，即只有权利人才能享有，他人不经权利人许可不得行使其权利。

3）知识产权的时间性，各国法律对知识产权分别规定了一定期限，期满后则权利自动终止。

（3）我国知识产权的保护期限

1）我国发明专利的保护期为20年，自专利申请日起计算。

2）我国实用新型专利权和外观设计专利权的保护期限为10年，自专利申请日起计算。

3）我国公民的作品著作权的保护期限为作者终生及其死亡后50年。

4）我国商标权的保护期限自核准注册之日起10年，但可以在期满限界满前6个月内申请续展注册，每次续展注册的有效期10年，续展次数不限。

5）商业秘密受法律保护的期限是不确定的，该秘密一旦为公众所知悉，即成为公众可以自由使用的知识。

2. 工程咨询中知识产权的归属

（1）我国主要知识产权法律

1）专利法

增加规定产品的专利权人有权禁止他人许诺销售其专利产品；加重专利侵权人的赔偿责任，加大对专利的司法保护力度，规定司法当局可以采取临时措施防止任何延误给权利人造成不可弥补的损害或者证据丢失；规定对专利评审委员会就发明、实用新型、外观设计专利的有关问题作出的复审决定，当事人可以向法院起诉。

2）著作权法

将计算机和电影作品出租权作为一种独立财产权予以保护，规定对数据汇编作品予以保护，对"合理使用"的原则与情形重新予以界定等。

3）计算机软件保护条例

将软件著作权的保护期改为自然人终生及其死后 50 年，法人或其他组织 50 年，缩小了"合理使用"作品的范围，加大了对制作、叛卖盗版软件行为的打击力度。

（2）咨询成果所有权的保护

咨询工程师在咨询过程中的一般原则是避免侵犯他人的知识产权，保护自身的知识产权，注意成果的归属问题，注重知识产权的保护和管理工作。

1）合同法对咨询成果的保护

合同法对于确定新的技术成果也有相关的处理原则：①谁完成谁拥有。根据合同法的规定对于咨询成果的归属有 2 种情况：一是如果受托人利用委托人的工作条件完成的新的技术成果，属于受托人；二是委托人利用受托人的工作成果完成的新的技术成果，属于委托人。②约定在先原则。另行当事人双方规定除外，按照约定执行。

按照一般原则来说，咨询单位对完成的或准备的方案、图纸、规划和报告等有关项目的正式文件拥有所有权，所以这些文件在没有经过咨询单位同意的情况下是不能用于项目的扩展或其他项目，而客户有权在合同中的工程和其预定的目的使用或复制这些文件。

合同法还规定对于委托人和受托人双方互相提供的资料必须保密，不得在未经许可的情况下透露给第三方，否则可以追究法律责任。

2）工程勘察设计咨询业知识产权的归属

2003 年 10 月，建设部和国家知识产权局共同印发了《建设部关于印发〈工程勘察设计咨询业知识产权保护与管理导则〉的通知》，明确了知识产权的范围与归属、知识产权的管理与保护以及知识产权的侵权处理和奖励与处罚。

根据导则，勘察设计咨询业知识产权的归属，一般按以下原则认定：

① 著作权及邻接权的归属

执行勘察设计咨询企业的任务或主要利用企业的物质技术条件完成的，并由企业承担责任的工程勘察、设计、咨询的投标方案和各类文件等职务作品，其著作权及邻接权归企业所有。直接参加投标方案和文件编制的自然人（包括企业职工和临时聘用人员，下同）享有署名权。

建设单位（业主）按照国家规定支付勘察、设计、咨询费后所获取的工程勘察、设计、咨询的投标方案或各类文件，仅获得在特定建设项目上的一次性使用权，其著作权仍属于勘察设计咨询企业所有。

勘察设计咨询企业自行组织编制的计算机软件、企业标准、导则、手册、标准设计等是职务作品，其著作权及邻接权归企业所有。直接参加编制的自然人享有署名权。

执行勘察设计咨询企业的任务或主要利用企业的物质技术条件完成的，并由企业承担责任的科技论文、技术报告等职务作品，其著作权及邻接权归企业所有。直接参加编制的自然人享有署名权。

勘察设计咨询企业职工的非职务作品的著作权及邻接权归个人所有。

② 专利权和专有技术权的归属

执行勘察设计咨询企业的任务，或主要利用本企业的物质技术条件所完成的发明创造或技术成果，属于职务发明创造或职务技术成果，其专利申请权和专利的所有权、专有技术的所有权，以及专利和专有技术的使用权、转让权归企业所有。直接参加专利或专有技术开发、研制等工作的自然人依法享有署名权。

勘察设计咨询企业职工的非职务专利或专有技术权归个人所有。

③ 商标权的归属

勘察设计咨询企业的名称、商品商标、服务标志，以及依法定程序取得的各种资质证明等的权利为企业所有。

④ 商业秘密的归属

勘察设计咨询企业在科研、生产、经营、管理等工作中所形成的，能为企业带来经济利益的，采取了保密措施不为公众所知悉的技术、经营、管理信息等商业秘密属于企业所有。

⑤ 合作关系形成的知识产权的归属

勘察设计咨询企业与其他企事业单位合作所形成的著作权及邻接权、专利权、专有技术权等知识产权，为合作各方所共有，合同另有规定的按照约定确定其权属。

⑥ 委托关系形成的知识产权的归属

勘察设计咨询企业接受国家、企业、事业单位的委托，或者委托其他企事业单位所形成的著作权及邻接权、专利权、专有技术权等知识产权，按照合同确定其权属。没有合同约定的，其权属归完成方所有。

⑦ 勘察设计咨询企业的人员在离开企业期间形成的知识产权的归属

企业派遣出国开展合作设计、访问、进修、留学等，或者派遣到其他企事业单位短期工作的人员，在企业尚未完成的勘察、设计、咨询、科研等项目，在国外或其他单位完成而可能获得知识产权的，企业应当与派遣人员和接受派遣人员的单位共同签订协议，明确其知识产权的归属。

企业的离休、退休、停薪留职、调离、辞退等人员，在离开企业1年内形成的，且与其在原企业承担的工作或任务有关的各类知识产权归原企业所有。

⑧ 在勘察设计咨询企业工作或学习的非本企业职工形成的知识产权的归属

勘察设计咨询企业接收的培训、进修、借用或临时聘用等人员，在接收企业工作或学习期间形成的职务成果的知识产权，按照接收企业与派出方的协议确定归属，没有协议的其权利属于接收企业。

思考与练习

1. 咨询单位常见的违约行为有哪些？如何解决？

2. 为了充分发挥投资效益，确保工程建设质量，提高管理水平，住房和城乡建设部制定了哪些规范与规定？

3. 建设监理人的质量责任有哪些？

4. 工程咨询服务过程中的法律责任如何划分的？

5. 工程咨询中的知识产权的归属如何划分的？

进一步阅读文献推荐

1. 全国注册咨询工程师（投资）资格考试参考教材编写委员会. 工程咨询概论 [M]. 北京：中国计划出版社，2011.

2. 张萍. 工程咨询专业人士制度研究 [D]. 天津理工学院硕士论文，2004. 3.

第3章 规划咨询与政策研究咨询

关键词：规划咨询；政策研究咨询；咨询方法

[**案例导读**] 辽宁某地拟建设一大型污水处理项目，由于投资额较大，财政吃紧，当地政府出台了相关的政策鼓励民间资本进行投资与建设。一名社会投资人经过与政府相关部门的初步谈判接洽后有了一定的投资意向，但还需要对该行业的未来政策趋势和行业发展有细致的了解和把握。遂找到一国内著名的工程咨询公司，帮他解读国内有关污水处理行业的有关政策、分析行业发展趋势。该咨询公司首先从中国的环保产业政策和发展环境入手，结合对中国的污水处理行业发展现状、污水处理细分市场、全国污水处理行业的拟建项目等的分析，对中国污水处理行业的发展趋势进行了预测，同时结合当前的情势，分析了污水处理行业的政策风险、市场风险及技术风险。其中政策风险从经济发展的调控政策、环境保护政策态势、污水处理行业政策、工业结构调整政策、城市发展政策取向等方面进行了分析。

分析：随着市场经济在我国的确立和逐步完善，各种利益诉求变得日益强烈，社会问题日益突出，并且政策问题变得日益复杂，任何人都不能依靠传统经验和模式进行很好的利益平衡和问题解决，需要各个领域的专家和学者进行科学的、理性的分析，推进社会管理的有序化和制度化，因此，政策研究咨询的重要性日益突出。

3.1 规划咨询

3.1.1 规划概述

1. 规划的概念

规划是为经济和社会发展而制定的中长远蓝图，是政府对未来的一种谋划、安排、部署。我国的国民经济和社会发展规划是国家加强和改善宏观调控的重要手段，也是政府履行经济调节、市场监管、社会管理和公共服务职责的重要依据。规划通过阐述政府的战略意图，明确政府的工作重点，引导市场主体的行为，以实现国家战略目标，弥补市场失灵，有效配置公共资源，促进共同富裕。

2. 规划的性质

虽然国民经济规划按照法定程序经立法机构审议批准，但规划的基本性质仍是指导性的。即使在某些不属于市场发挥作用的领域或在非常情况下采取某种指令性计划，也只是对总体上实行指导性计划的必要补充或权宜之计，并不改变市场经济条件下计划的根本性质。在社会主义市场经济体制下，经济和社会领域的发展规划必须以市场为基础，反映市场、预测市场、引导和调控市场。

3. 规划的特征

(1) 综合性

规划通常是针对国民经济总体的普遍性社会经济发展问题编制，规划编制必须综合考虑所涉及的对象，进行多方面分析研究，反映与之相关的各地区、各部门和各种利益群体的意见和要求，以保证规划制定的科学性和现实合理性。

(2) 层次性

不同级别的政府都有制定管辖范围内社会经济发展规划的权力，规划所涉及的问题及影响范围也因此具有层次性特征。

(3) 衔接性

国民经济和社会发展领域的各类规划之间往往相互重叠，互相支撑，构成支撑社会经济发展的有机整体。脱离不同行业领域具体情况的综合性规划和政策难以具有可操作性；特定领域问题的解决往往也需要综合性地从国民经济和社会发展全局的角度予以考虑，运用综合性的思路进行研究解决。

(4) 协调性

各类规划的编制和实施，要中央与地方、政府与企业和社会各界形成共识，统筹兼顾、综合协调各方面的需求，从而要求妥善处理国家长远、全局目标和短期、局部目标之间的关系；促进经济结构优化、提高国民经济整体素质和运行效率，协调各行业、各地区之间的关系，协调国家重点建设的资金来源和具体项目的投资建设等关系。

(5) 导向性

规划对全社会的经济活动具有极其重要的信息导向作用，为引导资源优化配置，弥补和矫正市场的短期性、波动性、盲目性，为有效发挥市场经济对资源配置的基础性作用提供政策及规划制度保障。

4. 我国国民经济和社会发展规划体系

我国的规划体系由三级、三类规划组成。国民经济和社会发展规划按行政层级分为国家级规划、省（区、直辖市）级规划、市县级规划；按对象和功能类别分为总体规划、专项规划、区域规划。

(1) 三级规划

1) 国家级规划

国家级规划是指由中央政府部门制定的各类规划。国家级规划规定着国家在一定时期内经济和社会发展的主要目标、任务和政策，关系到国家的全局和长远利益，各级地方应相互配合，保证国家规划确定的调控目标和任务的实现。地方规划应当服从国家规划，首先保证国家规划的实现，维护国家规划的权威性与统一性。同时，国家规划的制定也应当考虑到地方规划的实际情况，照顾到地方的利益。

2) 省（区、直辖市）级规划

省（区、直辖市）级规划是指省（区、直辖市）地方人民政府根据国家规划对所辖行政区的国民经济和社会发展或其特定行业、领域为对象编制的规划。省（区、直辖市）具有承上启下的功能，在编制时要在贯彻国家战略意图的基础上，突出地方特色，为市县级规划提供依据，并要与相邻地区的规划相协调。

3）市县级规划

市县级规划是指市县级地方人民政府所辖行政区的国民经济和社会发展或其特定行业、领域为对象编制的规划。市县级规划是我国规划体系中的末端规划。

（2）三类规划

1）总体规划

总体规划是国民经济和社会发展的战略性、纲领性、综合性规划，是编制本级和下级专项规划、区域规划以及制定有关政策和年度计划的依据，其他规划要符合总体规划的要求。

总体规划是完整的、全面的国民经济和社会发展计划。总体规划要体现保持经济总量平衡、促进总体结构优化、提高国民经济整体素质和效益的要求，发挥对全社会经济活动的总体指导和对各种宏观调控政策手段综合协调的作用。总体规划要覆盖国民经济和社会发展的主要领域，既要照顾各个方面，又要突出重点，当然是粗线条的。

2）专项规划

专项规划是以国民经济和社会发展特定领域为对象编制的规划，是总体规划在特定领域的细化，也是政府指导该领域发展以及审批、核准重大项目，安排政府投资和财政支出预算，制定特定领域相关政策的依据。

专项规划是针对国民经济和社会发展的重点领域和薄弱环节、关系全局的重大问题编制的规划。专项规划是总体规划的若干主要方面、重点领域的展开、深化及具体化，必须符合总体规划的总体要求，并与总体规划相衔接。

3）区域规划

区域规划是以跨行政区的特定区域国民经济和社会发展为对象编制的规划，是总体规划在特定区域的细化和落实。跨省（区、市）的区域规划是编制区域内省（区、市）级总体规划、专项规划的依据。

在我国的规划体系中，区域规划是比较薄弱的环节。编制并实施好区域规划，有利于打破地区行政分割，发挥各自优势，统筹安排重大基础设施、生产力布局和生态环境建设，进而提升区域整体竞争力。区域规划是经济社会发展任务在特定空间上的落实，是政府进行区域调控和管理的重要工具，具有弥补市场不足的重要功能。

3.1.2 规划咨询的内容

1. 规划咨询的概念

目前，规划咨询尚无严格的学术定义，它是近年来业界为了区分规划行政管理和专家评议或技术论证而采用的一种特定概念。规划咨询可以理解为规划编制部门正式做出规划决策、执行之前，为优化规划方案，提高规划科学性和可行性而开展的专家论证、公众征询或专题研究等工程咨询活动。开展规划咨询是规划编制单位为提高决策管理水平而采取的主观行动，也是国家法律法规对政府依法行政提出的明确要求。《中华人民共和国城乡规划法》第二十六条规定："城乡规划报送审批前，组织编制机关应当依法将城乡规划草案予以公告，并采取论证会、听证会或其他方式征求专家和公众的意见。公告的时间不得少于三十日。"

规划咨询是工程咨询的一项重要工作任务，一般是指宏观的投资决策咨询，而不是项目策划阶段的规划计划咨询，主要咨询业务包括规划制定咨询和规划评估咨询。

2. 规划咨询的内容

规划咨询工作包括前期准备、调查研究、专题论证、方案编制、组织实施和评估反馈等六个阶段。规划的组织，特别是规划的编制与实施是一个连续性和反馈性的过程，因此各阶段的工作应沿着一定的逻辑顺序进行，必要时，各阶段的顺序和工作重点也可以进行适当的交叉和调整，见表 3-1 所示。

规划咨询的内容　　　　　　　　　　　　　　　表 3-1

阶　段	内　　容
前期准备阶段	(1) 成立机构（领导小组及其办公室、专家咨询组、综合研究组和专题研究组等）。 (2) 开展前期调研，走访有关地区及部门，摸清规划区的基本情况，主要利益相关者的需求和关切点，为制订规划方案进行前期准备。 (3) 起草规划研究方案，初步确定研究专题，报领导小组审定。 (4) 落实规划咨询预算。 (5) 成立专题研究小组，落实专题研究单位和组成人员。 (6) 咨询研究经费下拨，正式启动规划咨询研究工作。 (7) 对参加专题研究人员和地方政府规划工作人员进行集中培训
调查研究（实地调研）阶段	(1) 在当地领导及有关部门的协助下，组织专题研究人员进行实地调研，了解区域基本情况。 (2) 资料汇总与内部交流，就有关问题达成共识。 (3) 开展面向各类群体的公众征询，深入了解当地情况
专题论证（咨询研究）阶段	(1) 总结区域及产业发展的主要特点、演变历程，对当地经济社会发展水平、发展阶段、综合实力等做出总体判断。 (2) 分析区域及产业发展的主要优势与限制因素。 (3) 分析区域发展的宏观背景与国际国内形势。 (4) 制定区域发展战略与目标，明确规划区在相关区域、全国乃至国际分工中的地位和作用。 (5) 提出规划编制的具体措施建议。 (6) 提出近期规划建设的重点
方案编制阶段	(1) 总体目标及各分目标的长期与短期发展预测。 (2) 备选规划方案及其可行性分析。 (3) 总体方案与各项规划的纵向协调以及各专项规划的横向协调。 (4) 多方案比较与择优
报批和规划实施阶段	(1) 形成规划咨询报告草案，包括总报告和各类分报告，请政府部门、专业机构、当地民众参与规划的评议，对规划内容进行必要的调整与修改。 (2) 规划方案定稿，准备参与规划评审，回答评审专家提出的问题。 (3) 规划方案最终定稿，由规划编制单位上报正式审批，协助规划编制单位解答各种专业问题。 (4) 规划实施，协助解决各种问题
评估反馈（跟踪、监测、实施评价）阶段	对规划实施结果的评价主要是对已付诸实施的规划，在实施一段时间后所形成的结果与原规划编制成果中的内容是否一致进行评价。 (1) 建立规划动态监测与预警系统。 (2) 确立相应的评价指标体系或标准，对规划方案进行动态监测检查。 (3) 评价与反馈，对规划方案与内容做出必要的调整、补充或修改。 (4) 规划期末进行最终评议，并提出今后优化规划方案的建议

3. 规划咨询的原则

规划咨询应坚持以人为本，全面、协调、可持续的科学发展观；坚持从实际出发，遵循自然规律、经济规律和社会发展规律；坚持科学化、民主化，广泛听取社会各界的意见；坚持统筹兼顾，加强各级各类规划之间的衔接和协调；坚持社会主义市场经济体制的改革方向，充分发挥市场配置资源的基础性作用。

（1）坚持以人为本

1）以人民群众的根本利益为出发点和落脚地，综合考虑经济社会效益。

2）重视分析规划对所涉及人群的生产、生活等方面的影响，提升人力资源价值，关注受益受损群体，维护不同利益相关者的合法权益，促进经济社会和个人的和谐发展。

3）高度重视在规划咨询过程中的公众参与和社会参与。

（2）坚持全面发展

1）从全面发展的角度，注重分析规划对区域经济发展、产业结构优化、促进社会全面进步所产生的影响和要求。

2）充分协调规划各参与方的关系。

3）重视经济社会多目标分析，考虑经济指标、社会指标、精神生活、社会福利、劳动环境等方面的要求。

4）改变过去单纯着重强调经济发展的做法，转为以经济建设为中心，同时关注各类社会问题的研究，实现经济社会全面发展。

5）认真分析所提出的规划方案对转变经济发展方式、城乡区域发展、人与自然和谐发展、促进社会全面进步所产生的影响。

（3）坚持协调发展

1）从协调发展的角度，注重分析规划的实施对城乡、区域、人与自然和谐发展等方面的影响和要求，确保经济社会发展的协调性和适应性。

2）注重各级各类规划之间的衔接和协调，兼顾当前利益和长远利益、局部利益和整体利益。

（4）坚持可持续发展

1）从全局性和战略性考虑，对经济、社会、人口、资源、环境、文化等进行全方位、系统性研究。

2）从实现节约发展、清洁发展、安全发展出发，统筹考虑投资建设中资源、能源的节约与综合利用以及生态环境承载力等因素，加快推进资源节约型社会和环境友好型社会的建设，促进地区循环经济和可持续发展。

4．规划制定咨询

规划制定咨询主要是规划研究，分为对区域发展规划、行业发展规划和企业发展规划所进行的研究咨询。主要研究以下内容：

（1）发展目标

规划期中期或期末所要达到的结果，反映某一时点区域或行业的发展蓝图。包括：

1）经济目标，如GDP、人均国民收入、经济增长速度、劳动生产率、生产能力和规模、产品质量、产业结构等。

2）技术目标，如技术进步水平、制造业装备水平、技术进步贡献率等。

3）社会目标，如人口规模和结构、人口自然增长率、就业机会、公平分配、扶贫、社会保险、医疗卫生、教育水平、文化宗教等。

4）环境目标，如污染治理、生态平衡、环境质量、可持续发展等。

5）管理目标，如体制改革、机构调整、制度创新、人员素质等。

（2）发展思路

在规划目标基本确定之后，需研究发展规划应遵循的规则（原则、法规、依据），明确发展的思路。

（3）开发方案

开发方案是根据区域或行业发展的时序性和阶段性来划分近期、中期和远期的规划发展重点及重点项目开发方案。

（4）规划的条件

规划的条件一般分为基本（现状）条件和发展条件。

1）规划的基本（现状）条件

区域规划的基本（现状）条件：地理条件（区位交通、地质地貌、气候和自然条件）；经济基础条件（经济发展水平和发展空间、人均收入、产业结构、劳动生产率）；社会人文条件（人口、就业、教育、社会保险、医疗卫生）。

行业规划的基本条件：生产力布局现状、技术水平、市场开发程度、产品结构、行业优势、产权体制等。

2）规划的发展条件

区域或行业规划的发展条件：资源条件、社会和环境条件、基础设施条件、生产开发能力、管理制度创新等。

规划的发展条件研究应全面反映现状和各种意见，特别要把阻碍规划实现的各种不利因素和风险表述清楚。

（5）产业结构和产业政策

规划研究在分析区域或行业产业结构现状的基础上，预测发展演变的趋势，研究合理的产品、技术、产业结构优化的方向，判断优势产业，提出产业结构调整的目标、重点、实施方案和措施，以此为基础提出区域或行业的产业政策，包括结构、组织、技术、保障等方面的内容。

（6）投资方案和备选项目

在做好以上5点的基础上，应研究和制定投资方案和确定备选项目。确定投资方案时，要完成以下2点：

1）充分研究规划实现的外部条件，从政策法规和外部关系协调方面提出对策意见，重视可能出现风险。

2）建立规划备选项目库，根据条件合理确定行业和地区的布局和重点，对重点项目提出投资机会的研究报告以及重点项目的建设时序建议。

5. 规划评估咨询

（1）规划评估咨询的概念

1）规划实施前的评估咨询

规划实施前的评估咨询指工程咨询机构接受委托，对区域或行业提出的规划进行分析论证，提出意见和建议，为决策者提供咨询服务。与规划研究相比，内容基本相同，但比规划研究更深入和细致，应论证规划目标、评价规划方案、分析规划的比较优势和制约因素、提出评价意见和建议。规划实施前的评估咨询应建立评价指标体系和评价数据库，要求指标简单明了、数据容易获取、体系完整、逻辑合理、目标明确、易于分析。

2）规划实施的评估咨询

规划实施的评估咨询指在规划实施阶段对规划实施情况进行评估，分析前期制订的规划方案是否妥当，目标是否符合实际，提出的任务是否能够完成，措施是否得当。规划实施的评估咨询由规划编制部门负责组织，一般委托独立的第三方咨询机构承担相应任务，以确保独立公正。

（2）评估单位及评估形式

1）评估单位

评估工作可以由编制部门自行承担，也可以委托有相应资质、独立的社会中介机构具体负责。

2）评估形式

评估单位应当按照规定提出中期评估报告，经规划咨询委员会或其他有资质的单位组织论证后，作为修订规划的重要依据，由规划编制部门报规划批准单位。

（3）评估内容

1）宏观经济运行情况

包括对经济增长速度、就业率、国际收支等指标的评估。

2）结构调整情况

采用定性或定量分析方法，评估结构调整的程度和进展情况。

3）规划实施措施到位情况

主要评估政府等规划实施主体的措施是否到位，重点评估政策措施的执行情况、环境配套条件落实情况和提供公共服务情况。

4）规划对发展环境的适应程度

从规划与发展环境的关系角度考察规划的适应性和持续性，深入分析国际国内经济形势以及重大自然灾害等突发事件引起的外部发展环境变化，对规划实施已经产生和即将产生的影响，进而对规划是否仍然适应形势的需要做出科学判断，进而为规划调整提供依据。

5）对重大问题的解决程度

对事关改革、发展和稳定大局，事关经济社会可持续发展的问题，必须逐项跟踪研究，掌握其发展趋势，了解结构调整的进程、科技和体制瓶颈的缓解程度、生态环境建设和提高人民生活等各项政策措施的贯彻落实情况，总结经验教训和存在的问题，及时调整相关政策措施。

（4）评估步骤

1）明确评估目标，熟悉评估对象

为了进行科学的定性定量评估，必须明确建立评估工作的目标，确定评估目标所考虑的具体事项。熟悉评估对象，进一步分析和讨论评估对象的各项特征以及影响这些特征的因素。

2）分析评估对象的特征要素

根据评估的目的，集中收集有关的资料和数据，对组成评估对象的各个要素以及其涵盖的多个方面的特征进行全面分析，为制定完善的指标体系做好准备。

3）确定评估指标体系

指标体系的建立，要遵循系统性原则、可测性原则、定量指标和定性指标相结合使用的原则、绝对量指标与相对量指标结合使用的原则、层次性和可比性原则等，另外指标之间尽可能避免显见的包含关系，指标设置要有重点。

4）制定评估结构和评估准则

要对所确定的指标进行定量化处理。有些指标本来就有定量的数字，有些原来只有定性的描述，这就要进行分析研究，制定和选择评估的定量依据，这里往往需要借助于模糊理论的概念和方法。每一个具体指标可能是几个指标的综合，这是由评估系统的特征和评估指标体系的结构所决定的，在评估时要制定评估结构。由于各指标的评估尺度不一样，对于不同的指标，很难在一起比较，因此，必须将指标体系中的指标规范化，制定出评估准则，根据指标所反映要素的状况，确定各指标的结构和权重。

5）评估方法的确定

要按规划的目标与计划分析结果（费、效）的测定方法、成功可能性的讨论方法以及评估准则等确定。每一种评估方法都有各自的特点，将中期评估的特点与评估方法的特点进行匹配，就能找到一种合适的评估方法。

6）单项评估

单项评估是就整个规划中的某一特殊方面进行详细的评估，以突出规划的特征。

7）综合评估

根据评估标准，在单项评估的基础上，从不同的观点和角度对系统进行全面的评估。

3.1.3　规划咨询的常用方法

规划咨询工作应根据具体规划内容的需要，采用多种研究方法进行综合分析评价，包括：

1. 定性分析与定量分析相结合

按照是否采用数学模型作为工具，咨询方法可以分为定性分析方法、定量分析方法和定性定量相结合的分析方法。

定性分析方法是通过研究事物构成要素间的相互联系来揭示事物本质的方法，它是在逻辑分析、推理判断的基础上，对客观事物进行分析与综合，从而找到事物发展的内在规律性，确定事物的本质。定性分析方法是咨询研究中最常用的方法；定性分析方法经常是咨询工作者的首选方法。市场预测的类推预测法、德尔菲法、专家会议法，战略分析的波士顿矩阵法和通用矩阵法，社会分析的利益相关者分析法和逻辑框架法等，均是定性分析方法。

定量分析方法是根据统计数据，建立数学模型，计算出分析对象的各项指标及其数值的方法。市场预测的因果分析法和延伸预测法，财务分析的现金流量分析法，经济分析的费用效益分析法，风险分析的概率树法和蒙特卡洛模拟法等，均是定量分析方法。

定量分析方法和定性分析方法各有一定的局限性。用定性分析印证定量分析，用定量分析说明定性分析，加强分析的力度和效果。定性和定量相结合的方法有系统分析法、层次分析法等。

2. 宏观分析与中观、微观分析相结合

规划的行政流程一般分为编制、审批和执行 3 个环节，并通过评估将执行的效果反馈到编制中。与此相对应，可将规划咨询分为决策咨询、管理咨询和技术咨询 3 个层次：决策咨询通常发生在规划编制之前，管理咨询通常发生在规划审批之前，技术咨询通常发生在规划执行之前。同样的，通过评估与反馈，可以将规划实施与规划决策联系起来，从而构成首尾相连的循环过程。

规划咨询的 3 个层次与城市这个复杂的系统具有宏观、中观和微观 3 个空间层次的基本特征是相对应的：决策咨询通常发生在发展战略和总体规划层面，管理咨询通常发生在分区规划和控制性详细规划层面，技术咨询通常发生在修建性详细规划和建筑单体层面。

这样分类只是为了分析和表述的方便，并不是绝对的，在现实中经常会有交叉重叠的情况出现。例如，一个面积达几十平方公里的开发区的总体规划，可能直接由管委会委托当地一家规划院编制完成而无需进行其他形式的咨询活动，而一个城市的大型公共建筑或标志性单体建筑，也可能需要上升到市政府决策的层面。

3. 技术经济分析与社会综合分析相结合

技术经济分析主要从经济的角度出发，根据国家现行的财务制度、税务制度和现行的价格，对建设项目的费用和效益进行测算和分析，对建设项目的获利能力、清偿能力和外汇效果等经济状况进行考察分析的一项研究工作。这一研究工作的目的是通过分析，定性定量地判断建设项目在经济上的可行性、合理性及有利性，从而为投资决策提供依据。

社会综合分析主要以效率为目标的"影子价格"，推算其成本、效益，用以反映真实的社会成本和社会收益，排除市场价格可能造成的假象，解决对没有市场价格的成本、效益进行衡量的问题，目的在于衡量支出项目对整个国民经济所产生的影响。

规划咨询不仅技术经济角度进行分析，还需要从整个国民经济角度进行综合分析。

4. 必要性分析与可行性分析相结合

必要性分析是指通过收集并分析信息或资料，以确定是否通过培训来解决组织存在问题的方法。它通过对组织所作的彻底分析，确定组织中存在的问题、是否可以通过培训来解决，及解决这些问题的成本和收益等方面。

可行性分析是通过对项目的主要内容和配套条件，如市场需求、资源供应、建设规模、工艺路线、设备选型、环境影响、资金筹措、盈利能力等，从技术、经济、工程等方面进行调查研究和分析比较，并对项目建成以后可能取得的财务、经济效益及社会环境影响进行预测，从而提出该项目是否值得投资和如何进行建设的咨询意见，为项目决策提供依据的一种综合性的系统分析方法。可行性分析应具有预见性、公正性、可靠性、科学性的特点。

规划咨询需要必要性分析与可行性分析相结合。

5. 政策分析与环境分析相结合

政策分析对政策的调研、制定、分析、筛选、实施和评价的全过程进行研究的方法。政策分析的核心问题是对备选政策的效果、本质及其产生原因进行分析。它是在运筹学和系统分析的基础上发展起来的。运筹学和系统分析侧重于对系统进行定量分析，政策分析则侧重于对问题的性质进行分析，从而发现新的政策方案和解决途径。

环境分析是指采取各种方法，对自身所处的内外环境进行充分认识和评价，以便发现市场机会和威胁，确定自身的优势和劣势，从而为战略管理过程提供指导的一系列活动。环境分析常用方法有"SWOT"分析法和"PEST"分析法。"SWOT 分析法"是将对企业内部和外部条件各方面内容进行综合和概括，进而分析组织的优势与劣势、面临的机会和威胁的一种方法，其中，优势（S）与劣势（W）主要分析企业自身的实力及其与竞争对手的比较，而机会（O）和威胁（T）则将注意力放在外部环境的变化及对企业可能受到的影响上。"PEST"为一种企业所处宏观环境分析模型：政治（P）、经济（E）、社会（S）、科技（T），这些是企业的外部环境，一般不受企业掌握。

规划咨询需要政策分析与环境分析相结合。

6. 静态分析与动态分析相结合

动态分析是指在项目决策分析与评价时要考虑资金的时间价值，对项目整个计算期内的费用与效益进行折（贴）现现金流量分析。如，内部收益率、净现值、净年值等指标，动态分析方法将不同时点的现金流入和流出换算成同一时点的价值，可以对不同方案和不同项目进行比选。

静态分析也称为非折（贴）现现金流量分析，是指在项目决策分析与评价时不考虑资金的时间价值，把不同时点的现金流入和流出看成是等值的分析方法。如静态投资回收期、总投资收益率等指标，静态分析方法指标计算简便、易于理解，但不能准确反映项目费用与效益的价值量。

规划咨询要采用动态分析与静态分析相结合的方法。

3.1.4　规划咨询的应用——以"南宁市相思湖新区概念性规划国际咨询"为例

1. 咨询背景

随着南宁市城市建设的发展和规模的不断扩大，相思湖新区以其良好的区位条件和优美的自然环境必然日趋成为人们关注的热点地区。根据南宁市城市总体规划，相思湖地区一直作为南宁市城市未来发展预留空间，但是由于相思湖地区目前的建设缺少宏观指导，整体性较差，规划和建筑水平也有待改进，居民居住条件及城市景观环境等与城市新的发展要求不甚符合。为正确引导城市新区的开发和建设，确保新区高起点、高标准、高质量的建设要求，避免建设过程出现的盲目性，有必要重新审视和研究相思湖地区的发展和定位，制定新的规划研究方案，以指导城市新区的逐步开发建设和有序发展，使相思湖新区成为南宁市的一个新区域增长中心，使之与新形势下首府中心城市建设和发展目标相适应，同时为该片区下一步规划建设和管理决策提供指导依据。

2. 规划研究历程

为完善城市功能，整合城市土地和空间资源，提升城市综合竞争能力，从城市长远和整体利益出发，为城市未来寻求新的发展空间，南宁市从 2002 年 6 月开始，着手进行新区开发建设的选址工作。经专家多方比较论证并上报首府规划建设管理委员会批准，选择了城市西部的相思湖地带和沙井地带部分区域作为城市新区建设选址。2003 年初，受南宁市人民政府的委托，由南宁市规划管理局组织了相思湖新区概念性规划国际咨询方案征集工作，征集信息发布以后，经过专家认真评选，从国内外 31 家候选设计机构中邀请了日本黑川纪章建筑都市设计事务所、英国阿特金斯公司（ATKINS）、澳大利亚 UKY 公司（urbis keys young）、美国 DPZ 公司、北京清华城市规划设计研究院 5 家国内外一流的设计机构参与。在 2003 年初进行了中间阶段方案成果评议，经过设计单位修改完善后，于 2003 年 10 月 14～15 日，邀请了由孟兆祯、戴复东、李京文 3 位工程院院士牵头，多名国内外知名的专家、教授组织的专家组对征集方案进行了认真的评审。

由于组织概念性规划只是征集设计构思和规划理念，规划方案尚不具备实施工作的深度要求，需在下一阶段对具体的用地布局、道路网络、公建及市政公用设施、绿地控制等许多问题进行深入综合。因此，根据市委、市政府的决定，委托北京清华城市规划设计研究院和南宁市城市规划设计院合作对应征的5个方案根据规划实施的需要，按照分区规划内容和深度要求进行综合和完善。规划成果是在5家设计单位提交的规划方案基础上，根据南宁市的实际情况，结合专家的评审意见，有选择地采纳各方案的优点，按照分区规划的深度，重新整合深化形成的新区分区规划，于2003年11月向南宁市有关部门汇报，2004年2月完成最终成果，并在"南宁市人大常委会（扩大）会议"上原则通过。

3. 国际咨询应征方案评析

（1）澳大利亚 UKY 设计公司提交的方案

比较注重生态理念，突出"绿色 + 蓝色"的空间体系，通过贯穿整个区域的"指状"绿化带将新区联系起来，规划结构清晰，规划层次分明；预留的生态绿地面积较大；启动区设于大学路以北、心圩江西侧，便于利用现有基础设施。但该方案的可开发建设用地相对较少，各功能区内的土地利用未作深入考虑，对土地置换方面的考虑欠缺；启动区虽能利用原有基础设施，但基本上位于高新区和现状建成区内，其发展受四周用地所限，难以带动新区建设。

（2）英国阿特金斯公司提交的方案

提出了"产业发展与城市发展相联系"的规划理念以及"绿色水岸"城市的空间形态。通过对经济、产业结构的分析，提出新区产业发展的主要方向为：教育科技、物流和休闲旅游，从而提出新区规划构想为"一个中心，三大板块"，即城市副中心，教育科技板块、综合物流及制造业板块和居住休闲旅游板块。这种规划思路具有较强的说服力，规划结构清晰，功能分区合理，规划方案也进行了多方案比较；启动区位于三大板块的交会处——邕江南北两岸的西明、沙井处，呈"T"形分布。方案的不足之处在于：从产业分析入手，必须要求基础资料翔实，否则得出的结论难免偏差；道路网络结构不甚合理，且与现状不符；启动区的越江干道应考虑邕江水位落差大小的影响。

（3）日本黑川纪章都市设计事务所提交的方案

比较注重城市形体，提出了"带状城市"、"链状中心"的规划结构；通过"手掌状"的绿地系统将新区划分为不同的功能区域，从而达到可持续发展的目的；新区的交通系统与现状建成区进行了很好的衔接，并对交通模式进行了分析；启动区域设置在大学路与快速环道的交汇处，呈椭圆形布置。方案的不足之处在于：对现状用地分析不清；设计尺度较大，缺乏亲和性；为增加城市的可识别性而采用的几何形体与功能不符，显得突兀；启动区的构图及功能设置与国内其他城市雷同，如：郑州郑东新区、焦作、宁波等地，且没有解决用地问题与交通组织问题，经济成本较大。

（4）北京清华城市规划设计研究院提交的方案

该研究院提交的方案该方案规划内容完整，结构清晰，组团、副中心分区明确，景观轴线、交通网络、功能布局等均进行了深入考虑；启动区位于大学路以北、民族学院以西地区，与现状建成区衔接较好。但该方案在规划尺度上考虑不足，规划方案中对部分现状用地情况、道路情况考虑不完善；启动区离现状大学路有一定距离，其功能设置偏重于城市公共设施，政府投入较大。

（5）美国 DPZ 设计公司提交的方案

提出了"精明增长"、"新城市主义"和"柔性主义"的规划理念，对邻里、功能区和廊道等进行了重点分析；提出新区的开发模式宜采用廊道和多中心模式；路网结构较符合现状丘陵地形，规划尺度宜人；启动区位于靠近天雹水库的可利江地带，现状用地附着物较少，较易开发。但设计方案未能完整表达设计理念，提出的新城主义与我国目前阶段的国情有一定差距，难以实现；对各功能区之间如何进行整合未做深入考虑；南北向的道路网络应进一步完善。

4. 规划理念的借鉴

（1）新区规划综合方案中采纳了澳大利亚、日本、美国等设计单位提出的"指状"规划结构，通过心圩江、可利江、西明江和凤凰江等邕江内河水系及其控制绿化带将整个新区联系起来，突出生态和可持续发展理念；以相思湖新区江北片区和江南片区的核心区形成的"T"形结构组成新区中心区，同时也是城市一级副中心的重要核心所在，整个城市新区形成"掌状"空间结构。

（2）新区城市空间形态采纳了英国、美国设计公司和清华城规院提出的"绿城水岸"的空间形象。

（3）新区用地功能布局采纳了英国设计公司提出的"产业发展与城市发展相联系"的规划理念，通过对经济、产业结构的分析，提出新区产业发展的主要方向为：教育、高新技术、物流制造和旅游度假，并按此理念进行用地功能布局，增强规划的可操作性。

（4）新区道路网络结构主要采纳了清华城规院提出的"环线＋直线"的模式，充分利用现有的大学路及其延长线和快速环道作为进出新区的主要通道。

（5）启动区选址综合了英国、美国设计公司和清华城规院提出的方案，既靠近主要交通干道，便于带动整个新区的建设；又便于充分利用相思湖的有利条件，打造相思湖品牌。

（6）在规划组团中采纳了美国设计公司提出的"精明增长"和"新城市主义"的规划理念，使路网结构既符合现状丘陵地形，又便于人的出行。

5. 启示——因地制宜，充分吸收和利用规划咨询成果

在相思湖新区概念性规划国际咨询工作开展以后，市委市政府立即组织北京清华城市规划设计研究院和南宁市城市规划设计院对方案征集成果进行深化和完善，组织编制了相思湖新区分区规划，对本次新区规划国际咨询成果进行了充分的吸收和利用。同时，分区规划经过市委市政府批准以后，规划局相继开展了新区核心区城市设计、新区主要道路设计以及启动区控制性详细规划等具体深化工作，为整个相思湖新区开发建设和管理提供了切实可行的指导依据。

城市规划咨询（概念性规划层次的方案征集、方案竞赛等）侧重于项目前期的规划咨询与研究，主要用于城市政府对城市发展目标及重大战略决策的依据和参考，同时也是决策者与广大市民寻求对城市发展共识的重要途径。在规划咨询工作中，各设计单位能充分发挥自身优势，最终提供侧重不同、内容丰富、多层次的规划研究成果，为下一步的城市规划与建设工作提供重要依据和参考。

其意义和作用有如下几个方面：

（1）作为传统城市规划体系的有益补充和完善，对法定规划及研究有着重要的指导和

参考意义。

（2）不同参加单位和设计人员都会充分利用各自专业和技术优势，在尊重现实和突破创新等方面提出独到的设计理念和方案创意，通过不同设计单位规划成果的互补，能为城市政府提供相对完善的、高水平的、多层次的城市规划设计和研究成果。

（3）有助于将新的规划思路、先进的规划理念和规划方法引入本地区，有助于培养本土规划设计单位的竞争意识和竞争能力，使本土规划设计单位熟悉行业竞争规律，逐渐与国际惯例接轨，为积极参与国际竞争打下基础。

（4）通过各种城市规划国际咨询项目的开展，通过国内外专家、学者、专业技术人员与城市政府之间的充分交流，能有效地促进多方利益协调和达成共识，避免因为少数领导个人意识而做出不尽合理的决策。同时，可以通过舆论宣传来扩大公众对城市规划和建设重大决策的了解，通过规划展览或现场公众咨询等多渠道来了解城市居民的需求，使广大市民积极参与城市建设与管理过程，为城市发展建设献计献策，这不仅是我国法制建设和民主制度不断完善的需要，也能更有效地提高规划设计质量和促进城市规划成果更具科学性、合理性和利益兼顾的全面性。

3.2 政策研究咨询

3.2.1 政策研究咨询的内容

1. 政策研究咨询的概念

政策研究咨询指工程咨询单位接受政府部门委托，对拟颁布实施的有关经济社会发展的政策性法规、规章、规定的制定进行研究，提出咨询意见或建议，供政策决策者参考。

政策研究咨询具有以下特点：

（1）超脱性强。咨询单位站在政策制定者和受众之外，不带主观偏好，可使其咨询结论保持客观和公正。

（2）政治性强。政策研究咨询属于政治范畴，从某种意义上说，政策研究咨询是咨询单位等社会机构参政议政的一种形式。

（3）宏观性强。政策实施惠及面、影响面较广，社会关注度高，进行政策研究咨询需掌握较多宏观方面的知识、信息和技能。

（4）前瞻性强。政策的调整和制定都是在未来的时间跨度内实施，具有前瞻性，因此政策咨询既要注重保持政策的连续性，更要善于预见和展望未来。

2. 政策研究咨询的范围

政策研究咨询的范围包括产业政策、技术政策、循环经济政策、生态环保政策、投融资管理政策等内容。

（1）产业政策

产业政策的作用对象都是产业，这里的产业政策指一国中央或地方政府制定的，主动干预产业经济活动的各种政策的集合。我国的产业政策极少以法律的形势出现，主要为"规划"、"目录"、"纲要"、"决定"、"通知"、"复函"之类的文件，如《船舶工业调整振兴规划》、《船舶工业中长期发展规划》、《国家产业政策指导目录》等等。中国的国有企业在很多重要的行业仍居主导地位，因此对企业进行扶持或者规制无须借助法律即可完成。

（2）技术政策

对于技术政策，根据生产行业的不同，技术可分为农业技术、工业技术、通信技术、交通运输技术等；根据生产内容的不同，技术可分为电子信息技术、生物技术、三药技术、材料技术、先进制造与自动化技术、能源与节能技术、环境保护技术、农业技术等。

（3）循环经济政策

我国《循环经济促进法》规定，所谓循环经济，是在生产、流通和消费等过程中进行的减量化、再利用、资源化活动的总称。循环经济使经济系统和自然生态系统的物质和谐循环，维护自然生态平衡，是以资源的高效利用和循环利用为核心，符合可持续发展理念的经济增长模式，是对"大量生产、大量消费、大量废弃"的传统增长模式的根本变革。

（4）生态环保政策

生态环境保护要求人类活动要在保护自身生态环境系统的前提下，逐步均衡和谐发展，控制人类活动对地球系统内其他组成的生态环境系统影响程度不突破阈值。生态环境保护是人类在已知世界内，采取控制和修复补救措施，达到地球系统内均衡和谐发展的过程。生态环境保护涉及的内容是复杂多样、相互联系的。大气环境系统、海洋环境系统、陆地环境系统 3 个部分都有各自的内容又互相影响联系着。例如，生物多样性保护、自然资源利用和保护等等。

（5）投融资管理政策

投融资管理是指政府为实现一定的产业政策和财政政策目标，通过国家信用方式把各种闲散资金，特别是民间的闲散资金集中起来，统一由财政部门掌握管理，根据经济和社会发展计划，在不以盈利为直接目的的前提下，采用直接或间接贷款方式，支持企业或事业单位发展生产和事业的一种资金活动。投融资管理是一种政策性投融资，它不同于一般的财政投资，也不同于一般的商业性投资，而是介于这两者之间的一种新型的政府投资方式。

除了上述政策研究范围外，还可以进行工程实施管理政策以及投资建设监控政策的研究咨询。

3. 政策研究咨询的类型

工程咨询单位围绕投资建设乃至经济社会发展涉及的各项政策进行研究咨询。政策研究咨询包括：

（1）新政策制定咨询

新政策制定咨询是对政府有关部门拟出台的政策性规章及规定进行的研究咨询。其最大特点是全新，需要研究新情况、新趋势、新问题，以确保政策的生命力。

（2）现行政策调整咨询

现行政策调整咨询是对某些生命期尚未终结的现行政策，根据变化的情况与时俱进，适时调整。其重点应放在推陈出新和保持现行政策的连续性。

（3）政策贯彻实施咨询

政策贯彻实施咨询是对在贯彻落实过程中，由于执行者的理解能力和认知度的偏差，致使政策贯彻"走样"、效能降低的政策性规章、规定进行的研究咨询。其重点应在提高政策贯彻执行的力度和"纠偏"方面下功夫。

4. 政策研究咨询的功能

政策研究咨询是现代政策制定和决策的重要保障，其要务是保证政策的科学性，从而为决策者科学决策提供服务。

（1）增强决策者决策的科学化

决策就是对各种政策方案研究、制定和选择的理性行为。由于工程咨询单位在某些政策研究领域具有专业优势，能够提高决策科学化程度。现代社会面临的政策问题复杂性增强，依靠传统经验和手段无法达到理想效果，政策行为往往偏离客观实际，政策决策需要工程咨询单位的更多参与。政策咨询的首要价值就是尽量满足政策的科学性，确保政策的合理性。决策科学化是指在科学的决策思想指导下，按照科学的决策规律，遵循科学的决策程序，运用科学的决策方法进行决策。

（2）参与决策功能

政策研究咨询通过各种途径最大限度地参与政府决策。一般情况下，工程咨询单位和政府保持着密切的联系，这就意味着它能在一定程度上影响政府的政策，同时通过政策研究咨询提高自己的竞争力。工程咨询单位接收政府部门的委托，进行政策课题的研究，提出解决问题的建议，或提供政策方案。

（3）协调功能

工程咨询单位同各个方面的联系非常广泛，这为政策的协调创造了良好的条件。政府部门在政策研究咨询过程中总是希望得到大多数人的赞同，推动政策的有序实施，他们在表达自己的立场时，会主动关切咨询单位和学者的意见，平衡各方面的利益表达，使其获得大多数组织和个人的认可。在这种情况下，通过政策研究咨询这一平台，协调各方的意见，最终获得政策的通过。

5. 政策制定咨询

为使好的政策及时出台并取得预期效果，咨询单位在政策制定咨询中应认真把握以下基本点：

（1）背景与依据。对政策出台的政治、经济、社会背景，政策涉及的法律、法规依据，政策实施的国情民意等进行研究咨询。

（2）目的与功能。对制定政策的目的性、针对性以及政策的作用等进行研究咨询。

（3）属性与效力。对政策所具有的强制性、指导性引导性以及约束力度等进行研究咨询。

（4）内容与结构。对政策的具体内容、条款、结构进行研究咨询。

（5）时机与期限。对政策出台的时机选择与政策有效期进行研究咨询。

（6）投入与产出。对政策制定与实施所付出的代价和收到的效果进行研究咨询。

（7）矛盾与协调。对某些新政策出台与现行关联政策的协调、互适以及抵触矛盾情况进行研究咨询。

（8）受益与受损。通过利益群体分析，对政策的接受者的受益与受益情况、范围、程度进行研究咨询。

（9）波及与影响。对某些新政策出台可能涉及的方方面面，产生的正负影响程度及原因进行研究咨询。

（10）实施与检验。对政策贯彻实施需要的条件、采取的措施和效果检验进行研究咨询。

6. 政策评价咨询

政策评价咨询指咨询单位对政府部门拟发布实施的新政策进行预先评价和对现行政策进行中期评价或后评价，供新政策制定和现行政策调整参考。

政策评价咨询应从以下几个方面进行：

（1）必要性评价。对政策制定或调整理由的充分性、紧迫性和现实性进行评价。

（2）可行性评价。对政策实施或调整的可能性、可行性和支撑条件进行评价。

（3）科学性评价。对政策制定或调整所依据的基础理论、方法论和法律解释是否、科学、严谨进行评价。

（4）操作性评价。对政策贯彻实施的难易程度和需要采取的措施进行评价。

（5）认知度评价。评价受益群体对政策的知晓、公认、公信程度。

（6）满意度评价。评价人民群众对政策的制定和实施"拥护不拥护、高兴不高兴、满意不满意"，可设十分满意、部分满意、不满意三个评价档次。

（7）成功度评价。事先预测评价或事后检验评价政策制定与实施的效果，判别其成功度，可设基本成功、部分成功、不成功三个评价档次。

3.2.2　政策研究咨询的常用方法

较为重要的有以下几种：

1. 偶然联想链法

偶然联想链法是创造学的一种重要方法，后被广泛应用于政策研究咨询活动之中，其实质是：从联想的方案组合中获得某种启发，形成大量新的政策方案。

这种方法的基本步骤为：（1）确定政策研究对象的同义词，形成同义词链。（2）选择偶然对象形成偶然对象链。（3）让偶然对象链与同义词链依次组合，以便形成新观念、新思想、新方案。（4）编制偶然对象特征表。（5）让偶然对象特征与同义词链依次组合，以便形成新观念、新思想、新方案。（6）依次以表中所列的特征为基本词衍生联想链。（7）让联想链与同义词链依次组合，以便产生新观念、新思想、新方案。（8）根据政策目标、政策环境等因素的状况，在上述诸方案中选择最佳者。（9）对选择出来的方案进行综合评价，最后确定方然对象链、偶然对象特征、联想链与同义词链四者之间的依次组合来形成新的政策方案。在这样大量的方案中进行选择，可以减少失误，增强决策科学化的程度。

2. 缺点列举法

缺点列举法是通过会议的形式来搜集新观点、新方案、新成果的方法。这种方法的特点是从列举事物的缺点入手，找出现有事物的缺点和不足之处，然后再探讨解决问题的方案和措施。

缺点列举法一般分两阶段进行：第一阶段是列举缺点阶段，即召开专家会议，启发大家找出研究对象的缺点。第二阶段即探讨改进方案阶段，会议主持者应启发大家思考存在上述缺点的原因，然后再根据原因找到解决问题的办法。该方法主要用于政策决策方案的评价和改进上，其理论基础是：对旧政策决策方案改进的实质就是对其缺点的改进，只要把旧方案的缺点尽可能地列举出来，就可以发现存在的问题，找到改进的目标和措施。

3. 专家预测法

专家预测法是以专家的创造性逻辑思维来索取未来信息的一种方法。

这种方法可以分为 2 个大类：（1）以专家个人"微观智能结构"通过创造性逻辑思维来获取未来信息的方法称为个人判断预测法，亦称个人头脑风暴法。（2）以集体的"宏观智能结构"（通过专家"微观智能结构"之间的信息交流、互相启发，引起"思维共振"、互相补充，产生组合效应，形成宏观智能结构），通过创造性的逻辑思维来获取未来信息的方法称之为专家会议法，或称为集团头脑风暴法。而且，集团头脑风暴法又可分为直接头脑风暴法和质疑头脑风暴法两种。前者是通过共同讨论具体问题，发挥宏观智能结构的集体效应，进行创造性思维活动的一种专家集体评估、预测的方法。而质疑头脑风暴法是一种同时召开两个专家会议，集体产生设想的方法。第一专家会议完全遵从直接头脑风暴法原则，而第二个会议则是对第一个会议提出的设想进行质疑。

4. 德尔斐法

德尔斐法是在专家个人判断和专家会议方法的基础上发展起来的一种新型直观预测方法。

概括地说，该方法是采用函询调查，对与所预测问题有关的领域的专家分别提出问题，然后将他们回答的意见进行综合、整理、反馈。这样经过多次反复循环，最后得到一个比较一致，而且可靠性也较大的意见。同专家会议法相比，德尔斐法具有 3 个显著特点：（1）匿名性。（2）信息反馈沟通的间接性。（3）预测结果统计的可量化性。德尔斐法是兰德公司的一大杰作，目前成了全球 150 多种预测法中使用频率最高的一种方法。同时，德尔斐法也是系统分析方法在意见和价值判断领域内的一种有益延伸，它突破了传统的数量分析限制，为更科学地制定政策开阔了思路。

3.2.3　政策研究咨询的应用——我国地方政府应建立现代政策研究咨询机制

政策研究咨询机制目前已经成为地方政府日益关注的重要机制。随着体制的不断变化，地方政府必须不断充实政策研究、政策咨询，才能面对外界的挑战，达到可持续发展的目标。

1. 现代政策研究咨询业的产生与发展

现代政策研究咨询业，首创于英国，兴起于美国，迅速普及于西欧与日本。美国在 1913 年成立的咨询工程师协会，可以看做是现代政策研究咨询机构的雏形；美国在 1918 年创立的普鲁金斯协会，1919 年创建的胡佛研究所，这两个综合性的研究机构，是现代政策研究咨询机构的先驱。第二次世界大战以后，出现了更高级的包括政治、经济、军事、科技在内的综合咨询服务企业，如美国的兰德公司，日本的三菱综合研究所等。

我国的政策研究咨询业起步较晚，但自党的十一届三中全会以来，随着政治、经济体制改革的不断深化，正在逐步走上一条适合我国国情的具有中国特色的社会主义现代化建设的正确道路。与此相适应，行政决策活动也发生了一系列重大变革，从中央到地方建立了一批各种形式的咨询机构。如各部门设立的政策研究室；国务院的经济研究中心、技术经济研究中心；社会咨询服务中心；一些高等院校和学术部门的学术性研究机构、信息情报机构等。

2. 我国地方政府政策研究咨询机制现状

回顾 20 年我国政策研究咨询业的发展历程，我们可以清楚地看到，至少取得了如下成就：（1）建立了政策研究咨询机构，从中央到地方不同程度地建立了研究室，政策、经济研究中心等名称不一的咨询机构，基本上形成了一个完整的政策研究网络体系。（2）形成了政策咨询风尚，十一届三中全会以来，党和政府每一项大政方针的出台，都是在征求专家学者、民主人士、人民群众意见的基础上，经过了认真的调查研究，反复的科学论证后而慎重做出的。

在充分肯定我国政策研究咨询业发展的同时，我们更应该清醒地认识到，与发达国家的咨询业相比，我国的政策研究咨询业仍处于初级阶段。无论从外部环境还是自身发展来看，我国的政策研究咨询业同即将迈入 21 世纪的发展机遇和建立完善社会主义市场经济体制的客观要求都还存在着许多差距和问题，主要有：

（1）咨询意识有待加强

一些地方和部门存在着对政策研究咨询工作认识不足、重视不够的现象，而且越到基层，情况越严重。其突出表现是，有的地方将政策研究咨询机构或撤销、或合并、或随意抽调骨干，造成从事政策研究咨询工作的同志思想不稳定，对今后机构的设置问题疑虑重重。

（2）咨询水平需要提高

主要是咨询工作水平还不适应领导决策的需要，许多课题没有真正抓到领导的痒处，不是急领导之所急、想领导之所想。许多研究成果动辄几万字，既难研究，也难看懂，且不能解决实际问题，缺乏可操作性。

（3）政策研究咨询机构仍需完善

我国主要是发展了官方的政策研究咨询机构，而在国外，官办、民办的政策研究咨询机构都有，且平分秋色，如美国的兰德公司研究所、英国的伦敦国际战略研究所等均对本国的政府战略和政策制定影响极大。我国政策研究咨询机构单一的状况严重影响了咨询质量的提高。

3. 我国地方政府政策研究咨询机制发展滞后原因分析

（1）市场需求不足是根本原因

首先，我国地方政府的经营风险绝大部分不是自己承担，而是转嫁给了上级政府，形成了每一级地方政府对上级政府的过分依赖性，使得地方政府对其经营风险不甚关心，这导致了其对政策研究咨询业可有可无的态度。其次，咨询业的需求不足与公共部门的引导、管理缺位有关。没有明确哪些领域必须有咨询智力支持，咨询智力成果的法律地位与性质如何，这使咨询业的市场需求得不到宏观制度保证。

（2）供给不足是直接原因

首先，政策咨询水平和咨询成果质量不高。我国的政策研究咨询机构，很少能根据具体的环境设计具有个性化的方案，多为照抄照搬外国政策研究咨询机构的成果，许多咨询成果不适应领导机构的需要和市场经济的发展，可操作性不强。其次，供给市场不规范。部分政策研究咨询机构素质较差，缺乏对信息进行加工的本领，只是将收集到的信息原封不动地提供给地方政府，甚至提供虚假信息，导致服务不规范，实际效果不好。

4. 改善我国地方政府政策研究咨询机制对策建议

近年来，普华永道、兰德、麦肯锡等国外著名公司纷纷抢滩我国市场，目前在我国开展咨询业务的海外咨询公司多达上百家。我国地方政府政策研究咨询机制如何改革，已成为一个迫在眉睫的问题。

（1）完善我国地方政府政策研究咨询业发展的组织体系

在这方面，西方发达国家有值得我们借鉴的经验。美国的政策研究咨询主要是依靠行业协会来进行，其企业管理咨询也多为民间提供。美国有两个自发成立的管理咨询协会：一个是美国咨询管理公司协会（ACME）；另一个是美国管理咨询会（IMC），主要负责对咨询顾问个人的资格认定并颁发资格证书。日本管理咨询组织体系由3部分组成：1）中央和地方政府系统的政策咨询机构。2）面向中小企业的半官半民的咨询机构。3）以大中型企业为主要咨询和指导对象的民间咨询团体，形成了官民协同、适度竞争的组织体系。在西欧各国，大部分是依靠行业协会来提供管理、监督和扶持。

（2）建立公共政策、法律法规合力互动体系

加强建章立制工作，要在政策研究咨询机构开办条件、业务范围、经济权利及法律责任等方面，制定具有针对性、可操作性、有利于咨询业发展的法律法规。

（3）要在广度和深度上下功夫

增加服务范围，深入地方政府管理现场，运用现代化的手段和科学方法，通过对地方政府诊断、培训、方案规划、系统设计、从战略层面的确立到行为方案的设计等，加强规范化操作，建立一套有严格操作标准和绩效控制的完整体系。

思考与练习

1. 什么是规划咨询？规划咨询的基本内容有哪些？

2. 什么是政策研究咨询？政策研究咨询的基本内容有哪些？

3. 规划咨询的原则有哪些？

4. 规划咨询的方法有哪些？

5. 简述规划制定咨询中的发展目标。

6. 进行规划制定咨询时，区域或行业规划的发展条件主要包括哪些？

7. 规划评估咨询的内容有哪些？

8. 简述规划评估的步骤。

9. 政策研究咨询的特点是什么？

10. 咨询单位在政策制定咨询中要把握哪些基本点？

11. 政策评价咨询应包括哪些内容？

12. 简述政策研究咨询的方法。

进一步阅读文献推荐

1. 注册咨询工程师（投资）资格考试参考教材——工程咨询概论［M］. 北京：中国计划出版社，2012.

2. 注册咨询工程师（投资）资格考试参考教材——宏观经济政策与发展规划［M］. 北京：中国计划出版社，2012.

3. 张剑龙 . 规划咨询的作用和工作思路探讨——以"武汉市建设大道与新华下路交叉路口用地规划咨询"为例［J］. 规划师，2003，（11）.

第4章　工程项目前期咨询——决策与设计

关键词：工程项目决策；项目建设方案；总图运输

[**案例导读**] 某企业根据自身发展需要，打算新建一个工程搬运车总装厂。项目小组拟定了一份初步的可行性报告，对该项目未来的市场前景做了预测，初步拟定了建设方案，建议在 A 市的经济开发区某地块建厂，设计了厂区布置图，并分析了项目经济方面的可行性。但是项目负责人对这份报告不是很满意，认为项目建设方案设计没有具体论证，缺乏说服力，而且设计方案考虑不周全。那么在工程项目前期应该做哪些工作，项目方案如何设计更科学合理呢？

4.1　项目目标与项目决策

4.1.1　项目目标

项目目标（Project Objectives），简单地说就是实施项目所要达到的期望结果，即项目所能交付的成果或服务。项目的实施过程实际就是一种追求预定目标的过程，因此，从一定意义上讲，项目目标应该是被清楚定义，并且可以是最终实现的。一般项目目标通常表现为质量目标，工期目标及投资目标，是可测量的项目成功的标准。

1. 项目目标的特点

项目的目标具有如下 3 个特点。

（1）多目标性

对一个项目而言，项目目标往往不是单一的，而是一个多目标系统，希望通过一个项目的实施，实现一系列的目标，满足多方面的需求。但是很多时候不同目标之间存在着冲突，就需要对项目的多个目标进行权衡。

项目目标基本表现为 3 方面，即时间、成本、技术性能（或质量标准）。实施项目的目的就是充分利用可获得的资源，使得项目在一定时间内在一定的预算基础上，获得期望的技术成果。然而这 3 个目标之间往往存在冲突。例如，通常时间的缩短要以成本的提高为代价，而时间及成本的投入不足又会影响技术性能地实现，因此三者之间要进行一定的平衡。

（2）优先性

项目是一个多目标的系统，不同目标在项目的不同阶段，根据不同需要，其重要性也不一样，例如在启动阶段，可能更关注技术性能，在实施阶段，主要关注成本，在验收阶段关注时间进度。对于不同的项目，关注的重点也不一样，例如，单纯的软件项目可能更关注与技术指标和软件质量。

当项目的 3 个基本目标发生冲突的时候，成功的项目管理者会采取适当的措施进行权衡，进行优选。当然项目目标的冲突不仅限于 3 个基本目标，有时项目的总体目标体系之间也会存在协调问题，都需要项目管理者根据目标的优先性进行权衡和选择。

（3）层次性

项目目标的层次性是指对项目目标的描述需要有一个从抽象到具体的层次结构。即，一个项目目标既有最高层次的战略目标，也要由较低层次的具体目标。通常明确定义的项目目标按照意义和内容表示为一个递阶层次结构，层次越低的目标描述的应该越清晰具体。

2. 项目目标确定原则与指标描述

确定项目目标应遵循的原则，见表 4-1 所示。

项目目标确定的原则   表 4-1

序　号	原　则	内　容
1	尽量定量描述	项目是操作层面的内容，目标如果太过泛泛，就会让执行者难于把握，也会让提出要求者难于考察。制定项目目标要有操作性、可度量性，便于最后的考核
2	项目成员参与制定	经过团队成员参与讨论确定下来的项目具体目标认可度是最高的，团队成员也愿意积极为自己亲自参与制定的目标而努力工作
3	客观现实，非理想化	不切合实际的目标设计不能起到激励作用，也就失去目标原本的作用。确定目标要深入实际进行调查、分析，借鉴同类项目的情况，确定目标不能太理想化，也不能把目标定得太低
4	目标描述尽可能简要	目标要用简要的语言或者数据指标描述，描述目标的时候要尽可能简明扼要。含糊其辞、模棱两可的目标规定，将给考核工作带来难度，也是产生纠纷的原因之一

对项目目标进行描述时，首先应该确定项目的总体目标，而总体目标的描述应该具体、明确，并尽可能定量化。再对总体目标分解便可得到分目标，对分目标的描述，应该回答如下几个问题：（1）数量（多少）；（2）质量（怎么样）；（3）目标组或项目对象（谁）；（4）时间（什么时间开始，什么时间结束）；（5）地点（在哪里）。也就是说，项目目标确定的结果是项目的总目标和分目标组成的目标体系，他们分别涉及项目的时间、费用、技术与产品 3 个方面。

［例 4-1］　某个技改项目的目标描述如下。

步　骤	事　例
（1）确定总目标	年产量提高到 100 万台。
（2）确定目标组	M100-1 型号产量 20 万台；M101-1 型号产量 20 万台；M200-2 型号产量 20 万台；M201-2 型号产量 20 万台；M300-1 型号产量 20 万台。
（3）质量	产品质量达到国标 GBXXX-2000 标准。
（4）时间	M100 型号流水线 2000 年 1 月 1 日～2000 年 12 月 31 日完成，M200 和 M300 型号流水线 2001 年完成。

如果将此目标写成一句话，那就是：××公司在 2000 年和 2001 年期间对 M 系列产品生产线进行技术改造，使年产量提高到 100 万台，质量达到国家标准。

3. 制定项目目标的过程

项目目标分两个方面确定，一个是项目初始目标的确定；另一个是项目实施目标的确定。项目初始目标是项目发起人或者客户提出的期望结果或产品、服务的形式，而项目实施目标是项目组织为了满足或超越发起人/客户的要求而制定的目标。

工程项目目标的确定是按系统工作方法有步骤的进行的，它通常包括对情况的分析、问题的定义、提出目标因素、构建目标系统和研究目标系统各因素的关系等工作，如图 4-1 所示。

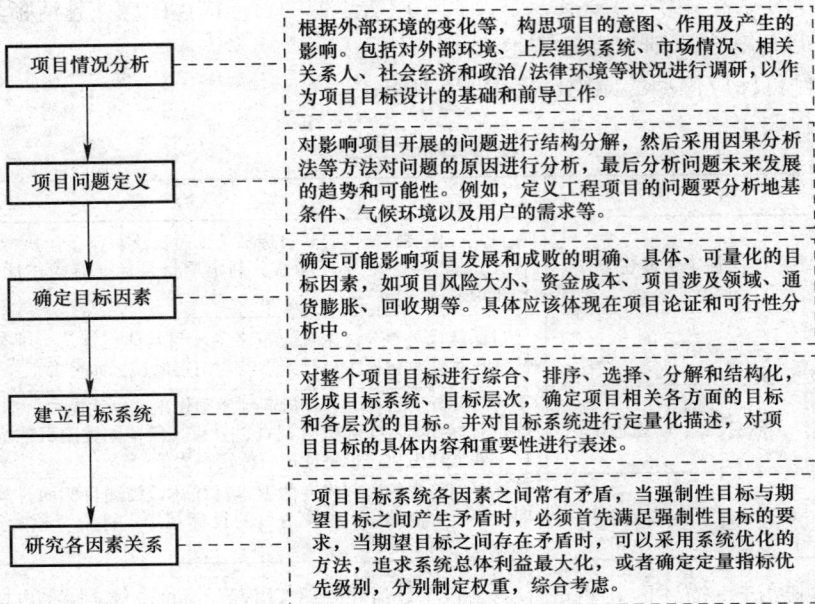

项目情况分析	根据外部环境的变化等，构思项目的意图、作用及产生的影响。包括对外部环境、上层组织系统、市场情况、相关关系人、社会经济和政治/法律环境等状况进行调研，以作为项目目标设计的基础和前导工作。
项目问题定义	对影响项目开展的问题进行结构分解，然后采用因果分析法等方法对问题的原因进行分析，最后分析问题未来发展的趋势和可能性。例如，定义工程项目的问题要分析地基条件、气候环境以及用户的需求等。
确定目标因素	确定可能影响项目发展和成败的明确、具体、可量化的目标因素，如项目风险大小、资金成本、项目涉及领域、通货膨胀、回收期等。具体应该体现在项目论证和可行性分析中。
建立目标系统	对整个项目目标进行综合、排序、选择、分解和结构化，形成目标系统、目标层次，确定项目相关各方面的目标和各层次的目标。并对目标系统进行定量化描述，对项目目标的具体内容和重要性进行表述。
研究各因素关系	项目目标系统各因素之间常有矛盾，当强制性目标与期望目标之间产生矛盾时，必须首先满足强制性目标的要求，当期望目标之间存在矛盾时，可以采用系统优化的方法，追求系统总体利益最大化，或者确定定量指标优先级别，分别制定权重，综合考虑。

图 4-1　制定项目目标的过程图

4.1.2　项目决策

1. 项目决策的含义

管理学决策派创始人西蒙认为，在存在着大量可能备选行动方案的情况下人们选取其中一个方案的行为就是决策。如企业制定计划是决策，组织结构的设计是决策，组织中的干部配备是决策，实施管理控制的时候采取措施来纠正偏差也是决策。工程项目决策常指为了完成既定目标而提出实现目标的各种项目可行方案，根据项目评估标准，对多个项目备选方案进行分析、评价和判断，最终由投资方或项目发起人选择一个满意的项目方案。由此可见，正确的项目决策在工程项目管理中有着举足轻重的作用。

2. 项目决策的过程与内容

项目决策是由一系列的项目决策步骤所构成的一个完整过程，是分析和解决问题或抓住机遇的决策过程，图 4-2 给出了项目决策的过程。

3. 工程项目决策

工程项目是以工程建设为载体的项目，是作为被管理对象的一次性工程建设任务。工程项目决策是指对建设项目及其建设方案的最后选择和决定。中国基本建设程序规定，项目决策必须以设计任务书为依据。实际上项目决策过程就是拟建项目的设计任务书的编制和审批过程，设计任务书经有权审批单位审批后，项目随之成立，也就是项目的最终决策。

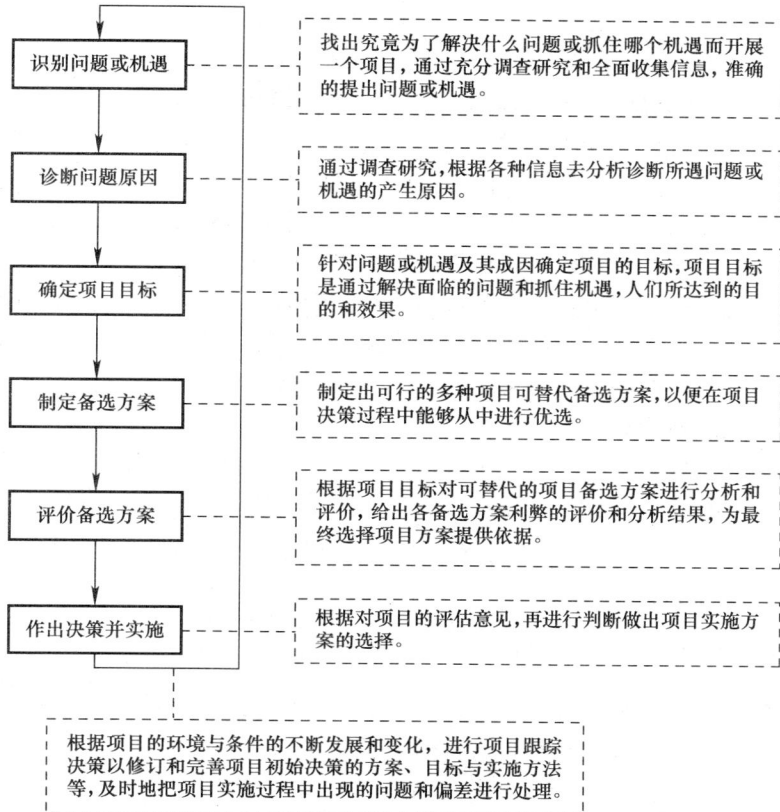

图4-2 项目决策过程示意图

因此，工程项目决策的过程除了遵循一般项目决策过程，完成项目可行性研究之外，还需要政府部门的核准与审批。

对由企业投资的工程项目，一般是在企业完成项目可行性研究，即企业自身对工程项目决策分析后，根据项目决策的基本意见和结论，委托具备相应工程咨询资格的机构编制项目申请报告，并向政府部门提交项目申请报告进行核准。政府职能部门在规定时间内对项目进行核实、论证。项目核准后，企业可以此办理相关手续，包括城市规划、国土资源、环境保护、水利、节能等行政主管部门出具的审批意见和金融机构项目贷款承诺。

对由政府投资的工程项目，在拟建项目之前，必须向政府职能部门（发改委或发改局）提交项目建议书，由相关职能部门审查此类项目是否在行业、部门或区域的发展规划中，决定是否立项。如果项目建议书得到批准，投资者要委托有资质的中介咨询机构编制可行性研究报告，并提交给政府职能部门。政府职能部门组织有关专家进行论证，或委托有资质的中介咨询机构进行项目评估，以决定工程项目是否决策建设。

4.2 项目可行性研究

工程项目前期咨询主要是对项目决策的分析与评价过程，这项工作主要包括投资机会研究、初步可行性研究（项目建议书）、可行性研究等内容。

4.2.1　投资机会研究

投资机会研究（Opportunity Study，OS），又称投资机会鉴别，是指为寻找有价值的投资机会而进行的准备性调查研究。

投资机会研究的主要工作是分析投资动机，把握投资目标。鉴别投资机会，鉴别项目目标与企业规划目标的关联程度，鉴别所研究的投资机会能否发挥企业优势，是否具有可行性前景，鉴别所研究的投资机会是否符合企业现实情况。

投资机会研究的内容包括：市场调查、消费分析、投资政策、税收政策研究等，其重点是分析投资环境，如在某一地区或某一产业部门，对某类项目的背景、市场需求、资源条件、发展趋势以及需要的投入和可能的产出等方面进行准备性的调查、研究和分析，从而发现有价值的投资机会。

投资机会研究的成果是机会研究报告。投资机会研究报告是开展初步可行性研究的根据。在投资机会研究中、项目的建设投资和生产成本一般参照类似项目的数据做粗略的估算，误差一般要求约为 $\pm 30\%$，研究费用一般约占总投资额的 $0.2\% \sim 1.0\%$，时间一般为 1～2 个月。

4.2.2　初步可行性研究（项目建议书）

初步可行性研究（Pre-feasibility Study，PS），也称预可行性研究，是对机会研究所选择的项目进一步分析论证。初步可行性研究是初步判断项目是否有生命力。

初步可行性研究是介于投资机会研究和详细可行性研究之间的中间阶段，其研究内容和结构与详细可行性研究基本相同，主要包括项目目标及功能定位，市场需求研究，项目建设地点选择，项目方案构思及项目建设方案初步论证。但初步可行性研究所获资料较为粗略，研究深度较浅。一般主要采用相对粗略的估算指标法，或是分类估算法估算，误差一般要求控制在 $\pm 20\%$ 以内，研究所需时间大致为 4～6 个月，所需费用占投资总额的 $0.25\% \sim 1.25\%$。

通过初步可行性研究，如果认为项目建设是必要的，而且具备了基本的建设条件，就可以编制初步可行性研究报告，即项目建议书。对于企业投资项目，政府不再审批项目建议书，初步可行性研究仅作为企业内部决策层进行项目决策的依据，企业可根据实际情况决定是否做初步可行性研究；而对政府投资项目，仍需按基本程序要求审批项目建议书。如果企业内部判断项目是有生命力或政府投资项目经投资主管部门批准立项，就可开展下一步的可行性研究。

4.2.3　项目可行性研究

可行性研究（Feasibility Study，FS），又称详细可行性研究，一般是在初步可行性研究基础上，对项目在技术上和经济上是否可行所进行的科学分析和论证。它是项目决策的重要阶段，要全面分析项目的全部组成部分和可能遇到的各种问题，并最终形成可行性研究报告。

项目可行性研究的基本内容可概括为 3 部分。第一部分是市场调查和预测，说明项目建设的"必要性"。第二部分是建设条件和技术方案，说明项目在技术上的"可行性"。第三部分是经济效益的分析与评价，这是可行性研究的核心，说明项目在经济上的"合理性"。可行性研究就是主要从这 3 个方面对项目进行优化研究，并为投资决策提供依据的。具体说来，项目的可行性研究，其主要内容，如图 4-3 所示。

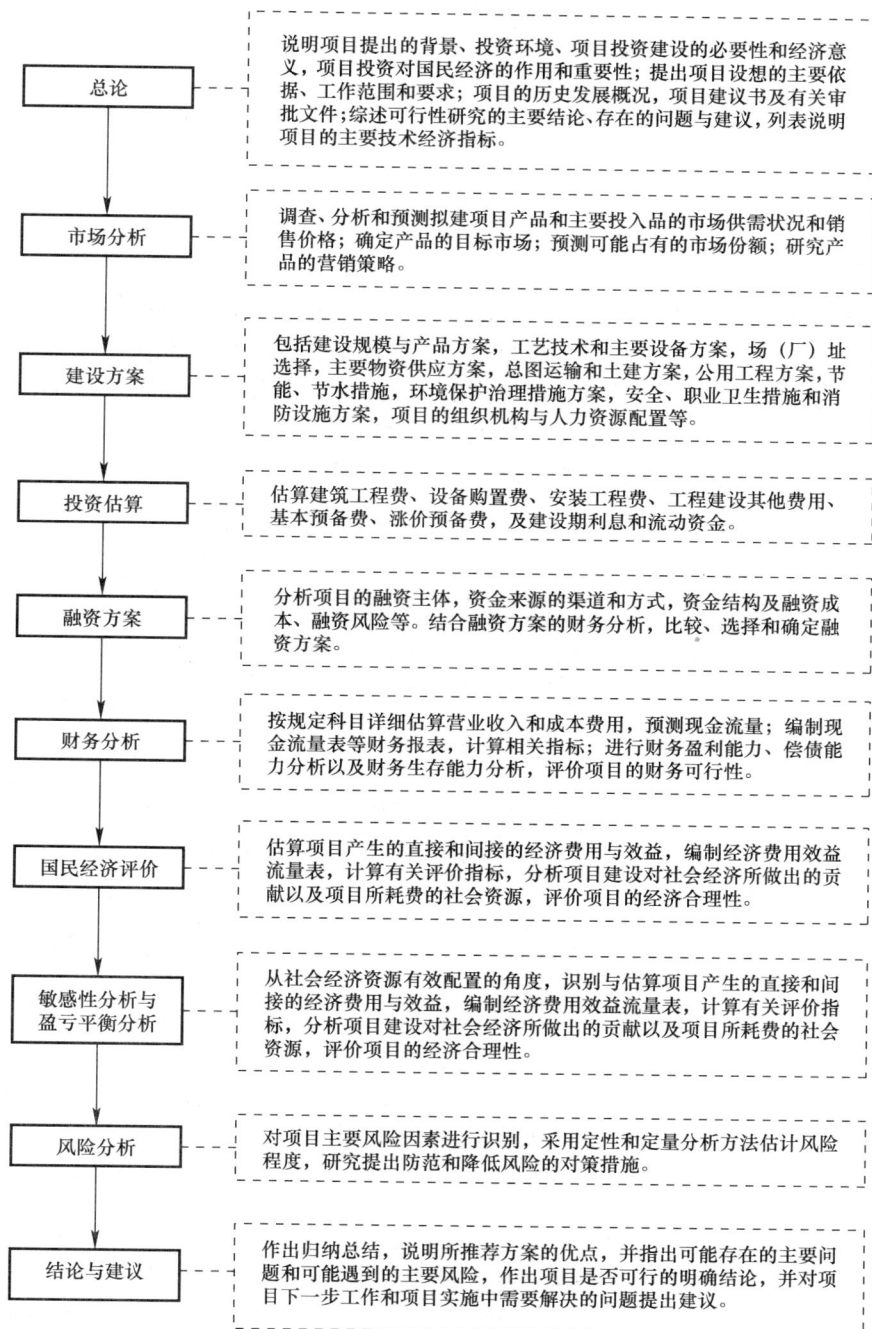

总论	说明项目提出的背景、投资环境、项目投资建设的必要性和经济意义，项目投资对国民经济的作用和重要性；提出项目设想的主要依据、工作范围和要求；项目的历史发展概况，项目建议书及有关审批文件；综述可行性研究的主要结论、存在的问题与建议，列表说明项目的主要技术经济指标。
市场分析	调查、分析和预测拟建项目产品和主要投入品的市场供需状况和销售价格；确定产品的目标市场；预测可能占有的市场份额；研究产品的营销策略。
建设方案	包括建设规模与产品方案，工艺技术和主要设备方案，场（厂）址选择，主要物资供应方案，总图运输和土建方案，公用工程方案，节能、节水措施，环境保护治理措施方案，安全、职业卫生措施和消防设施方案，项目的组织机构与人力资源配置等。
投资估算	估算建筑工程费、设备购置费、安装工程费、工程建设其他费用、基本预备费、涨价预备费，及建设期利息和流动资金。
融资方案	分析项目的融资主体，资金来源的渠道和方式，资金结构及融资成本、融资风险等。结合融资方案的财务分析，比较、选择和确定融资方案。
财务分析	按规定科目详细估算营业收入和成本费用，预测现金流量；编制现金流量表等财务报表，计算相关指标；进行财务盈利能力、偿债能力分析以及财务生存能力分析，评价项目的财务可行性。
国民经济评价	估算项目产生的直接和间接的经济费用与效益，编制经济费用效益流量表，计算有关评价指标，分析项目建设对社会经济所做出的贡献以及项目所耗费的社会资源，评价项目的经济合理性。
敏感性分析与盈亏平衡分析	从社会经济资源有效配置的角度，识别与估算项目产生的直接和间接的经济费用与效益，编制经济费用效益流量表，计算有关评价指标，分析项目建设对社会经济所做出的贡献以及项目所耗费的社会资源，评价项目的经济合理性。
风险分析	对项目主要风险因素进行识别，采用定性和定量分析方法估计风险程度，研究提出防范和降低风险的对策措施。
结论与建议	作出归纳总结，说明所推荐方案的优点，并指出可能存在的主要问题和可能遇到的主要风险，作出项目是否可行的明确结论，并对项目下一步工作和项目实施中需要解决的问题提出建议。

图 4-3　可行性研究的主要内容图

上述可行性研究的内容主要是针对一般工程项目而言，鉴于建设项目的性质、特点、规模及工程复杂程度不同，可行性研究的内容有所差别，深度、广度和侧重点不尽一致。

建设项目的前期工作，是对拟建项目由浅入深的研究过程，工作质量和要求逐步提高，建设方案不断优化。可行性研究与初步可行性研究在构成与内容上大体相似，是初步可行性研究的延伸和深化，内容更加详尽，所花费的时间和精力都比较大，一般时间为 8~10 个月或更长，研究费用一般占总投资额的 1%~3%。

4.3　建设方案研究

4.3.1　产品方案和建设规模

1. 产品方案

对于拟建项目，有的项目只有一种产品，有的项目生产多种产品，其中一种或几种产品为主导产品。产品方案是研究拟建项目生产的产品品种及其组合方案，即研究其主要产品、辅助产品和副产品的种类及其生产能力的合理组合，包括产品品种、产量、规格、性能、价格等，使它与技术、设备、原材料及燃料供应等方案协调一致。

表 4-2 给出了确定产品方案一般应研究的主要因素和内容。

确定产品方案的主要因素和内容　　　　　表 4-2

序　号	主要因素	内　容
1	市场需求	以市场需求确定产品的品种、数量、质量，并能较好适应市场变化
2	产业政策	符合政府发布的鼓励发展的产业和产品方向，以及技术政策和技术标准要求，使产品具有较高技术含量和市场竞争力
3	专业化协作	从社会和区域的角度考察项目产品方案是否符合专业化协作，以及上下游产品链衔接的要求
4	资源综合利用	公共资源开发项目或者在生产过程中有副产品的项目，应考虑资源的综合利用，提出主要产品和辅助产品的组合方案
5	环境条件	考虑环境保护要求和可能获得的环境容量，以及环保治理设施投资等因素
6	原材料燃料供应	遵循行业对原材料、燃料供应的相关规定、规范，根据项目所采用的原材料、燃料的可得性及其数量、品质、供应的稳定性来确定项目产品方案
7	技术设备条件	项目产品方案应与可能获得的技术装备水平相适应
8	生产运输和储存条件	对运输、储存有特殊要求的产品项目，应考虑满足这些要求的可能性。例如，地处边远地区、目标市场相距较远项目产品的运输半径，或者产品属危险化学品的项目储运要求

2. 建设规模

项目建设规模也称生产规模，是指项目设定的正常生产运营年份可能达到的生产能力或者使用效益。不同类型项目建设规模的表述不同，工业项目通常以年产量、年加工量、装机容量表示；交通运输项目以运输能力、吞吐能力等表述；建筑工程项目通常以建筑面积、占地面积等表示。多种产品的项目一般是以主要产品的生产能力表示该项目的建设规模。

（1）确定建设规模的主要影响因素

建设规模的确定，就是要合理选择拟建项目的生产规模，解决"生产多少"的问题。

生产规模过小，使得单位产品成本较高，经济效益低下；生产规模过大，超过了项目产品市场的需求量，则会导致产品积压库存成本增加，致使项目经济效益也会低下。因此，项目规模的合理确定关系着项目的成败，决定着工程造价合理与否。确定建设规模一般应研究以下主要影响因素。

1）技术资源约束

任何工程项目的建设和运营都需要投入一定的设备、人力和资源，并受周围环境因素的约束。工程项目可以使用的设备、人力和资源的多少，即技术资源的约束决定了项目可以达到的建设规模。影响建设规模在技术资源方面的因素主要有以下几个方面，见表4-3所示。

影响建设规模的技术资源因素

表4-3

序　号	因　素	内　容
1	技术	先进适用的生产技术及技术装备对确定项目建设规模起着重要的作用，同时相应的管理技术水平也非常重要
2	资金	资金即工程项目的投资额，能反映项目建设规模，同时也是影响项目投资效益、投资风险的关键因素
3	资源	资源的稀缺性会导致有可能出现资源的供应量、质量或成本满足不了项目的需求，从而制约项目建设规模的确定
4	供应链协作及配套	确定项目的建设规模必须要充分考虑供应链上下游企业的协同配套能力，能否满足所确定规模的原材料供应及产品分销

2）市场因素

市场需求的大小，是决定项目规模的基础。在确定拟建项目的生产规模时，必需对市场分析的结果进行研究，分析项目产品的市场供求关系、项目产品的市场需求量大小，并把其作为制约和决定项目生产规模的重要因素。市场因素决定了拟建项目需要达到的建设规模。确定项目建设规模需要考虑的市场因素见表4-4所示。

影响建设规模的市场因素

表4-4

序　号	因　素	内　容
1	市场需求情况	通过市场分析与预测，确定市场需求量、了解竞争对手情况，最终确定项目建成时的最佳生产规模，使所建项目在未来能够保持合理的盈利水平和持续发展的能力
2	原材料、资金及劳动力供给	项目规模过大可能导致材料供应紧张和价格上涨，造成项目所需投资资金的筹集困难和资金成本上升等，将制约项目的规模
3	市场价格	市场价格分析是决定建设规模的主要因素。市场价格预测应考虑影响价格变动的各种因素，根据项目具体情况选择采用回归法和比价法进行预测
4	市场风险	市场风险分析是对未来某些重大不确定因素发生的可能性及其对项目造成的损失程度进行的分析，分析风险程度，对项目的影响，并提出风险规避措施

3）经济效益因素

经济效益是影响建设规模的决定因素。技术资源和市场因素对确定建设规模起约束条件的作用，经济效益因素则是在前二者约束的范围内找出使经济效益最大的建设规模。图

4-4 给出了工程项目建设规模效果曲线图，在工程项目中，按照经济效益的高低，通常可以把项目建设规模分为以下 4 种类型。

在图 4-4 中，规模效果曲线图中小于 Q_A 和大于 Q_C 的规模都属于亏损规模。

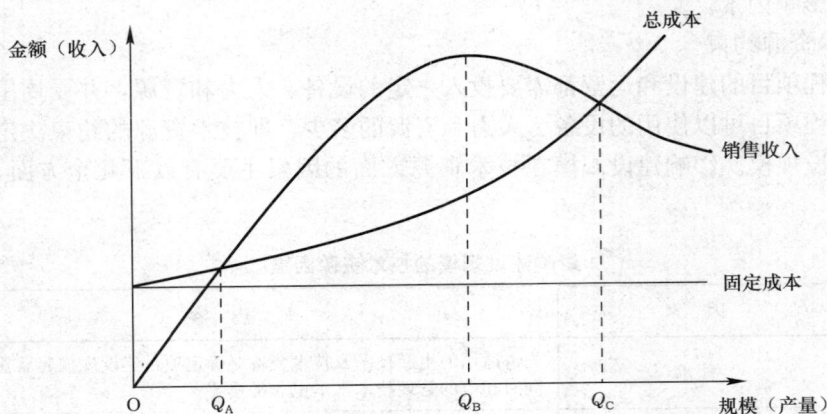

图 4-4　规模效果曲线图

① 亏损规模

亏损规模是指销售收入小于总成本费用的规模，生产规模过小或者过大都可能产生亏损。如果是由于生产规模过小而产生的亏损，则市场需求不支持该项目的建设，项目不可行。如果是生产规模过大而产生的亏损，则主要是由于规模不经济，因其生产和管理成本过高而产生亏损，此时可以压缩生产规模，或者将一个项目分解成两个建设项目。

② 起始规模（最小经济规模）

起始规模又称盈亏临界规模，是指销售收入等于总成本费用的最小保本规模。每个行业都有一个最低生产规模界限，高于这个规模界限企业就盈利，低于这个界限企业就亏损。起始规模的确定一方面与行业生产特点有关；另一方面也受市场需求状况及竞争程度影响。

③ 合理经济规模

合理经济规模，即适宜经济规模，是指销售收入大于总成本费用，并保证一定盈利水平的生产规模。

④ 最佳经济规模

最佳经济规模是指在一定的市场条件和技术水平下，可以获得最佳经济效益的规模。

不同类型的建设规模在规模效果曲线图中的位置，见表 4-5 所示。

项目建设规模类型　　　　　　　　　　　　　　　　　　　表 4-5

序　号	项目建设规模类型	在规模效果曲线图中位置
1	亏损规模	中小于 Q_A 和大于 Q_C
2	起始规模	Q_A 点
3	合理经济规模	Q_A 和 Q_B 之间
4	最佳经济规模	Q_B 点

注：需要说明的是，在 Q_B 和 Q_C 的区域虽然销售收入大于总成本，但是随着规模的增加，二者之差即收益的变动是递减的，因此不作为合计经济规模区域。

从以上 4 种类型的规模可以看出，最佳经济规模是最理想的规模，拟建项目的生产规模最好能够达到这个水平。但受技术资源及市场等因素的限制，这种规模常常很难达到，而亏损规模和起始规模又不能选择，在一般情况下，企业一般在合理经济规模区间内，设定多个方案进行比较，选择经济效益较高的方案。

（2）确定建设规模的方法

确定最佳建设规模的方法多种多样，但都有其优缺点。根据目前国内外理论研究和应用情况，主要有以下几种方法。

1）经验法

经验法是指根据国内外同类或类似企业的经验数据，考虑生产规模的制约和决定因素，确定拟建项目建设规模的一种方法。在实践中这种方法应用最为普遍。

在确定拟建项目建设规模之前，首先应找出与该项目的性质相同或类似的企业，特别是要找出几个规模不同的企业，并计算出各不同规模企业的主要技术经济指标，如财务内部收益率、总投资收益率和投资回收期等。然后综合考虑制约和决定该项目建设规模的各种因素，确定拟建项目的建设规模。

[例 4-2] 拟建一个生产某产品的项目，同类型企业的生产规模是年产量 10 万件、20 万件、30 万件、40 万件、50 万件、60 万件。通过调查并计算，已知各种规模的企业投资和财务内部收益率数据，见表 4-6 所示。

某行业生产规模与财务内部收益率数据表 表 4-6

生产规模（万件/年）	10	20	30	40	50	60
投资额（万元）	2200	4300	5900	7800	10000	12890
财务内部收益率（％）	19.1	19.8	20.9	21.5	25.6	25.1

通过上表的分析可以看出，年产量 50 万件的规模是最佳建设规模，此时所需要的投资是 10000 万元。如果该拟建项目可能筹措到的资金只有 5930 万元，那么则应该选择 30 万件的项目建设规模。

2）规模效果曲线法

企业规模与产品成本有密切联系，企业规模逐步扩大时，单位产品成本逐步下降，当企业规模的扩大超过一定限度后，成本开始上升。规模效果曲线法就是根据这一原理来确定建设规模。

从图 4-4 规模效果曲线图可以看出，从理论上讲，应该以 Q_B 作为拟建项目的生产规模，但在实践中，往往受其他制约和决定生产规模的因素的影响，不能达到这个规模。因此，在选择拟建项目生产规模时，首先应当确定从 Q_A 到 Q_B 的规模经济区域，然后在这个区域内，根据制约和决定建设规模的诸多因素，选择离 Q_B 最近的规模。

3）分步法

分步法又叫逼近法，其特点是先确定起始生产规模作为所选规模的下限，确定最大生产规模作为所选规模的上限，然后在上、下限之间，拟定若干有价值的方案，通过比较，选出合理的生产规模。具体步骤如图 4-5 所示。

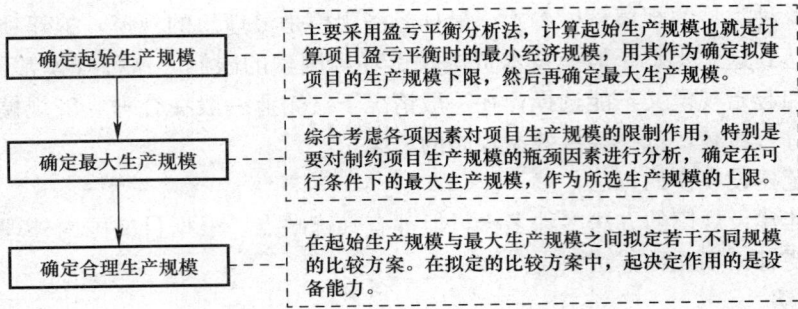

图 4-5　分步法确定建设规模的步骤图

（3）建设方案的经济比较

经过对建设规模的论证，提出两个或两个以上方案进行比选，比较各方案的单位生产能力的投资、劳动生产率、技术先进性、工艺流程合理性、设备安全性等。建设方案的比选不仅直接关系到项目的经济效益，影响项目投资的成败，而且还会对相关的行业的发展产生影响。建设规模的比选需要以资金利用效率较高的规模为最佳规模，常用的经济比较方法是成本效益比较法。

1）差额投资回收期法

建设方案的建设规模不同，意味着投资额度不同，当相互比较的建设方案都能满足相同的需要，并满足可比性要求时，则只需比较他们的投资大小和年经营成本多少，来选择最优方案。差额投资回收期是指在不考虑时间价值的情况下，用投资大的方案比投资小的节约的经营成本来回收差额投资所需要的时间。其计算方法见（式 4-1）。

$$\Delta P_{t} = \frac{\Delta K}{\Delta C} = \frac{K_{2} - K_{1}}{C_{1} - C_{2}} \qquad （式 4-1）$$

式中　ΔP_{t}——差额投资回收期；

　C_{1}，C_{2}——分别为两个比选方案的年经营成本；

　K_{1}，K_{2}——分别为两个比选方案的投资额。

在实际工作中，往往是建设规模大投资大的方案经营成本低，建设规模小、投资小的方案经营成本高。当差额投资回收期 ΔP_{t} 小于等于基准投资回收期 P_{c} 时，说明差额投资部分的经济效益是好的，因此高投资方案比较有利；否则低投资方案有利。因此，差额投资回收期的决策规则为：

当 $\Delta P_{t} \leqslant P_{c}$ 时，选投资大的方案；

当 $\Delta P_{t} > P_{c}$ 时，选投资小的方案。

由于不同生产规模的建设方案比选时，各方案的年产量不同，考虑到可比性问题，需转化为单位产量的相关费用后，再计算差额投资回收期。计算方法见（式 4-2）。

$$\Delta P_{t} = \frac{\dfrac{K_{2}}{Q_{2}} - \dfrac{K_{1}}{Q_{1}}}{\dfrac{C_{1}}{Q_{1}} - \dfrac{C_{2}}{Q_{2}}} \qquad （式 4-2）$$

式中　Q_{1}，Q_{2}——分别为两个比选方案的年产量。

应该指出差额投资回收期法应用于生产规模比选，包含一个假定条件，即投资与年经营成本均和产量成正比，显然这一假设过于严格，因此该种计算方法存在一定的误差，在详细可行性研究阶段不太适用。

[**例 4-3**] 已知某建设项目由 2 个建设规模方案可供选择，方案甲投资为 1500 万元，年经营成本 400 万元，年产量 1000 件；方案乙投资为 1000 万元，年经营成本 360 万元，年产量 800 件；基准投资回收期 $P_c=6$ 年。试选出最优方案。

解：首先计算各方案的单位产量相关费用

$$\frac{K_甲}{Q_甲}=\frac{1500\ \text{万元}}{1000\ \text{件}}=1.5\ \text{万元}/\text{件} \qquad \frac{C_甲}{Q_甲}=\frac{400\ \text{万元}}{1000\ \text{件}}=0.4\ \text{万元}/\text{件}$$

$$\frac{K_乙}{Q_乙}=\frac{1000\ \text{万元}}{800\ \text{件}}=1.25\ \text{万元}/\text{件} \qquad \frac{C_乙}{Q_乙}=\frac{360\ \text{万元}}{800\ \text{件}}=0.45\ \text{万元}/\text{件}$$

其次计算差额投资回收期

$$\Delta P_t=\frac{1.5-1.25}{0.45-0.40}=5\ \text{年}$$

由于 $\Delta P_t < P_c$，所以选择方案甲。

差额投资回收期法不仅适用于 2 个方案的比较，也适用于多方案比选。对于多方案优选时，首先按各方案投资额由小到大排序，然后依次计算相邻 2 个方案的差额投资回收期，进行方案比选，保留下来的方案再与下一个方案进行比较，直到最后留下来的方案就是最优方案。

2）差额投资收益率法

差额投资回收期的倒数就是差额投资收益率 ΔR，其计算方法见（式 4-3）。

$$\Delta R=\frac{\Delta C}{\Delta K}=\frac{C_1-C_2}{K_2-K_1} \tag{式 4-3}$$

式中　当 $\Delta R \geqslant R_c$ 时，选择投资大的方案；

当 $\Delta R < R_c$ 时，选择投资小的方案；

R_c——基准差额投资收益率。

同样，不同生产规模的方案比选时，需要转化为单位产量的相关费用，之后再计算差额投资收益率，进行方案比选。其计算方法见（式 4-4）。

$$\Delta R=\frac{\dfrac{C_1}{Q_1}-\dfrac{C_2}{Q_2}}{\dfrac{K_2}{Q_2}-\dfrac{K_1}{Q_1}} \tag{式 4-4}$$

差额投资收益率法用于多方案比选的程序与差额投资回收期法的比选程序相同。

3）计算费用法

多方案比较时，虽然可以采用差额投资回收期或差额投资收益率法将方案两两相比较逐步淘汰，直至选出优选方案。但是计算比较繁琐。计算费用法就是采用一种合乎逻辑的方法将一次性的投资与经常性的经营成本统一成为一种性质相似的费用，称为"计算费用"。计算费用有两种形式，即总计算费用和年计算费用，其计算方法见（式 4-5）（式 4-6）。

$$Z_总=K+P_c C \tag{式 4-5}$$

$$Z_年=C+R_c K \tag{式 4-6}$$

式中　$Z_总$——总计算费用；

$Z_年$——年计算费用；

K——总投资；

C——年经营成本。

在应用计算费用法进行方案比选时，首先计算各方案的计算费用 $Z_总$ 或 $Z_年$，然后进行比较，其中计算费用最低的方案即为最优方案。在不同建设规模方案的比选中，由于各方案的年产量不同，因此要剔除产量差异而产生的不可比性，考虑单位产量的总计算费用或单位的年计算费用进行方案比选。

[例 4-4] 某建设项目有 3 个不同规模的建设方案。方案甲投资 2540 万元，年经营成本 760 万元，年产量 1000 件；方案乙投资 3340 万元，年经营成本 780 万元，年产量 1200 件；方案丙投资 4360 万元，年经营成本 800 万元，年产量 1500 件。该项目所在行业的基准投资收益率为 10%，试用年计算费用法选择最优方案。

解：首先计算各方案的年计算费用

$$Z_{年甲} = C_甲 + R_c K_甲 = 760 + 2540 \times 10\% = 1014 \text{ 万元}$$

$$Z_{年乙} = C_乙 + R_c K_乙 = 780 + 3340 \times 10\% = 1114 \text{ 万元}$$

$$Z_{年丙} = C_丙 + R_c K_丙 = 800 + 4360 \times 10\% = 1236 \text{ 万元}$$

计算各方案单位产量的年计算费用

$$AZ_{年甲} = 1014 \div 1000 = 1.014 \text{ 万元 / 件}$$

$$AZ_{年乙} = 1114 \div 1200 = 0.928 \text{ 万元 / 件}$$

$$AZ_{年丙} = 1236 \div 1500 = 0.824 \text{ 万元 / 件}$$

方案丙的单位产量年计算费用最小，因此选择方案丙。

4.3.2 场（厂）址选择

1. 场（厂）址选择的原则

场（厂）址选择是一项包括政治、经济和技术的综合性工作。不仅要考虑工程项目自身的利益，还要考虑提供场（厂）址的地区利益；不仅要考虑所在地区和地点对项目的影响，还要考虑项目对周围环境的影响。必须贯彻国家建设的各项方针政策，经多方案比较论证，选出投资省、建设快、运营费用低、具有最佳经济效益、环境效益和社会效益的场（厂）址。场（厂）址选择的基本原则，见表 4-7。

场（厂）址选择的基本原则   表 4-7

序　号	场（厂）址选择的基本原则
1	符合国家、地区和城乡规划要求
2	满足对原材料、能源、水和人力的供应，生产工艺和销售的要求
3	节约和效益原则，尽力做到降低建设投资，节省运费，减少成本，提高利润
4	安全原则，防洪、防震、防地质灾害
5	实事求是原则，对多个场（厂）址调查研究，进行科学分析和比选
6	节约项目用地，尽量不占或少占农田
7	有利于环境保护，以人为本，减少对生态和环境的影响

2. 场（厂）址选择的主要内容

在我国，通常将大型工程项目的场（厂）址选择选择分为 3 个阶段，即准备阶段、地区选择阶段和具体地点的选择阶段。

（1）准备阶段的主要工作是对选址目标提出要求，并提出选址所需要的技术经济指标。这些要求主要包括产品、建设规模、运输条件、需要的物料和人力资源等，以及相应于各种要求的各类技术经济指标，如每年需要的供电量、运输量、用水量等。

（2）地区选择阶段主要为调查研究收集资料，如走访主管部门和地区规划部门征询选址意见，在可供选择的地区内调查社会、经济资源、气象、运输、环境等条件，对候选地区做分析比较，提出对地区选择的初步意见。地区选址要从宏观的角度考虑地理位置与项目特点的关系。一般情况下应考虑的因素，见表4-8。

地区选择考虑因素

表4-8

序 号	考虑因素	内 容
1	市场条件	充分考虑该地区市场对项目产品的需求情况、消费水平及与同类企业的竞争能力，以及未来一定时间市场需求的稳定及变化程度
2	资源条件	充分考虑该地区是否可使企业得到足够的资源。如原材料、水、电、燃料等
3	运输条件	考虑该地区的交通运输条件、能够提供的运输途径以及运力、运费等条件是否满足工程项目要求
4	社会环境	考虑当地的法律规定、税收政策等情况是否有利于投资

（3）在具体地点选择阶段，主要对地区内若干候选地址进行深入调查和勘测，查阅当地有关气象、地质、地震、水文等部门的历史统计资料，收集供电、通信、给排水、交通运输等资料，研究运输路线以及公用管线的联接问题，收集当地有关建筑施工费用、地方税制、运输费用等各种经济资料，经研究和比较后提出数个候选场（厂）址。地点选择的主要考虑因素，见表4-9。

地点选择考虑因素

表4-9

序 号	考虑因素	内 容
1	地形地貌条件	选择适宜建厂的地形和足够的场地面积，要充分合理的利用地形，尽量减少土石方工程
2	地质条件	对选址及周围区域的地质情况进行调查和勘探，查明场（厂）址区域的不良地质条件，对拟选场（厂）址的区域稳定性和工程地质条件作出评价
3	占地原则	节约用地，尽量利用荒地和劣地，位于城市或工业区的工程项目建设规划要与当地的规划相协调
4	施工条件	调查当地可能提供的建筑材料，同时场（厂）址附近应有足够的施工场地
5	给排水条件	供水水源要满足项目既定规模用水量要求，并满足水温、水质要求，还要考虑工业废水和场地雨水的排除方案

场（厂）址选择的各阶段都要提出相应报告，尤其在最后阶段要有翔实的报告和资料，并附有各种图样以便上级和管理部门决策。小型工程项目的场（厂）址选择工作可以简化，并将各阶段合并。

3. 场（厂）址选择的方法

场（厂）址选择经常要考虑成本因素，但还有许多非成本因素需要考虑。经济因素可以用货币来衡量，而非经济因素要通过一定的方法进行量化，并按一定规则和经济因素进行整合。

场（厂）址选择最常用的方法是加权因素法，这种方法是一种将定性问题定量化的比较实用的优选方法，其关键是确定各指标权重和各方案的评价值，应该根据实际条件和经验统计方法求得。

[例4-5] 某企业规划建设一个发动机厂，经初步勘察提出两个厂址方案，这两个方案的具体情况，见表4-10。

发动机厂址方案比较表　　　　　　　　　　　　　表4-10

序　号	影响因素	方案甲	方案乙
1	厂址位置	某市工业开发区	某市重型汽车厂附近
2	占地面积	占地面积14.8万㎡	占地面积36万㎡
3	可利用固定资产原值	2900万元	7600万元
4	可利用原有生产设施	没有	生产性设施14.7万㎡，现有铸造车间3.4万㎡，其中可以利用1.9万㎡
5	交通运输条件	无铁路专用线	有铁路专用线
6	土方工程量	新建3万㎡厂房和公用设施，填方6万㎡	无大量的土方施工量
7	所需投资额	7500万元	5000万元
8	消化引进技术条件	易于掌握引进技术	消化引进需较长时间

（1）按因素重要性，定出评价每个因素的权重，见表4-11。

（2）将被评估厂址方案的每个因素按满足程度给出分数。计算各方案的加权得分值，见表4-11。

方案评价分数计算表　　　　　　　　　　　　表4-11

指　标	权　重	方案甲		方案乙	
		分数	加权得分	分数	加权得分
厂址位置	0.17	80	13.6	90	15.3
占地面积	0.17	70	11.9	90	15.3
可利用固定资产原值	0.12	70	8.4	90	10.8
可利用原有生产设施	0.12	60	7.2	90	10.8
交通运输条件	0.07	60	4.2	90	6.3
土方工程量	0.12	60	7.2	90	10.8
消化引进技术条件	0.23	90	20.7	70	16.1
合计	1.00	—	73.2	—	85.4

（3）分别计算各方案的价值系数，见表4-12。

方案价值系数计算表　　　　　　　　　　　　表4-12

方　案	得　分	功能系数	投资（万元）	成本系数	价值系数
甲	73.2	0.46	7500	0.6	0.77
乙	85.4	0.54	5000	0.4	1.35
合计	158.6	1.00	12500	1.0	—

通过以上计算可以看出，乙方案得分高于甲方案，而成本低于甲方案，乙方案价值系数较高，所以厂址应选在乙方案处。

4.3.3 生产工艺技术方案及设备方案

1. 生产工艺技术方案

生产工艺技术方案主要是确定拟建项目所使用的生产技术、工艺流程、生产配方及生产方法、生产过程控制程序、操作规程及程序数据等，以确保生产过程合理、通畅、有序地运行。

（1）工艺技术方案的研究内容

工艺技术方案的考察是通过对备选工艺技术方案在可靠性、合理性、适用性、经济性、安全性以及环保性能等多方面的研究，选择符合项目实际资金、市场、技术以及人力情况的、具有良好经济效益的工艺技术方案。

项目工艺生产技术除了通过自身研发获得，还可以通过购买、许可证交易和合作开发等多种方式取得，实际应用中需要根据企业自身战略规划、资金实力和项目实际情况等加以选择。

（2）工艺技术选择的原则

表 4-13 给出了工艺技术选择的原则。

工艺技术选择的原则　　　　　　　　　　　　　　　　表 4-13

序　号	原　则	内　容
1	先进性	尽可能采用先进技术和高新技术。主要考虑产品的质量性能、使用寿命、物耗能耗、劳动生产率、自动化水平、装备水平等
2	适用性	所采用的技术应该与建设规模、产品方案，以及管理水平相适应
3	可靠性	所采用的技术和设备质量应当可靠，应经过生产运行的检验，并有良好的可靠性记录
4	安全性	所使用的技术，在正常使用过程中应能保证安全生产运行
5	经济合理性	所采用的技术是否经济合理，是否有利于节约项目投资和降低产品成本，提高综合经济效益

（3）工艺技术方案选择的方法

工艺技术方案选择的方法很多，常用的方法主要有评分法和投资效益评价法。

1）评分法

评分法中比较科学的做法是采用加权的方式求得总分。根据各项标准的重要程度不同，分别赋予不同的重要性系数，即权重。权重系数大说明该标准的重要程度高，权重系数小说明该标准的重要程度相对较低。其计算方法见（式 4-7）。

$$M = \sum W_i m_i \qquad (式 4-7)$$

式中　M——备选方案的评价总分；

　　　m_i——第 i 项评价标准的评分值；

　　　W_i——第 i 项评价标准的加权系数。

这里 $\sum W_i = 1$

[**例 4-6**] 某项目拥有 4 种技术备选方案，每一种方案可以通过 4 个不同的技术指标进行考察。具体见表 4-14。

各技术标准的基本评价参数   表 4-14

	方案一	方案二	方案三	方案四
指标 A 评分	9	9	9	8
权重	0.5	0.5	0.4	0.4
指标 B 评分	8	8	9	8
权重	0.3	0.2	0.1	0.2
指标 C 评分	8	8	9	9
权重	0.1	0.2	0.2	0.1
指标 D 评分	9	6	8	8
权重	0.1	0.1	0.2	0.2

根据表中各方案的评分和权重，可以得到表 4-15 中的结论

技术方案评价结果   表 4-15

	方案一	方案二	方案三	方案四
加权平均法	8.5	8.4	7.7	7.7
排名	1	2	3	3

根据表可知，按加权平均法评价，则方案一为最佳。

另外在评分法当中，还有总分法、乘法评分法、加乘混合评分法等方式。各方式在实际应用中各有利弊，评估时可根据具体情况进行选择。

2）投资效益评价法

各备选方案在技术指标都合格的前提下，也可采用投资效益分析法，即计算出各备选方案的投资效益，取投资效益大的方案为最优。投资效益有下述两种形式，见（式 4-8）和（式 4-9）。

$$经济效果指数（Ⅰ） = 效益 / 耗费 \qquad (式 4-8)$$

$$经济效果指数（Ⅱ） = 效益 - 耗费 \qquad (式 4-9)$$

前者是相对指标，后者为绝对指标。当指数（Ⅰ）＞1 或指数（Ⅱ）＞0 时，方案可取，并取数值最大者为优；反之，则不可取。

2. 设备方案

设备方案选择是在研究和初步确定技术方案的基础上，对所需主要设备的规格、型号、数量、来源、价格等进行研究比选。

（1）主要设备方案选择的内容及要求

在生产工艺方案确定以后，就应着手考虑与工艺生产方案相适应的设备方案选择。设备和工艺是相互依存的，设备的选择要以工艺的要求为主导。设备的比选就是要比较各设备方案对建设规模的满足程度、对产品质量和生产工艺要求的保证程度、设备使用寿命、物料消耗指标、操作要求、备品备件保证程度、安装试车技术服务，以及所需的设备投资等，并据此选择可以达到既定的生产能力所需要的、最佳的和高效能的设备类型。

在对主要设备方案进行选择时，应该满足以下基本要求，见表 4-16。

主要设备方案选择的基本要求   表 4-16

序 号	基本要求
1	应与选定的建设规模、产品方案和技术方案相适应,满足项目投产后生产或者使用的要求
2	主要设备之间、主要设备与辅助设备之间的能力相互配套
3	设备质量可靠、性能成熟,保证生产和产品质量稳定
4	在保证设备性能的前提下,力求经济合理
5	拟选的设备,应符合政府部门或者专门机构发布的技术标准要求

（2）主要设备方案比选

主要设备方案比选主要采用定性分析,辅之以定量分析方法。定性分析是将上述设备方案内容进行描述。定量分析一般是计算投资回收期,包括差额投资回收期、总投资收益率、运营成本、寿命周期费用等指标。

1）投资回收期法。投资回收期越短,投资效果越好。在其他条件相同的情况下,投资回收期最短的设备,可作为选购对象。也可以采用差额投资回收期法。当差额投资回收期小于预期投资回收期时,投资大的方案为优。

2）投资收益率法。设备的投资收益率反映了单位设备投资获取收益的能力,这种能力当然越大越好。在其他条件相同的情况下,设备投资收益率最高的设备是最优设备,应优先选用。

3）运营成本法。计算项目的原材料和能源消耗、运转维修费等运营成本,再进行比较。在功能相同的条件下,设备运营成本低的方案为优。

4）寿命周期费用法。该方法包括年费用比较和综合总费用比较。年费用比较是将一次投入的设备费用,按基准投资回收期换算成每年的费用支出,加上年运营费用进行比较,年费用少者为优。综合总费用比较是将基准投资回收期内的年运营费用汇总后加上设备投资进行比较,综合总费用少者为优。

4.3.4 总图运输

1. 总图布置方案

（1）总图布置概述

总图布置方案主要依据是确定项目建设规模,根据场地、物流、环境、安全、美学等条件和要求对工程总体空间和设施进行合理布置。总体布置方案要求满足生产工艺过程要求,满足厂内外运输的要求,同时适应自然条件（气象、地形、水文、地质等）和城市规划的要求,还要符合防火、安全、环境保护和卫生规划的要求。

厂区总平面布置应在总体布置的基础上,结合自然条件（场地地形地貌、气象因素、防洪排涝等）及厂外配套设施分布情况进行合理布置,经方案比较后择优选择。

一般来说,工厂总平面布置应符合的条件,见表 4-17 所示。

工厂总平面布置应符合的基本条件   表 4-17

序 号	应符合条件
1	在符合生产流程、操作要求和使用功能的前提下,建筑物、构筑物等设施应联合多层布置,布局集中紧凑
2	厂区总平面应根据工厂的生产流程及各组成部分的生产特点和火灾危险性,结合地形、风向等条件,按功能分区集中布置

序　号	应符合条件
3	分期建设的工业企业，近远期工程应统一规划。近期工程应集中、紧凑、合理布置，并应与远期工程合理衔接
4	充分利用地形、地势、工程地质及水文地质条件，合理地布置建筑物、构筑物和有关设施，减少土（石）方工程量和基础工程费用
5	总平面布置要与厂外铁路、道路衔接点、码头的位置相适应；与水源给水管道、排水管道去向、其他运输设施方位、电源线路等相适应，做到运距短、线路直，使人行便捷、货流畅通、内外联系方便
6	合理确定厂区通道宽度。应依据企业规模、通道性质确定，并符合现行国家和行业规范要求
7	公路和地区架空电力线路、油/气输送管道、区域排洪沟通过厂区时，应严格执行现行国家和行业规范
8	改扩建项目应充分利用现有的空地、建构筑物、仓储运输设施，调整理顺现有总图布置

总图布置的主要方法有以下几种。

1）摆样法。它是最早的布局方法。利用二维平面比例模拟方法，按一定比例制成的样片在同一比例的平面图上表示设施系统的组成、设施、机器或活动，通过相互关系的分析，调整样片位置可得较好的布置方案，这种方法适用于较简单的布局设计，对复杂的系统该法就不能十分准确，而且花费时间较多。

2）数学模型法。运用运筹学、系统工程中的模型优化技术（如：线性规划、随机规划、多目标规划、运输问题、排队论等）研究最优布局方案，提供数学模型，以提高系统布置的精确性和效率。

但是用数学模型解决布局问题存在两大困难。首先，当问题的条件过于复杂时，简化的数学模型很难得出符合实际要求的准确结果。其次，布局设计最终希望得到的布局图，但用数学模型只能得到各设施间的位置关系。利用数学模型和 CAD 相结合起来的系统布局软件是解决布局问题的一种好方法。

3）图解法。它产生于 20 世纪 50 年代，有螺线规划法、简化布置规划法及运输行程图等。其优点在于将摆样法与数学模型结合起来，但在实践上，现在应用较少。

4）系统布置设计 SLP（Systematic Layout Planning）法。是由美国设施规划学者 Richard Muther 提出的，是对工厂布置设计的一套统一化系统化的规划设计方法。

5）现代工程总图布置过程中常利用计算机辅助设计相关技术及仿真软件来完成布置建模、运行分析、动画展示及系统优化。常用的能够提供规划辅助服务的软件主要有 STORM、FactoryCAD、FactoryPLAN、SPIRAC。

（2）总图布置设计的基本资料

要做好布置设计，须考虑众多因素。按照 Richard Muther 的观点，影响布置设计最基本的要素是产品及其产量和生产工艺过程，这是主要资料，次要资料有两种，即支持生产的辅助服务部门和时间的安排，具体内容见表 4-18 所示。

总图布置设计的基本要素　　　　　　　　　　　　表 4-18

序　号	基本要素	代表字母	内　容
1	产品	P	生产的产品型号、系列、规格
2	产量	Q	主要产品的产量和年生产量
3	工艺过程	R	由工程技术人员或专业咨询公司提供的工艺过程表、工艺路线卡、装配工艺卡等工艺文件

序　号	基本要素	代表字母	内　容
4	辅助服务部门	S	支持生产运行的工厂各辅助部门，如工具领取和维修部门、动力部门，各公用设施管理部门等
5	时间安排	T	产品的生产周期、投产的批量与批次、各种操作时间定额标准等，用以估算设备的数量、需要的面积等

（3）系统布置设计（SLP）

系统布置设计方法（SLP）的基本程序模式，不仅适合物流因素占主导地位的各类各种规模的工矿企业的布置设计或调整，也适用于非物流因素占主导地位的医院、商店等服务业企业的布置设计。SLP 的基本程序模式，既可以用于车间内部各种生产设施装备的平面布置，也可以用于工厂总平面布置。系统布置设计（SLP）程序，如图 4-6 所示。

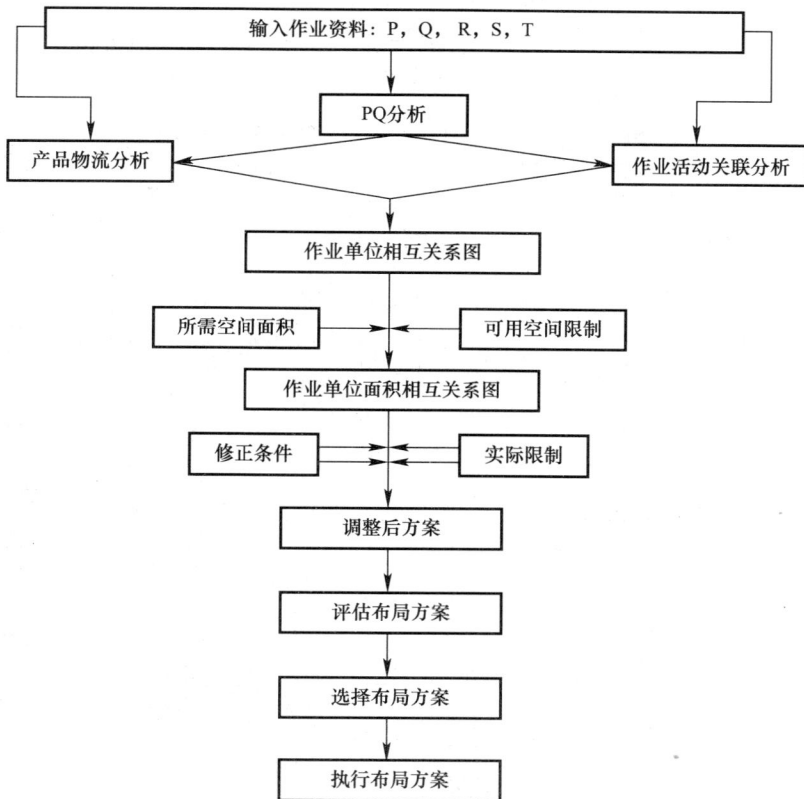

图 4-6　系统布置设计（SLP）程序图

1）工艺过程分析

工艺过程分析是整合不同零件的不同工艺程序成表，通过分析产品生产过程中各工序之间的关系，来描述全厂各部门之间的工艺流程。

以搬运车总装厂为例，说明如何运用工艺过程图来进行物流分析的方法与步骤。搬运车总的生产工艺过程可以分为零部件加工阶段—总装阶段—试车阶段—成品储存阶段。总厂负责完成重点零部件的加工及总装工作，设置了包括原材料库、机加工车间、总装车间

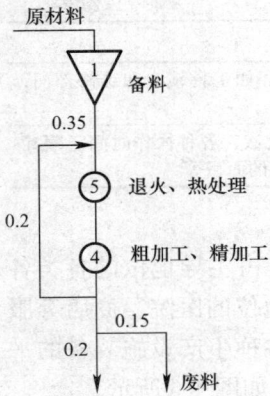

图 4-7　液压缸加工工艺过程图（单位：t）

等 14 个部门。主要加工过程包括变速箱的加工与组装，随车工具箱的加工，车体加工及液压缸的加工。

以液压缸加工为例，整个液压缸成品重 0.2t，经原材料库中备料，热处理车间退火，机加车间进行粗加工，再回到热处理车间做热处理，机加车间精加工等工序完成加工。整个加工过程材料利用率约为 40%。液压缸加工工艺工程，如图 4-7 所示。

将上述主要加工阶段及总装、试车、成品储存阶段工艺流程绘制在一起，就得到了电瓶搬运车总装厂全厂工艺过程图，如图 4-8 所示。该图清楚地表现了搬运车生产的全过程及各作业单位之间的物流情况。需要说明的是若要计算全年的物流量，图 4-8 中各数据还需乘上全年搬运车总产量。

2）物流分析

采用 SLP 法进行工厂布置时，通过划分等级的方法，来研究物流状况，并引入物流相关表，以简洁明了的形式表示工厂总体物流状况。

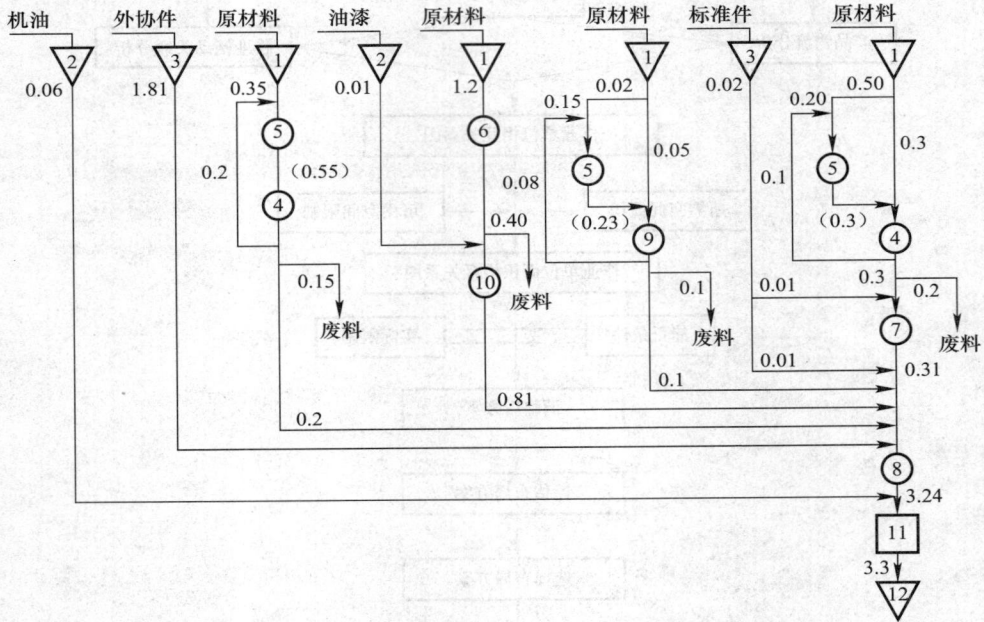

图 4-8　搬运车生产工艺过程图

① 流强度等级

SLP 中将物流强度转化成 5 个等级，分别用符号 A、E、I、O、U 表示，其物流强度逐渐减少。作业单位对或称为物流路线的物流强度等级，应按物流路线比例或承担的物流量比例来确定，可参考物流强度等级划分表来划分，见表 4-19 所示。

针对前述搬运车总装厂的实例，首先根据工艺过程图来统计存在物料搬运的各作业单位对之间的物流总量。然后将各作业单位对按物流强度大小排序，根据表 4-19 中给出的数据划分出物流强度等级，绘制成表 4-20。表 4-20 中未出现的作业单位对不存在固定的物流，因此物流强度等级为 U 级。

物流强度等级比例划分表 表 4-19

物流强度等级	符 号	承担物流量比例（%）	物流强度等级	符 号	承担物流量比例（%）
超高物流强度	A	40	一般物流强度	O	10
特高物流强度	E	30	可忽略搬运	U	—
较大物流强度	I	20			

搬运车总厂物流强度汇总表 表 4-20

序 号	作业单位对	物流强度	物流强度等级	序 号	作业单位对	物流强度	物流强度等级
1	1-4	0.3	I	10	4-7	0.3	I
2	1-5	0.7	E	11	4-8	0.2	O
3	1-6	1.2	E	12	5-9	0.31	I
4	1-9	0.05	O	13	6-10	0.8	E
5	2-10	0.01	O	14	7-8	0.31	I
6	2-11	0.06	O	15	8-9	0.1	O
7	3-7	0.01	O	16	8-10	0.81	E
8	3-8	0.82	E	17	8-11	3.24	A
9	4-5	1.15	E	18	11-12	3.3	A

② 物流相关表

为了能够简单明了地表示所有作业单位之间的物流相互关系，需绘制作业单位之间物流相互关系表，在行与列的相交方格中填入行作业单位与列作业单位间的物流强度等级，如图 4-9 所示。进行工厂布置时，从物流系统优化的角度讲，物流相关表中物流强度等级高的作业单位之间的距离应尽量缩小，即彼此相互接近，而物流强度等级低的作业单位之间的距离可以适当加大。

3）作业单位相互关系分析

当物流状况对企业的生产有重大影响时，物流分析就是工厂布置的重要依据。但是也不能忽视非物流因素的影响，尤其是当物流对生产影响不大或没有固定的物流时，工厂布置就不能依赖于物流分析，而应当考虑其他因素对各作业单位间相互关系的影响。

① 作业单位相互关系的决定因素及相互关系等级的划分

作业单位间相互关系的影响因素与企业的性质有很大关系，不同的企业，作业单位设置是不一样的，作业单位间的相互关系的影响因素也是不一样的。作业单位间相互关系密切程度的典型影响因素，一般可以考虑：物流；工作流程；作业性质相似；使用相同的设备；使用同一场地或相同的公用设施；使用相同的文件档案；使用相同的公用设施；使用同一组人员；工作联系频繁程度或服务的频繁和紧急程度；监督和管理方便；噪声、振动、烟尘、易燃易爆危险品的影响等方面；服务的频繁和紧急程度。在每个项目中重点考虑的因素不应超过 8 到 10 个。

确定了作业单位相互关系密切程度的影响因素以后，就可以给出各作业单位间关系的密切程度等级，在 SLP 中作业单位间相互关系密切程度等级划分为 A、E、I、O、U、X；其含义及参考比例，见表 4-21。

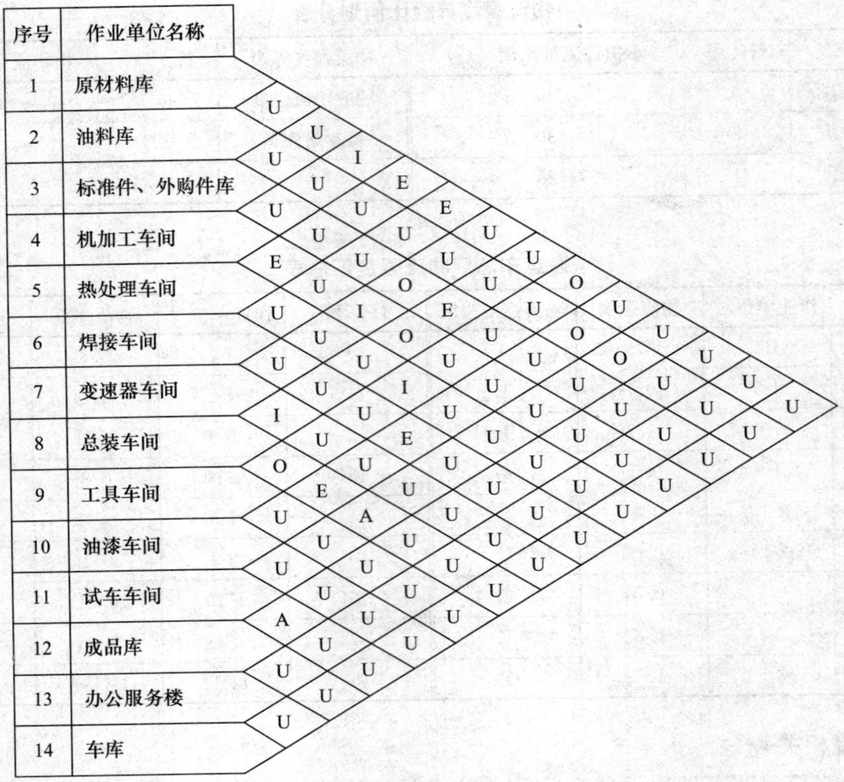

序号	作业单位名称
1	原材料库
2	油料库
3	标准件、外购件库
4	机加工车间
5	热处理车间
6	焊接车间
7	变速器车间
8	总装车间
9	工具车间
10	油漆车间
11	试车车间
12	成品库
13	办公服务楼
14	车库

图 4-9　作业单位物流相关表

作业单位相互关系等级表　　　　　　　　　　　　表 4-21

符　号	含　义	说　明	比例（%）
A	绝对重要		2～5
E	特别重要		3～10
I	重要		5～15
O	一般密切程度		10～25
U	不重要		45～80
X	负的密切程度	不希望接近	酌情而定

② 作业单位（非物流）相互关系分析

在评价作业单位相互关系时，利用与物流相关图相同的形式，建立作业单位相互关系表，如图 4-10 所示。表中的每一个菱形框格填入相应的两个作业单位之间的相互关系密切程度等级，上半部分密切程度等级符号标志密切程度；下半部分用数字表示确定密切程度等级的理由表中各理由的序号。

4）作业单位综合相互关系

在大多数工厂中，各作业单位之间既有物流联系也有非物流的联系。因此在 SLP 中，要将作业单位间物流的相互关系与非物流的相互关系进行合并，求出合成的相互关系—综合相互关系，然后由各作业单位间综合相互关系出发，实现各作业单位的合理布置。

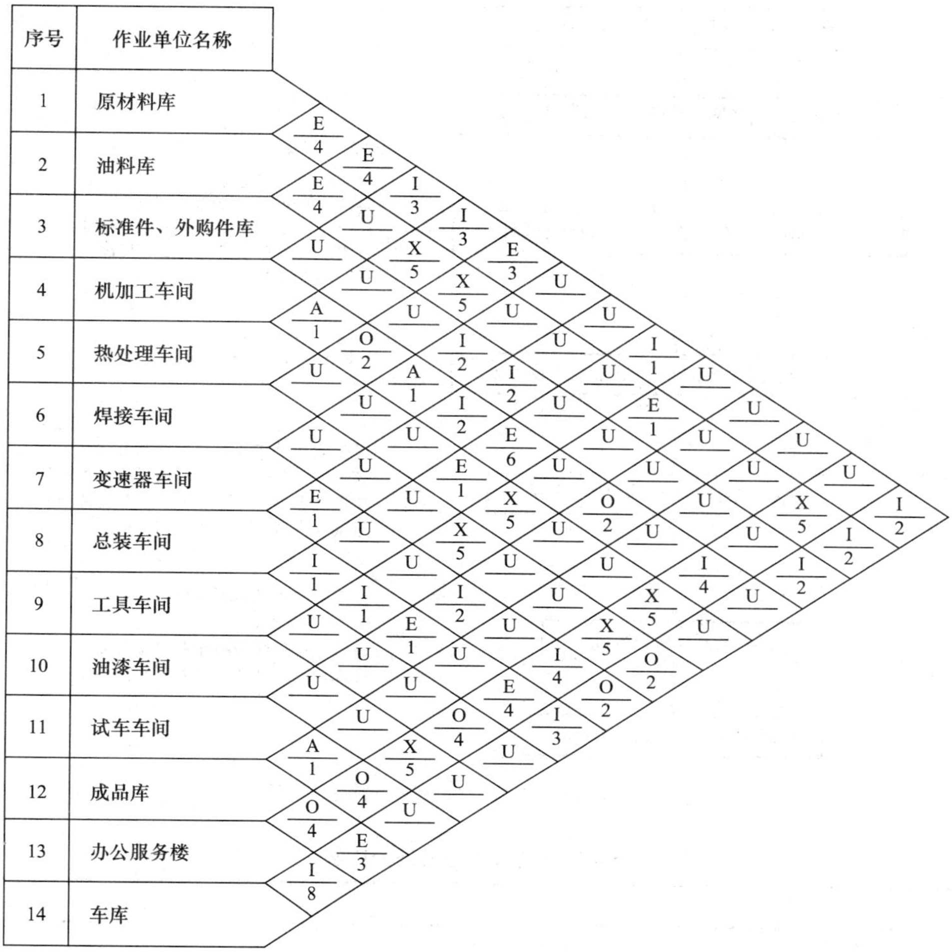

序号	作业单位名称
1	原材料库
2	油料库
3	标准件、外购件库
4	机加工车间
5	热处理车间
6	焊接车间
7	变速器车间
8	总装车间
9	工具车间
10	油漆车间
11	试车车间
12	成品库
13	办公服务楼
14	车库

图 4-10　作业单位非物流相互关系表

一般按照下图 4-11 中步骤求得作业单位综合相互关系表。

表 4-22 给出了综合相互关系等级及划分的比例。

应该注意 X 级关系密级的处理，任何一级物流相互关系等级与 X 级非物流相互关系等级合并时都不应超过 O 级。对于某些极不希望靠近的作业单位之间的相互关系可以定为 XX 级，即绝对不能相互接近。

对于搬运车总装厂物流影响与非物流影响程度基本相等，因此 m∶n 取 1∶1，计算过程见表 4-23，其中只列出了序号 1～30 的作业单位综合相互关系的计算过程和计算结果。根据作业单位综合相互关系计算结果，绘制成作业单位综合相互关系表，如图 4-12 所示。

5) 作业单位位置相关分析

在 SLP 中，工厂总平面布置并不直接去考虑各作业单位的建筑物占地面积及其外形几何形状，而是从各作业单位间相互关系密切程度出发，安排各作业单位之间的相对位置，关系密级高的作业单位之间距离近，关系密级低的作业单位之间距离远，由此形成作业单位位置相关图。

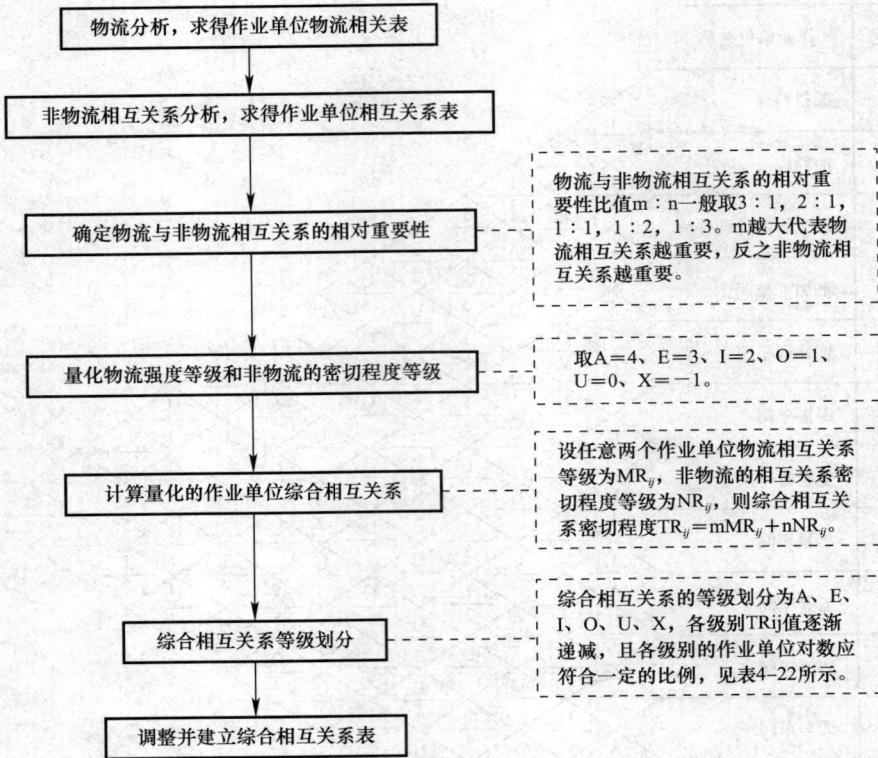

图 4-11 作业单位综合相互关系确定步骤图

综合相互关系等级与划分比例　　　　　　　　　　　　表 4-22

关系密级	符号	作业单位对比例（%）
绝对必要靠近	A	1～3
特别重要靠近	E	2～5
重要	I	3～8
一般	O	5～15
不重要	U	20～85
不希望靠近	X	0～10

电瓶叉车总装厂作业单位综合相互关系计算表　　　　　　　　　　　　表 4-23

| 序 号 | 作业单位对 | 关系密切程度 | | | | 综合关系 | |
| | | 物流关系（加权值：1） | | 非物流关系（加权值：1） | | | |
		等级	分值	等级	分值	分值	等级
1	1-2	U	0	E	3	3	I
2	1-3	U	0	E	3	3	I
3	1-4	I	2	I	2	4	E
4	1-5	E	3	I	2	5	E
5	1-6	E	3	E	3	6	E
6	1-7	U	0	U	0	0	U
7	1-8	U	0	U	0	0	U
8	1-9	O	1	I	2	3	I

续表

序　号	作业单位对	关系密切程度				综合关系	
		物流关系（加权值：1）		非物流关系（加权值：1）			
		等级	分值	等级	分值	分值	等级
9	10	U	0	U	0	0	U
10	1-10	U	0	U	0	0	U
11	1-12	U	0	U	0	0	U
12	1-13	U	0	U	0	0	U
13	1-14	U	0	I	2	2	I
14	2-3	U	0	E	3	3	I
15	2-4	U	0	U	0	0	U
16	2-5	U	0	X	-1	-1	X
17	2-6	U	0	X	-1	-1	X
18	2-7	U	0	U	0	0	U
19	2-8	U	0	U	0	0	U
20	2-9	U	0	U	0	0	U
21	2-10	O	1	E	3	4	E
22	2-11	O	1	U	0	1	O
23	2-12	U	0	U	0	0	U
24	2-13	U	0	X	-1	0	X
25	2-14	U	0	I	2	0	I
26	3-4	U	0	U	0	0	U
27	3-5	U	0	U	0	0	U
28	3-6	U	0	U	0	0	U
29	3-7	O	1	I	2	3	I
30	3-8	E	3	I	2	5	E

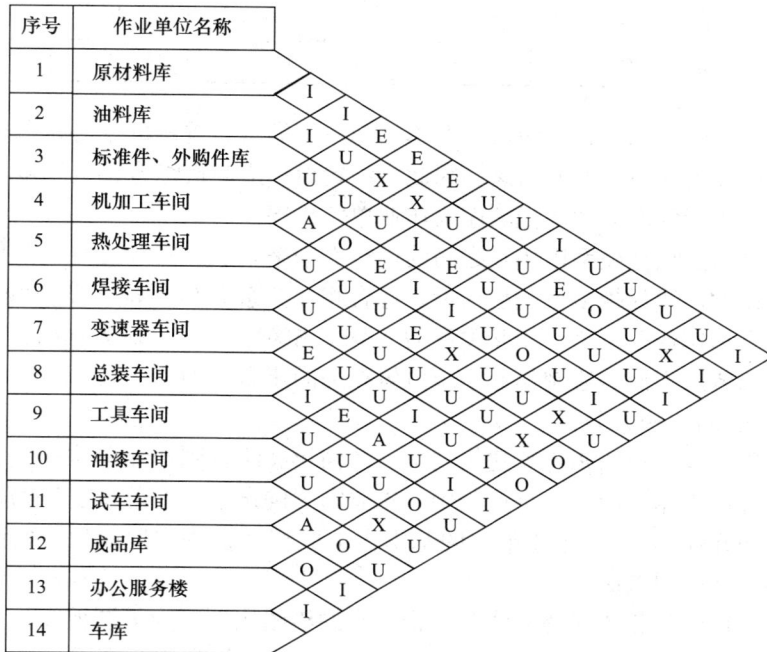

序号	作业单位名称
1	原材料库
2	油料库
3	标准件、外购件库
4	机加工车间
5	热处理车间
6	焊接车间
7	变速器车间
8	总装车间
9	工具车间
10	油漆车间
11	试车车间
12	成品库
13	办公服务楼
14	车库

图 4-12　作业单位综合相互关系

在作业单位数量较多时，需要根据综合接近程度进行布置。计算时，把作业单位综合相互关系表填入方格表格中，然后量化关系密级，并按列累加关系密级分数，其结果就是某一作业单位的综合接近程度。搬运车总装厂作业单位综合接近程度计算结果，见表 4-24 所示。

搬运车总装厂综合接近程度排序表　　　　　　　　　　　　表 4-24

	1	2	3	4	5	6	7	8	9	10	11	12	13	14
1		I	I	E	E	E	U	U	I	U	U	U	U	I
2	I		I	U	X	X	U	U	U	E	O	U	X	I
3	I	I		U	U	U	I	E	U	U	U	U	U	I
4	E	U	U		A	O	E	I	I	U	O	U	I	U
5	E	X	U	A		U	U	U	E	X	U	X	X	U
6	E	X	U	O	U		U	U	U	U	U	U	X	O
7	U	U	I	E	U	U		E	U	U	I	U	I	O
8	U	U	E	I	U	E			I	E	A	U	I	I
9	I	U	U	I	E	U	U	I		U	U	U	O	U
10	U	E	U	U	X	U	U	E	U		U	U	X	U
11	U	O	U	O	U	U	I	A	U	U		A	O	U
12	U	U	U	U	X	U	U	U	U	U	A		O	I
13	U	X	U	I	X	X	I	I	O	X	O	O		I
14	I	I	I	U	U	O	O	I	U	U	U	I	I	
综合接近程度	17	7	11	18	7	3	13	21	10	4	13	7	7	14
排序	3	12	7	2	11	14	5	1	8	13	6	10	9	4

综合接近程度分数越高，说明该作业单位越应该靠近布置图的中心；分数越低，说明该作业单位越应该处于布置图的边缘。因此，布置设计应当按综合接近程度分数高低顺序进行，即按综合接近程度分数高低顺序为作业单位排序。

作业单位之间的相互关系用相互之间的连线类型来表示。实线连线表示作业单位相对位置应该彼此接近，线数越多彼此越接近，综合相互关系 A 级对应 4 条实线，O 级对应 1 条实线；虚线表示作业单位综合相互关系为 X 级，相对位置应该彼此远离。

以搬运车总装厂为例，绘制作业单位位置相关图步骤，如图 4-13 所示。

6）作业单位面积相关分析

将各作业单位的占地面积与其建筑物空间几何形状结合到作业单位位置相关图上，就得到了作业单位面积相关图。这个过程中，首先需要确定各作业单位建筑物的实际占地面积与外形（空间几何形状）。作业单位的基本占地面积由设备占地面积、物流模式及其通道、人员活动场地等因素决定。

绘制作业单位面积相关图时应注意选择适当的绘图比例。为了图面简洁，只需绘出重要的关系，如 A、E、X 级连线。经过数次调整与重绘，得到搬运车总厂作业单位面积相关图。如图 4-16 所示。

第一步，处理综合相互关系密级为A的作业单位对

| 找出A级作业单位对 | 作业单位综合相互关系中A级作业单位对有8-11、4-5、11-12，按综合接近程度分值排序为8、4、11、12、5。 |

| 布置作业单位8的位置 | 将综合接近程度分值最高的作业单位8布置在位置相关图的中心位置。 |

| 处理作业单位对8-11 | 将作业单位11布置到图中，且与作业单位8之间距离为一个单位距离，如图4-14（a）所示。 |

| 布置作业单位4的位置 | 综合接近程度分值次高的作业单位4与图上已有的作业单位8和11的综合相互关系密级分别为I级和IO级，即作业单位4与8的距离应为3个单位距离长度，与11的距离应为4个单位距离长度，可选择如图4-14（b）的位置。 |

| 处理作业单位对4-5 | 与作业单位4有A级关系的作业单位5，与图中已存在的作业单位8和11的关系，均为U级，因此，重点考虑作业单位4和5的关系，将作业单位5布置到如图4-14（c）所示的位置上。 |

| 布置作业单位11的位置 | 作业单位11已布置在图上，只需要直接处理与作业单位11关系为A级的作业单位12的位置。综合考虑作业单位12与8、4、5的关系密级，将作业单位12布置在如图4-14（d）所示的位置上。 |

第二步，处理综合相互关系密级为E的作业单位对

与处理A级关系作业单位对方法相同，如遇到与已布置关系发生冲突时，则修改调整原有布置方案，布置结果如图4-14（e）和（f）所示。

第三、四、五步分别处理I、O、U级作业单位对

分别处理位置相关图中仍未出现的I、O、U级作业单位对，最后重点调整X级作业单位间的相对位置，得出最终作业单位位置相关图，如图4-15所示。

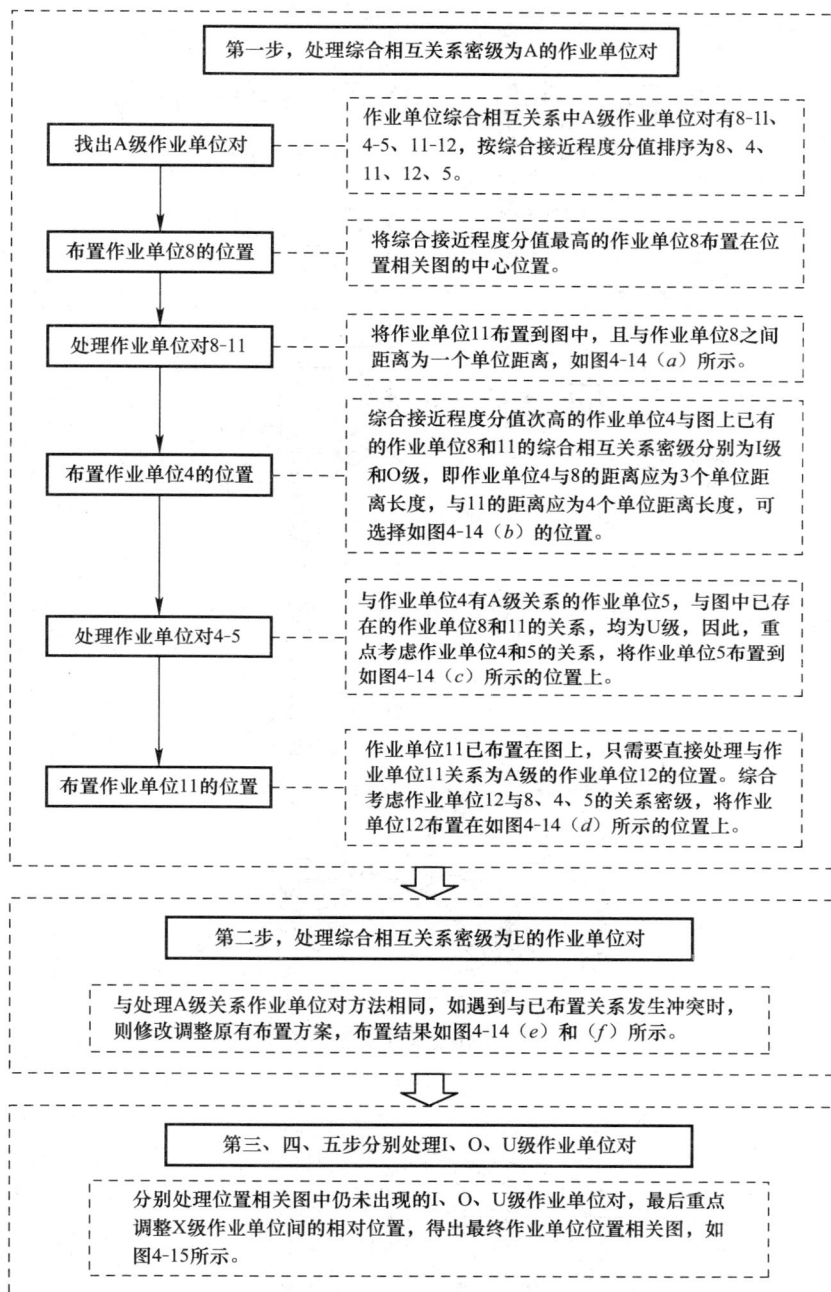

图 4-13　作业单位位置相关图绘制步骤图

7）工厂总平面布置图的绘制

作业单位面积相关图是直接从位置相关图演化而来的，只能代表一个理论的、理想的布置方案，必须通过调整修正才能得到可行的布置方案。调整时一般考虑修正因素及实际条件限制因素，具体见表 4-25 所示。通过考虑多种方面因素的影响与限制，形成了众多的布置方案，抛弃所有不切实际的想法后，保留 2～5 个可行布置方案供选择。采用规范

的图例符号，将布置方案绘制成工厂总平面布置图，如图 4-17 所示。

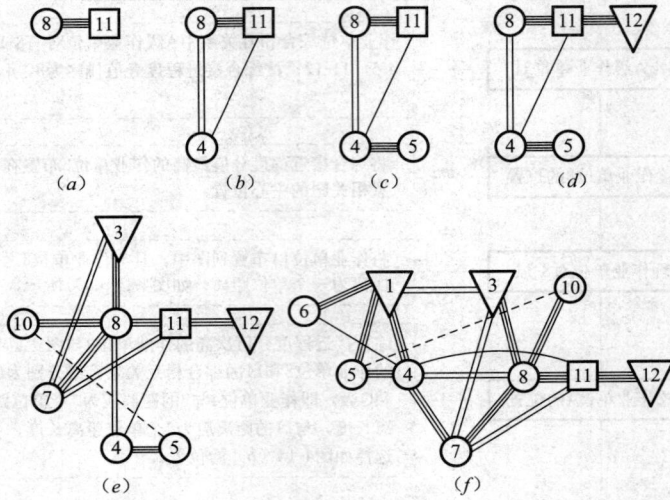

图 4-14　作业单位位置相关图绘制步骤图

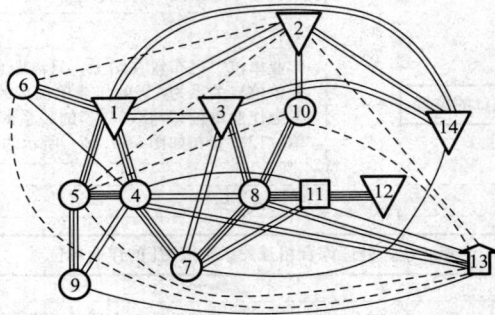

图 4-15　作业单位位置相关图

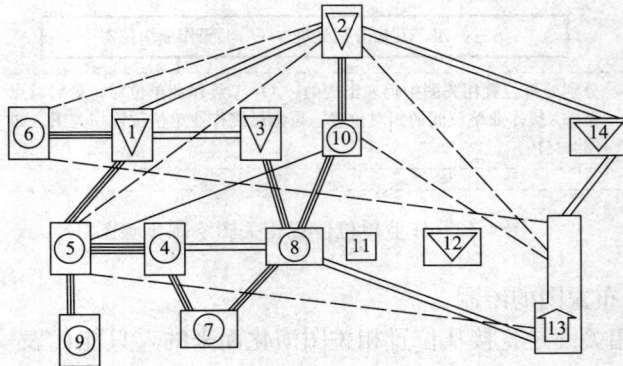

图 4-16　搬运车总装厂作业单位面积相关图

方案调整的考虑因素   表 4-25

序　号	修正条件	实际限制
1	物料搬运方法	厂区面积
2	建筑特征	建设成本费用
3	道路	区内现有条件（建筑物）的利用
4	公用管线布置	政策法规
5	厂区绿化	—
6	场地条件与环境	—

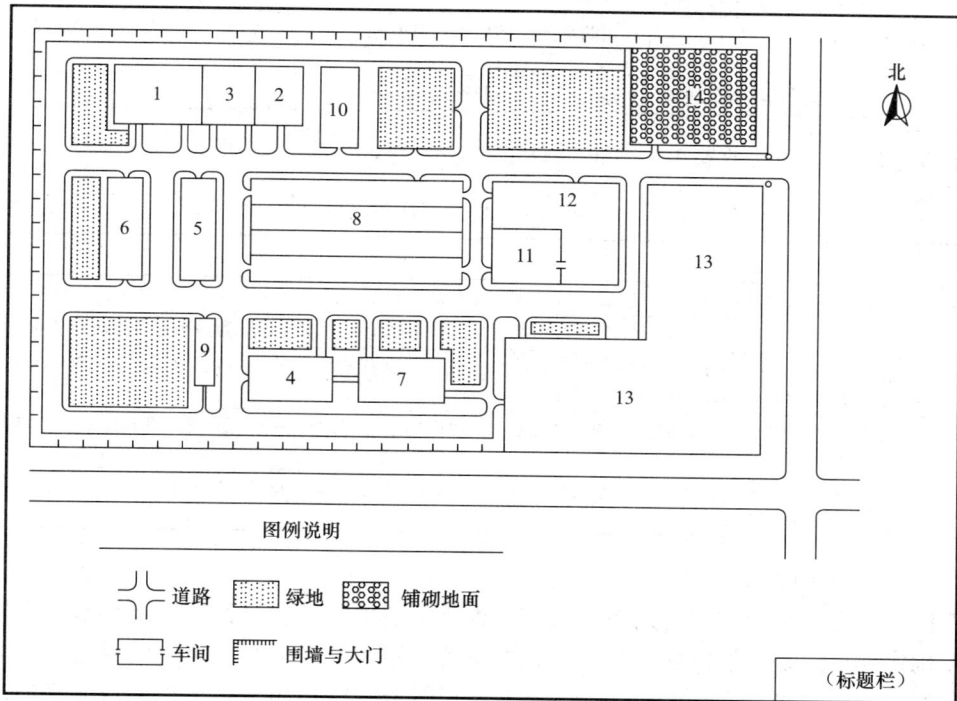

图 4-17　搬运车总装厂总平面布置图

8）方案评价与选择

总图布置设计研究的问题都是多因素、多目标的问题，这就构成了方案评价与选择的综合性、系统性的特点。因此，在对布置方案评价时常用综合评价法，如加权因素法，具体做法参见本章 4.3.2 节场（厂）址选择方法中的步骤。

（4）竖向布置

竖向设计是指对建设场地垂直方向的设计。由于建设工业企业的自然场地通常是起伏不平的，难以满足工业企业总平面设计中各种建构筑物、交通运输设施以及场地排雨水的设计标高。因此，需要根据总平面设计的技术要求，对于工业场地的自然地形进行改造与整平。即开展工业场地竖向设计。

工业场地竖向设计的主要任务是，充分利用和改造工业场地的自然地形，选择适宜的竖向布置系统，确定场地的最佳设计标高，使之既能与工业企业的生产工艺要求相匹配，又能满足场地安全与对外衔接顺畅的要求，同时兼顾减少土石方工程量、加快建设速度、节约基建投资等目标。

竖向布置的基本要求，见表 4-26 所示。

竖向布置基本要求　　　　　　　　　　　　　　　　　表 4-26

序　号	基本要求
1	与项目生产工艺流程相适应，建筑物及地面标高符合安全生产、运输、管理、厂容的要求，并为施工创造良好的条件
2	与总图平面统一考虑，因地制宜，合理利用地形，力求减少土石方数量
3	为场地内的各种管线创造有利的通行条件，方便主要管线的铺设，为自流管线提供自流条件
4	道路布置符合生产、维修、消防等通车的要求，有效地组织车流、物流、人流，达到方便生产运输、厂容美观
5	路与竖向相结合，道路网布局有利于场地地面雨水的排除

依据竖向设计的任务要求，竖向设计的主要内容，见表 4-27 所示。

竖向设计的主要内容　　　　　　　　　　　　　　　　表 4-27

序　号	设计内容
1	选择竖向设计的形式（平坡式、阶梯式、混合式）和平土方式（连续式、重点式）
2	确定工业场地平土标高，计算土石方工程量；力求场地土方填挖总量为最小，并接近于平衡
3	确定建筑物、构筑物、铁路、道路、排水构筑物、管线地沟、露天堆场、广场等场地的整平标高；并使之相互协调，相互适应
4	确定场地合理的排雨水方式和排水措施，使地面雨水能以短捷路径，迅速排除，保证工业场地不受洪水威胁
5	合理布置竖向设计必要的工程设施（如挡土墙、护坡等）和排水构筑物（如排洪沟、排水沟等）并委托有关专业设计

2. 场内外运输方案

交通运输布置是总图设计的重要内容，也是实现生产工艺过程的重要环节。运输方式选择是确定建厂用地、厂区建筑物和构筑物位置、距离、外形等的重要因素之一，并直接与工厂经营管理水平、占地面积多少、基本建设投资等密切相关。工程项目的交通运输分场（厂）内运输和场（厂）外运输 2 种。

（1）运输方案选择要求

在选择或确定运输方案时一般遵循表 4-28 中的基本要求。

运输方案选择要求　　　　　　　　　　　　　　　　　表 4-28

序　号	基本要求
1	统筹规划场（厂）内外运输。尽量把工厂内部从原料输入、产品外运以及车间与车间、车间与仓库、车间内部各工序之间的物料流动作为整体，进行物流系统设计
2	根据项目产品的性质特点，对采取的运输方式进行多方案的比较，分别选择铁路、公路、水路、航空和管道等运输方式，并具体分析，寻求快捷、经济的运输方式
3	项目的外部运输，应尽量依托社会运输系统。确需自建专用铁路、公路、码头的，应有足够的运量，避免运力浪费
4	主要产出品以采用单一的运输方式为宜，应避免多次倒运，减少中转次数和损耗。做到物料流向合理，各个环节之间完整、连续，便于组织管理

序　号	基本要求
5	对有特殊要求的物料运输，如超大、超高、超重、易燃、易爆、易腐蚀、剧毒、有放射性等物资，应根据国家有关部门的安全规范要求，提出相应的运输方案
6	对大宗原材料的供应，应附有运输部门承担运输的意向协议
7	各种运输线路设计，应符合《工业企业厂内运输安全规程》和各神运输方式设计规范的规定

（2）场外运输方案

场外运输方案是提出物流方案的目标，以及确定达到方案目标的条件、办法、前提，然后对运输方案进行总体规划，做出方案的初步可行性分析，重点在投资效益可行性和技术可行性分析。

在做场外运输方案设计时，重点在于从运输方案的经济性考虑确定运输方式和运输路线。

1）运输方式

现代运输方式包括铁路运输、公路运输、水路运输、航空运输和管道运输，见表 4-29 所示。

主要运输方式　　　　　　　　　　　　　　　　　　表 4-29

序　号	运输方式	适用范围
1	铁路运输	主要承担长距离、大数量的货运，是在干线运输中起主力运输作用的运输形式
2	公路运输	主要承担近距离、小批量的货运和水运、铁路运输难以达到地区的长途、大批量运输
3	航空运输	主要适合运载的货物一类是价值高、运费承担能力很强的货物，如贵重设备的零部件、高档产品等；另一类是紧急需要的物资，如救灾抢险物资等
4	水上运输	主要承担干线运输中大数量、长距离的运输，在内河及沿海，也常作为小型运输工具使用，担任补充及衔接大批量干线运输的任务
5	管道运输	利用管道运输气体、液体和粉状固体，靠物体在管道内顺着压力方向循序移动实现

5 种运输方式在运输量、运输速度、运输费用、灵活性、连续性、受自然因素（如天气）影响和投资等方面的比较情况，见表 4-30 所示。

五种交通运输方式的比较情况见表　　　　　　　　　表 4-30

方　式	铁路	公路	航空	水运	管道
运输量	较大	小	最小	最大	大
运输速度	较快	较快	最快	最慢	较慢
运输费用	较低	较高	最高	最低	较低
灵活性	较差	最强	较差	较差	最差
连续性	较好	一般	差	差	最强
受自然因素影响	较小	较小	大	大	最小
投　资	高	较高	高	最低	高

现代运输尤其是长距离运输多采用多式联运的运输方式。多式联运是由两种及其以上的交通工具相互衔接、转运而共同完成的运输过程。多式联运是在集装箱运输的基础上发展起来的，这种运输方式并没有新的通道和工具，而是利用现代化的组织手段，将各种单一运输方式有机地结合起来，打破了各个运输区域的界限，是现代管理在运输业中运用的结果。

2）运输方式的选择

在各种运输方式中，如何选择适当的运输方式是运输方案合理化的重要问题。一般来讲，应从运输系统要求的服务水平和允许的运输成本来决定。可以使用一种运输方式也可以使用联运方式。

决定运输方式，可以在考虑具体条件的基础上，对表 4-31 中 5 个具体项目认真研究考虑。

选择运输方式的基本要素　　　　　　　　　　　　　　表 4-31

序　号	要　素	内容说明
1	货物品种	选择适合货物特性和形状的运输方式，同时考虑对运费的负担能力
2	运输期限	运输期限必须与交货日期相联系，应保证运输时限。运输时间的快慢顺序一般情况下依次为航空运输、汽车运输、铁路运输、船舶运输
3	运输成本	货物的种类、重量、容积、运距、运输工具不同，运输成本也不同，还需注意运费与其他因素之间的关系，不能只考虑运输费用来决定运输方式，要由全部总成本来决定
4	运输距离	一般情况下比较经济合理的是 300km 以内，用汽车运输；300～500km 的区间，用铁路运输；500km 以上，用船舶运输
5	运输批量	应尽可能采用大批量运输使商品集中到最终消费者附近，一般来说，15～20t 以下的商品用汽车运输；15～20t 以上的商品用铁路运输；数百吨以上的原材料之类的商品，应选择船舶运输

3）运输路线

运输路线的选择影响到运输设备和人员的利用，正确地确定合理的运输路线可以降低运输成本，因此运输路线的确定是运输方案决策的一个重要领域。运输路线决策的主要任务就是，找到运输网络中的最佳路线，以尽可能缩短运输时间或运输距离，达到降低运输成本、改善运输服务的目标。

① 运输路线选择的原则

选择运输路线时要遵循经济性原则，见表 4-32 所示。

运输路线选择的原则　　　　　　　　　　　　　　表 4-32

序　号	基本要求
1	将目的地接近的货物装在一辆车上运送，即串联起来形成回路，以使运输距离最小化
2	运行路线从离仓库最远的目的地开始，送货车辆依次装载临近这个关键节点的一些目的地的货物，货车满载后，再安排另一辆货车装载另一个最远节点的货物
3	一辆运货车顺次途经各节点的路线要呈凸状，或泪滴形，各条线路之间不交叉
4	提货应尽可能在送货过程中进行，以减少交叉路程量
5	较偏远或送货量小的目的地一般适用小载重量的车辆送货比较合理的

② 运输路线优化方法

在选择运输路线时，通常会采用运筹学的相关方法。运输路线优化问题有 3 种基本类型：A. 起点和终点不同的单一路径规划。B. 多个起点和终点的路径规划。C. 起点和终点相同的路径规划。

起点和终点不同的单一路径规划问题可以描述为在一个已知交通运输网络中，寻找从出发地到目的地的最佳路线。这里的"最佳"可以指距离最短、时间最省或是费用最少。求解此类问题也就是求网络图中两点之间的最短路问题。采用网络规划中求最短路 Dijkstra 算法（标号算法）。

多个起点和终点的路径优化解决的是多个货源地可以服务于多个目的地的情况。这种情况面临的问题是，要指定为各目的地服务的供货地，同时要找到供货地、目的地之间的最佳路径，需要确定各供求地点之间的最佳供应关系。该问题常发生在多个供应商、工厂或仓库服务于多个客户的情况下。这类问题属于运筹学中的线性规划问题，常见的解决方法有，单纯形法、表上作业法和供求不平衡运输模型等。

起点和终点相同的路径规划问题，要求车辆完成运输任务后必须返回起点。解决这类问题的目标是找出途中经过的点的顺序，使运输工具依次经过所有送货点并满足各点对送货时间的要求，且总出行时间或总距离最短。随着问题中包含节点个数和约束条件的增加，求解问题的复杂程度增加，要找到最优路径非常困难。即使用最快的计算机进行计算，求最优解的时间也非常长。启发式求解法是求解这类问题的好方法。

4）运输业务外包

运输业务外包是指企业为集中资源和精力发展核心业务，将其不擅长的运输业务部分或全部以合同方式委托给第三方物流企业运作。运输业务外包正在成为企业发展的一种重要策略，很多企业将部分业务外包出去，强调把主要精力放在企业关键业务上，增强企业的核心竞争能力，扩大经营规模，开辟新的市场。

企业在选择运输外包时必须谨慎，在考虑运输外包优势的同时也必须重视其潜在的风险，以系统的、长期的观点来进行运输外包决策，并采取一定的应对策略来防范潜在的各种风险。

运输业务外包与自营的决策取决于 3 个因素：企业发展战略、企业核心竞争力和企业物流经济效益。

外包本身并不是企业发展战略，它仅仅是实现企业战略的一种方式，例如，沃尔玛采用成本与规模经济战略，通过控制大批量订货的物流环节提高效益、降低成本，并且不断推进供应链管理。从 20 世纪 70 年代条形码的推行，到 20 世纪 80 年代物流管理理念的创新，再到当今作为 RFID 的主力倡导者，最终将物流管理改造更新成为企业的核心竞争力，成为企业的第三利润来源。工程项目应深入分析企业内部状况，并探讨物流是不是企业的核心能力，分析物流是否能为企业带来外部战略经济利益；企业只有在拥有了合适的合作伙伴，企业内部管理层也认识到外包的重要性而且清楚针对外包应做的准备工作，再决定是否实行外包，如图 4-18 所示。

（3）场内运输方案

场内运输是指使用一系列的相关设备和装置协调、合理地对场内物料进行移动、储存或控制，对场内运输系统和设备、容器的设计、布置。

场内运输方案设计就是要确定各主要区域之间的物料运输方法。对物料运输的基本路线系统、运输设备大体的类型以及运输单元或容器做出总体决策。场内运输方案设计主要有以下几个步骤。

1）物料的分类

在选择场内运输方式时，最有影响的因素通常是所要运输的物料。如果需要运输的物料只有一种，那唯一要做的就是弄清这种物料的特征。如果运输不同种类的物品，则必须按物料类别对它们进行分类。对同一类的物料采用同一方式进行运输。

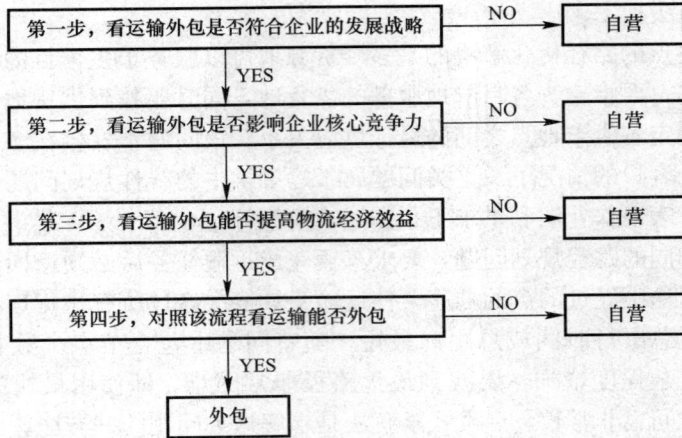

图 4-18　运输业务外包与自营的决策过程

物料分类的基本方法是弄清：①固体、液体还是气体。②单独件、包装件还是散装物料。③考虑影响物料可运性（即移动的难易程度）的各种特征，能否采用同一种运输方法。

2）运输布置

接下来首先要做的是运输的布置，这在很大程度上决定了移动距离，并影响运输设备和容器的选择。由于场内空间大小有限，场内设施布置已经确定，运输路线和距离几无更改余地。

对于物料运输分析来说，需要从布置中了解的信息，基本上有以下 4 点，见表 4-33。

物料运输基本信息

表 4-33

序　号	基本信息
1	每项移动的起讫点（提取和放下的地点）的具体位置
2	有已确定的路线及这些路线上已确定的物料运输方法
3	物料运输涉及的作业区的工作内容及布置情况
4	物料搬运和穿过的作业区所涉及的建筑特点，包括地面负荷、厂房高度、柱子间距、屋架支撑强度、室内还是室外、有无采暖、有无灰尘等

当进行某个区域的运输分析时，应该先取得或先准备好这个区域的布置草图、蓝图或规划图。如果分析一个厂区内若干建筑物之间的运输活动，那就要有厂区总体布置图；如果分析一个加工车间或装配车间内两台机器之间的运输活动，那就要有这两台机器所在区域的布置详图。

3）移动分析

移动分析的方法，目前常用的有 2 种。

① 流程分析法。每次只观察一类物料，并跟随它沿整个生产过程收集材料，必要时要跟随从原料库到成品库的全过程，然后编制出流程图。当物料品种很少或是单一品种时，常采用此法。

② 起讫点分析法。通过观察每项移动的起讫点来收集资料，编制运输路线一览表。可以每次分析一条路线，收集这条路线上移动的各类物料或各种产品的有关资料。也可以

每次对一个区域进行观察，收集这个区域运进运出的所有物料的资料，每个区域要编制一个物流进出表。

为了把所收集的资料进行汇总，达到全面了解情况的目的，可以编制运输活动一览表。其中，需要对每条路线、每类物料和每项移动的相对重要性进行标定，即著名的 A、E、I、O、U 等级划分。

最后，需把各项移动图表化，将各项移动的分析结果标注在区域布置图上，达到一目了然的效果。

4）运输方案分析

物料运输方法是物运输运路线、设备和容器的总和。一个工厂的运输活动可以采用同一种运输方法，也可以采用不同的方法。一般情况下，运输方案都是几种运输方法的组合。

① 物料运输路线

物料运输路线分为直达型 D、渠道型 K 和中心型 C，见表 4-34。

物料运输路线类型 表 4-34

序　号	类　型	内　容	适用范围
1	直达型	这种路线上各种物料从起点到终点经过的路线最短	物流量大、搬运距离短或距离中等，尤其适用物料有一定的特殊性而时间又较紧迫的情况
2	渠道型	来自不同预定的路线上的物料，最终一起移动搬运到同一个终点	物流量为中等或少量，而距离为中等或较长，尤其适用不规则的分散布置条件
3	中心型	各种物料从起点移动到一个中心分拣处或分拨地，然后再运往终点	物流量小而距离中等或较远，尤其适用厂区外形基本上是方整的且管理水平较高的情况

图 4-19（a）为物料搬运 3 种形式选择图，注意若物流量大而距离又长，则说明这样的布置不合理。

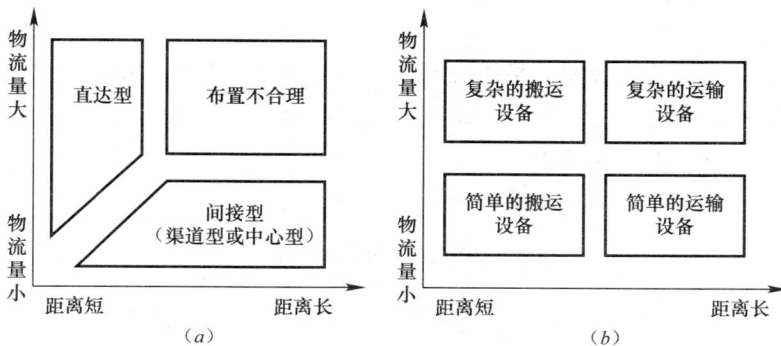

图 4-19　距离与物流量指示图
（a）物料搬运路线类型；（b）物料搬运设备

② 物料运输设备

根据距离与物流量指示来确定设备的类别，如图表 4-19（b）所示。一般把设备分成 4 类，通过综合距离和物流量两个指标来选择。

设备按技术或具体性能分类时，可分为起重机、输送机、无轨搬运车辆和有轨搬运设备。例如，简单的搬运设备有二轮手推车；复杂的搬运设备有窄通道带夹具的叉车；简单的运输设备有机动货车；复杂的运输设备有电子控制的无人驾驶车辆。

③ 物料运输容器

容器（搬运单元）是指物料运输时的基本装载方式，如散装采用车厢、灌装等，单件采用单件包装、集装器具等。应根据物料特点和设备来选择运输与搬运单元。

总之，确定场内运输的方法是：先根据图 4-19（a）所示的搬运路线及选择原则确定运输路线，再根据搬运设备选择原则确定运输设备的类别、规格及型号，最后根据物料一览表确定运输单元。

5）搬运方案的修改和限制

要使初步设计的场内运输方案符合实际、切实可行，必须根据实际的限制条件进行修改。

场内运输方案的设计除了路线、设备和容器外，还要考虑正确有效地操作设备、协调和辅助物料搬运正常进行的问题等。在设计后要进行修改和限制的方面，见表 4-35 所示。

搬运方案修正因素

表 4-35

序　号	修正因素
1	已确定的同外部衔接的运输方法
2	既满足目前生产需要，又能适应远期发展或变化
3	和生产流程或流程设备保持一致
4	可以利用现有公用设施和辅助设施保证搬运计划的实现
5	布置方案对面积、空间的限制条件
6	建筑物及其结构特征
7	库存控制原则及存放物料的方法和设施
8	投资的限制
9	影响工人安全的搬运方法

4.3.5　工程方案及配套工程

1. 工程方案

工程方案也称建筑工程方案，是构成项目的实体。工程方案选择是在已选定项目建设规模、技术方案和设备方案的基础上，研究论证主要建筑物、构筑物的建造方案。

（1）工程方案选择的基本要求

工程方案选择的基本要求，见表 4-36 所示。

工程方案选择的基本要求

表 4-36

序　号	基本要求
1	满足生产使用功能要求
2	适应已选定的场址
3	符合工程标准规范要求
4	经济合理
5	技术改造项目应合理利用现有场地、设施，力求新增设施与原有设施的协调

（2）工程方案研究内容

工程方案研究的内容依项目性质的不同而有所不同。一般工业项目的工程方案主要研究建筑特征，包括：面积、层数、高度、跨度；建筑物、构筑物结构形式；特殊建筑要求：防火、防爆、防腐蚀、隔声、隔热等；基础工程方案；抗震设防。

2. 配套工程

建设项目的配套工程包括公用工程、辅助工程和厂外配套工程。主要有几个方面，见表 4-37。

建设项目配套工程

表 4-37

序 号	配套工程		内 容
1	给水排水设施	给水	主要是确定用水量和水质要求，研究水源、取水、输水、净水、场内给水方案等
		排水	主要是确定排水量，研究排水方案，计算生产、生活污水和自然降水的年平均排水量和日最大排水量，分析排水污染物成分
2	供电通信设施	供电	主要确定电源方案、用电负荷、负荷等级、供电方式以及是否需要建设自备电厂
		通信设施	主要确定项目生产运营所需的各种通信设施，提出通信设施采用租用、建造或购置的方案
3	供热设施		计算项目的热负荷，选择热源和供热方案
4	维修设施		主要确定机械设备、电气设备、仪器仪表、工业炉窑、运输设施的维护和修理方案
5	仓储设施		根据生产需要和合理周转次数，计算主要原材料、燃料、中间产品和最终产品的仓储量和仓储面积

4.3.6 环境保护

为了实施可持续发展战略，预防因开发利用自然资源（如矿产开采等）、项目建设、海岸工程建设和海洋石油勘探开发实施后对环境造成不良影响，在项目建设方案研究中必须包括环境保护方案的研究。

1. 环境保护方案研究要求

确定环境保护方案时的基本要求，见表 4-38。

环境保护方案研究要求

表 4-38

序 号	基本要求
1	贯彻国家和地方政府及行业制定的法规、条例、规定、标准等
2	坚持"预防为主，综合治理，以管促治"的方针，坚持环境与生产建设同步规划、同步实施、同步发展，实现经济效益、社会效益、环境效益的统一
3	坚持科学规划，坚持清洁生产，坚持"可持续发展、资源可循环利用"，提高资源利用效率，从源头上减少和避免污染物的产生，保护和改善环境，保障人类健康，促进经济与社会可持续发展
4	采用无污染或少污染的先进技术和生产工艺，合理开发和利用各种资源、能源，防治污染，坚持"达标排放、总量控制"的原则，创建清洁、优美、安静的生活和劳动环境
5	坚持"三同时"原则。严格控制污染物排放总量，做到增产不增污，努力实现增产减污，积极解决历史遗留环境问题。三同时，即环境治理设施应与项目的主体工程同时设计、同时施工、同时投产使用
6	引进国外技术和设备的项目，须遵守我国的环境保护法律、法规和政策。严禁将国外、境外列入危险特性清单中的有毒、有害废物和垃圾转移到我国境内处置，严防污染转移

2. 环境保护方案设计的原则和要求

（1）环境保护方案设计的原则

根据国家相关政策，环境保护方案设计应遵循的原则，见表 4-39。

环境保护方案设计的原则

表 4-39

序　号	设计原则	序　号	设计原则
1	预防为主和环境影响最小化	4	资源循环利用
2	资源消耗减量化	5	工程材料无害化
3	优先使用可再生资源		

（2）环境保护方案设计的要求

1）控制污染源，使污染物的产生降低到最低限度

新建、改扩建和技术改造项目，以及一切可能对环境造成污染的项目，必须坚持环境治理设施应与项目的主体工程同时设计、同时施工、同时投产使用。

凡是产生环境污染和其他公害的项目，要把消除污染、改善环境和节约资源作为加强经营管理的重要内容，推广清洁生产方式，尽量采用闭路循环工艺，大量减少"三废"的排放量。

积极研究和采用无污染或低污染的先进工艺、技术和设备，推广使用环境保护新技术。

2）控制污染物排放

坚持污染物排放总量控制和达标排放的要求。污染物排放必须坚决执行相应的环境保护标准，达标后才允许排放。

3）综合利用，减少排放

从建设方案设计着手，对废弃物中所含有的有害物质或余能进行利用，制成副产品回收或在生产中循环使用等。

3. 环境保护方案设计的内容

（1）环境保护方案设计的主要内容

要对建设地区环境质量现状进行调查、描述并进行原因分析，主要指地表水、环境空气和声学环境质量现状。对于依托原有企业改（扩）建的项目，还要调查、描述原有污染源及治理达标情况，一般包括废水、废气、噪声和固体废弃物的污染及治理情况。

（2）污染源和污染因素分析

主要分析项目建设和生产运营过程中，污染环境和导致环境质量恶化的污染源和主要污染因素，具体见表 4-40 所示。

污染源和污染因素分析表

表 4-40

序　号	污染因素	内　容
1	废气	分析气体排放点，计算污染物产生量和排放量、有害成分和浓度，分析排放特征及对环境的危害程度
2	废水	分析工业废水（废液）和生活污水排放点，计算污染物产生量与排放量、有害成分和浓度，分析排放特征、排放去向及对环境的危害程度
3	固体废弃物	分析计算固体废弃物产生量与排放量、有害成分及对环境造成的污染程度
4	噪声	分析噪声源位置，计算声压等级，分析噪声特征及对环境造成的危害程度

续表

序　号	污染因素	内　容
5	粉尘	分析粉尘排放点，计算产生量与排放量，分析组分与特征、排放方式，及对环境造成的危害程度
6	其他污染物	分析生产过程中产生的电磁波、放射性物质等污染物发生的位置、特征，计算强度值，及对周围环境的危害程度

（3）破坏环境因素分析

分析项目建设施工和生产运营对环境可能造成破坏的因素，预测其破坏程度，主要包括：对地形及地貌等自然环境的破坏；对森林草地植被的破坏，如引起的土壤退化、水土流失等；对社会环境、文物古迹、风景名胜区、水源保护区的破坏。

4. 环境保护治理措施方案设计

（1）明确环境保护治理措施方案设计执行的标准

在对污染物和污染源进行详细分析的基础上，有针对性地明确环境保护治理措施方案设计应执行的标准，作为进行环境保护治理措施方案设计的依据。这些标准等同于环境影响评价的标准，主要包括环境质量标准、污染物排放标准和总量控制指标三类。

（2）治理措施方案

应根据项目的污染源和排放污染物的性质，采取不同的治理措施，具体见表4-41。

各污染因素的治理措施　　　　表 4-41

序　号	污染因素	治理措施
1	废气	采用冷凝、吸附、燃烧和催化转化等方法
2	废水	采用物理法、化学法、物理化学法、生物法等方法
3	固体废弃物	有毒废弃物可采用防渗漏池堆存；放射性废弃物可采用封闭固化；无毒废弃物可采用露天堆存；生活垃圾可采用卫生填埋、堆肥、生物降解或者焚烧方式处理；利用无毒害固体废弃物加工制作建筑材料或者作为建材添加物，进行综合利用
4	粉尘	采用过滤除尘、湿式除尘、电除尘等方法
5	噪声	采用吸声、隔声、减振、隔振等措施
6	建设和生产运营引起环境破坏	对岩体滑坡、植被破坏、地面塌陷、土壤劣化等，应提出相应治理方案

（3）治理方案比选

对环境治理的各局部方案和总体方案进行技术经济比较，并作出综合评价。比较、评价的主要内容，见表4-42。

治理方案比选内容　　　　表 4-42

序　号	比选条件	内　容
1	技术水平	分析对比不同环境保护治理方案所采用的技术和设备的先进性、适用性、可靠性和可得性
2	治理效果	分析对比不同环境保护治理方案在治理前及治理后环境指标的变化情况，以及能否满足环境保护法律法规的要求
3	管理及监测方式	分析对比各治理方案所采用的管理和监测方式的优缺点。
4	环境效益	将环境治理保护所需投资和环保设施运行费用与所获得的收益相比较，效益费用比值较大的方案为优

思考与练习

1. 制约和决定建设规模的因素有哪些？其中的关键因素是哪一个？为什么？

2. 某工程项目有三个不同规模的建设方案，方案甲投资 2400 万元，年经营成本 800 万元，年产量 1000 件；方案乙投资 3800 万元，年经营成本 850 万元，年产量 1200 件；方案丙投资 6000 万元年经营成本 1000 万元，年产量 1500 件，基准投资回收期 6 年，试选择最优方案。

3. 制造加工业的工程项目和服务业的工程项目在选址时所考虑的影响因素有哪些不同？

4. 如何理解生产工艺技术方案及设备方案分析在工程项目决策中的所起的作用？

5. 用 SLP 法布置的主要步骤是什么？

6. 选择你熟悉的两个学校，用加权因素法比较两个学校的布置设计。

7. 场外运输方式有哪些，如何合理选择运输方案？

8. 场内运输方案设计的主要步骤是什么？

9. 环境保护方案的重要性？

进一步阅读文献推荐

1. 全国注册咨询工程师（投资）资格考试参考教材编写委员会. 项目决策分析与评价 [M]. 北京：中国计划出版社，2011.

2. 全国注册咨询工程师（投资）资格考试参考教材编写委员会. 工程咨询概论 [M]. 北京：中国计划出版社，2011.

3. 詹姆斯·汤普金斯. 设施规划 [M]. 北京：机械工业出版社，2008.

4. 齐二石. 物流工程 [M]. 北京：高等教育出版社，2006.

第5章 工程项目前期咨询——方案与评价

关键词： 资源利用；环境影响；工程项目方案评价；融资方案；财务评价

[案例导读] 工程项目A是生产某节能产品的新建项目，已经对项目的市场前景、产品方案、生产工艺技术方案、总图运输及项目本身的竞争能力等各方面进行了全面的论证和多方案比较，并确定了项目的最优方案。接下来还需要做的是对项目方案在资源利用、环境影响及安全等方面进行评估，还有确定融资方案，对项目的财务效益进行评价，最终确定项目A是否可行，各方面能力如何。

5.1 资源利用分析与评估

资源是可供开发利用，并且为项目需要的自然资源，如矿藏、农林、生物、土地及水资源等，资源条件直接关系到项目开发方案和建设规模的确定。资源开发项目包括金属矿、煤矿、石油天然气矿、建材矿、化学矿、水利水电和森林采伐等项目。

5.1.1 资源分类与特点

1. 资源分类

从不同角度对资源进行分类，可以分为以下几种，见表5-1。

资源的分类

表 5-1

序 号	分类方式	分 类	内 容
1	能否再生	可再生资源	能够通过大自然的作用不断地繁衍的资源，包括动物、植物等生物资源（有机体）和水
		不可再生资源	在人类可观测的时间内不能自生恢复的矿产资源，如金属矿、石油、天然气、煤炭和其他一些非金属矿
2	是否会枯竭	可枯竭资源	包括全部不可再生资源。若可再生资源利用不当，也会减少和枯竭，例如生物资源
		不可枯竭资源	包括水、太阳能、风能和土地等
3	联合国制定的相应类别	物质资源	人们直接消费和间接消费的资源，主要指矿产资源和生物资源
		生态资源	能保持生物圈生态平衡，从而确保人类拥有正常的生活环境，能完成一系列基本的生命重要职能的物质体系。一般将能容纳人类活动所产生废物的资源，如空气、水和土壤等归为生态资源

2. 资源特点

自然资源一般具有有限性和分布不均衡性两方面的特点。

（1）资源的有限性

无论对自然资源如何进行分类，在一定范围内资源都是有限的。特别是矿产资源，需要在特定的条件下，经过漫长的地质年代才能形成。开采和使用多少，其储量就减少多少。即使是不可枯竭资源，如土地和水资源，在一定时期和一定范围内也是有限的。随着人口的增加，人均资源占有率逐渐降低。资源的有限性已经在一定程度上开始成为经济发展的制约条件，如不加重视，这种制约会愈演愈烈。某些资源的短缺甚至有时能影响到国家安全。因此，如何合理开发和利用有限的资源，实现可持续发展的目标，就成为人们普遍关心的问题，同样也成为项目评估的重要内容之一。

（2）资源分布的不均衡性

资源分布的不均衡性不仅体现在国内，也体现在全球。我国属人均资源相对贫乏的国家。从我国国内看，大部分矿产资源集中在西部和北部。在对自然资源进行开发利用的过程中必须正视资源分布不均衡的具体情况，因势利导，扬长避短，制定合理的开发利用资源的政策和方案。

5.1.2　资源优化配置的重要性

经济增长是靠消耗大量资源来实现的。投资项目或多或少都要直接或间接地利用资源，有些项目为资源开发项目，例如石油、天然气、金属或非金属矿等矿产资源的开发项目；有些项目要直接利用大量资源，如以石油或其炼制产品、天然气、煤炭等为原料的加工项目。鉴于资源有限性的特点，如何合理利用有限资源，使其发挥最佳效益，就必须考虑资源优化配置的问题。由于资源分布不均衡，从国家整体考虑，在国家资源利用总体规划的指导下，采用切实可行的方案实现优化配置，体现资源利用的经济性和合理性，也是十分重要的。因此，在项目评估过程中，都必须充分考虑资源优化配置的问题，把资源优化与国家的可持续发展目标联系起来。只有在每个资源开发和利用项目的投资决策中都能充分考虑这个问题，才能在实现经济增长的同时，实现可持续发展的目标。

5.1.3　资源开发利用的基本要求

资源在开发利用时要依据表 5-2 中的基本要求。

资源开发利用的基本要求　　　　　　　　　　表 5-2

序　号	基本要求
1	符合资源总体开发规划要求。例如，煤炭开采项目，应符合煤田区域开发规划；油气田开采项目，应符合油气田区域开发规划；水利水电项目，应符合流域综合开发规划和国土整治要求
2	符合资源综合利用的要求。多金属、多有用化学元素共生矿、油气混合矿等资源开发项目，应根据资源特征提出资源综合利用方案，做到物尽其用
3	符合节约资源和可持续发展的要求，应处理好远期与近期的关系，力求节约资源
4	森林资源开发应符合国家保护生态环境的规定
5	资源储量和品质的勘探深度应达到规定要求。资源储量和品质的勘探深度应确保资源开发项目设定的生产规模和开采年限

5.1.4　资源利用评价

资源利用评价主要是对拟开发利用资源的合理性、可利用量、自然品质、赋存条件、开发价值进行评价。

1. 资源开发的合理性

明确项目所需资源的性质和种类,是可再生资源还是不可再生资源,对于不可再生的资源,特别是某些稀缺的矿产资源,在分析拟建项目开发方案时,首先应根据国家矿产资源开发利用规划,分析研究这些资源近期与远期开发量的关系,资源保护、储备与可持续发展的关系。

2. 资源的可利用量

分析资源的供应数量、质量及服务年限,能否多层次开发利用,以及资源的开采供应方式。根据拟建项目性质,研究矿产资源的可采储量或水利水能资源的蕴藏量或森林资源的蓄积量,提出合理的开发(开采)规模和开发(开采)年限。矿产开采项目,应根据国家矿产资源储量委员会批准的储量报告,在进一步勘探核查的基础上,提出项目的矿产可采储量;水利水能开发项目,应根据流域开发总体规划,分析研究拟建项目河段内的年径流量、水位落差,并提出水利水能资源合理开发利用量;森林采伐项目,应根据森林蓄积量调查资料,以及有关部门批准的采伐与迹地恢复规划,研究提出项目的原木可采伐量。

3. 资源自然品质

根据拟建项目特点研究资源品质,为制定项目技术方案提供依据。金属矿和非金属矿开采项目,应分析研究矿石品位、物理性能和化学组分、洗选难易程度;煤炭开采项目,应分析研究煤炭的热值、灰分、硫分、结焦性能等;石油天然气开采项目,应分析研究油气的化学组分、物理性能(黏度、凝固点等);水利水能开发项目,应分析研究河床稳定性、泥沙含量、有机物含量、水体形态(水位、水温、流速)等。

4. 资源赋存条件

研究分析资源的地质构造和开采难易程度,以便确定开采方式和设备方案。矿产开采项目,应分析地质构造、岩体性质、矿体结构、矿层厚度、倾斜度、埋藏深度、灾害因素、涌水量等;石油天然气开采项目,应分析研究油气藏压力、含油气地质构造、孔隙率、渗透率等;水利水能开发项目,应分析研究拟建项目河段内地质构造、地震活动和其他危害因素,以及水能梯级分布情况。

5. 资源开发价值

分析研究资源的开发利用价值,预测项目的经济效益。矿产开采项目,应分析计算每吨矿产品生产能力投资、每吨矿产品的开采成本等指标;森林采伐项目,应分析每立方米原木生产能力投资;水利水能开发项目,应分析每吨供水能力投资、每千瓦电力装机容量投资,及防洪、灌溉、航运、养殖等综合利用的效益。

5.2 环境影响评价

5.2.1 环境影响评价的基本概念

我国《环境保护法》中指出,环境是指影响人类生存和发展的各种天然的和经过人工改造的自然因素的总体,包括大气、水、海洋、土地、矿藏、森林、草原、野生生物、自然遗迹、人文遗迹、自然保护区、风景名胜区、城市和乡村等。

环境影响评价是指对规划和建设项目实施后可能造成的环境影响进行分析、预测和评估，提出预防或者减轻不良环境影响的对策和措施，进行跟踪监测的方法与制度。该定义是我国《环境影响评价法》给出的法律定义，该法明确了环境影响评价的适用范围是规划和建设项目，包括方法和制度两方面的含义。

环境影响评价中特别要注意，建设项目防治污染的设施，必须与主体工程同时设计，同时施工，同时投产使用。防治污染的设施必须经原审批环境影响报告书的环境保护行政主管部门验收合格后，该建设项目方可投入生产或者使用。

5.2.2 环境影响评价基本要求

工程建设项目应注意保护场址及其周围地区的水土资源、海洋资源、矿产资源、森林植被、文物古迹、风景名胜等自然环境和社会环境。项目环境影响评价应坚持表 5-3 中的原则。

环境影响评价的基本要求　　　　　　　　　　　　　　　　表 5-3

序　号	基本要求
1	基本上适应于所有可能对环境造成显著影响的项目，并能够对所有可能的显著影响作出识别和评估
2	对各种替代方案（包括项目不建设或地区不开发的情况）、管理技术、减缓措施进行比较
3	生成清楚的环境影响报告书，以使专家和非专家都能了解可能影响特征及其重要性
4	广泛的公众参与和严格的行政审查程序
5	及时、清晰的结论，以便为决策提供信息

5.2.3 我国环境影响评价的法律依据

环境影响评价的重要性及其工作的性质，决定了环境影响评价人员除了不断提高业务能力和技术水平，同时要认真学习和研究国家的相关法律法规、产业政策、技术政策和环保政策。我国环境影响评价的法律依据，见表 5-4 所示。

环境保护法律法规　　　　　　　　　　　　　　　　表 5-4

序　号	法律法规	内　容
1	宪法	宪法中的有关规定
2	环境保护基本法	中华人民共和国环境保护法
3	单项法	包括环境类，如水污染防治法、大气污染防治法、环境噪声污染防治法等，以及资源类法规，如矿产、土地、水、野生动物保护法等
4	行政法规	国务院制定并公布或经国务院批准有关部门公布，环境保护部门规章，地方性法规和地方政府规章
5	环境影响评价法规	环境标准，环境保护国际条约

5.2.4　环境影响评价的工作程序

环境影响评价工作大体分为三个阶段，具体见表 5-5 所示。

环境影响评价的工作程序

表 5-5

阶　段	名　称	工作内容
第一阶段	准备阶段	研究有关文件，进行初步的工程分析和环境现状调查，筛选重点评价项目，确定各单项环境影响评价的工作等级，编制评价工作大纲
第二阶段	正式工作阶段	工程分析和环境现状调查，并进行环境影响预测和评价环境影响
第三阶段	报告书编制阶段	汇总、分析第二阶段工作所得到的各种资料、数据，得出结论，完成环境影响报告书的编制

评价大纲一般包括以下内容：（1）总则。包括评价任务的由来，编制依据，控制污染和保护环境的目标，采用的评价标准，评价项目及其工作等级和重点等。（2）建设项目概况。（3）拟建项目地区环境简况。（4）建设项目工程分析的内容与方法。（5）环境现状调查。（6）环境影响预测与评价建设项目的环境影响。（7）评价工作成果清单。（8）评价工作组织、计划安排。（9）经费概算。

环境影响报告书是环境影响评价工作的书面总结。它提供了评价工作中的有关信息和评价结论。评价工作每一步骤的方法、过程和结论都清楚、详细地包含在环境影响报告书中。建设项目环境影响报告书应包括以下内容：（1）建设项目概况；（2）建设项目周围环境状况；（3）建设项目对环境可能造成影响的分析和预测；（4）环境保护措施及其经济、技术论证；（5）环境影响经济损益分析；（6）对建设项目实施环境监测的建议；（7）环境影响评价结论。

5.3　安全与评价

5.3.1　安全评价

近年来，安全形势依然十分严峻，安全事故及问题仍然十分突出。根据国家有关规定进行安全条件论证和安全评价，是严格安全生产准入的前置条件。安全评价是落实"安全第一，预防为主，综合治理"方针的重要技术保障，是安全生产监督管理的重要手段。

1. 安全评价的内涵

安全评价是以实现安全为目的，应用安全系统工程原理和方法，辨识与分析工程、系统、生产经营活动中的危险、有害因素，预测发生事故或造成职业危害的可能性及其严重程度，提出科学、合理、可行的安全政策措施建议，做出评价结论的活动。安全评价可针对一个特定的对象，也可针对一定的区域范围。

2. 安全评价的基本原则

安全评价是关系到被评价项目能否符合国家规定的安全标准，能否保障劳动者安全、

113

健康的关键性工作。安全评价必须以被评价项目的具体情况为基础，以国家安全法规及有关技术标准为依据。安全评价的基本原则是具备国家规定资质的安全评价机构科学、公正和合法地自主开展安全评价。

3. 安全评价的内容和分类

我国规定建设项目安全设施必须与主体工程"同时设计、同时施工、同时投入生产和使用"。安全设施要包括安全监控设施和防瓦斯等有害气体、防尘、排水、防火、防爆等设施。安全设施投资应当纳入建设项目概算，并在工程项目前期对其安全生产条件进行论证并进行安全预评价。

根据工程、系统生命周期和评价的目的，安全评价分为 3 类：安全预评价、安全验收评价、安全现状评价。

（1）安全预评价。安全预评价是根据建设项目可行性研究报告的内容，分析和预测该项目可能存在的危险、有害因素的种类和程度，提出合理可行的安全对策措施及建议。

（2）安全验收评价。安全验收评价是在建设项目竣工、试运行后，通过对建设项目的设施、设备、装置实际运行状况及管理状况的安全评价，查找该项目投产后存在的危险、有害因素，确定其程度并提出合理可行的安全对策措施及建议。

（3）安全现状评价。安全现状评价是针对某一个生产经营单位总体或局部的生产经营活动的安全现状进行安全评价，查找其存在的危险、有害因素并确定其程度，提出合理可行的安全对策措施及建议。

5.3.2　安全预评价

安全预评价是安全评价的一种类型。安全预评价是在建设项目可行性研究阶段、工业园区规划阶段或生产经营活动组织实施之前，根据相关的基础资料，辨识与分析建设项目、工业园区、生产经营活动潜在的危险、有害因素，确定其与安全生产法律、法规、标准、行政规章、规范的符合性，预测发生事故的可能性及其严重程度，提出科学、合理、可行的安全对策措施建议，做出安全评价结论的活动。

通过安全预评价形成的安全预评价报告，作为项目前期报批或备案的文件之一，在向政府安全管理部门提供的同时，也提供给建设单位、设计单位、业主，作为项目最终设计的重要依据文件之一。

1. 安全预评价程序及内容

安全预评价程序为：前期准备，辨识与分析危险、有害因素，划分评价单元；选择评价方法，定性、定量评价，提出安全对策措施建议，作出评价结论，编制安全预评价报告等。安全预评价程序及主要内容，如图 5-1 所示。

2. 安全预评价方法

安全预评价方法可分为定性评价方法和定量评价方法。定性评价方法有：安全检查表、预先危险分析、故障类型和影响分析、作业条件危险性评价法、危险和可操作性研究等。定量安全评价方法有：危险度评价法，道化学火灾、爆炸指数评价法，泄漏、火灾、中毒评价模型等。

3. 安全预评价报告的基本内容

安全预评价报告的主要内容，见表 5-6。

| 前期准备 | ---- | 明确评价对象和评价范围，组建评价组，收集国内外相关法律、法规、规章、标准、规范，收集并分析评价对象的基础资料、相关事故案例，对相似工程进行实地调查等。 |

| 辨识与分析危险、有害因素 | ---- | 辨识和分析可能存在的各种危险、有害因素，分析危险、有害因素发生作用的途径及其变化规律。 |

| 划分评价单元 | ---- | 应考虑安全预评价的特点，并遵循以自然条件、基本工艺条件、危险、有害因素分布及状况便于实施评价的原则。 |

| 选择评价方法并评价 | ---- | 根据评价的目的、要求和评价对象的特点、工艺、功能或活动分布，选择科学、合理、适用的定性、定量评价方法，对危险、有害因素导致事故发生的可能性及其严重程度进行评价，不同的评价单元，可根据评价的需要和单元特性选择不同的评价方法。 |

| 提出安全对策措施建议 | ---- | 针对评价对象的总图布置、功能分布、工艺流程、设施、设备、装置等方面，提出安全技术对策措施；针对评价对象的组织机构设置、人员管理、物料管理、应急救援管理等方面，提出安全管理对策措施；针对保证评价对象安全运行的需要等，对策措施的建议应具有针对性、技术可行性和经济合理性。 |

| 作出评价结论 | ---- | 概况评价结果，给出评价对象在评价时的条件下与国家有关法律、法规、标准、规章、规范的符合性结论，给出危险、有害因素引发各类事故的可能性及其严重程度的预测性结论，明确评价对象建成或实施后能否安全运行的结论。 |

| 编制安全预评价报告 |

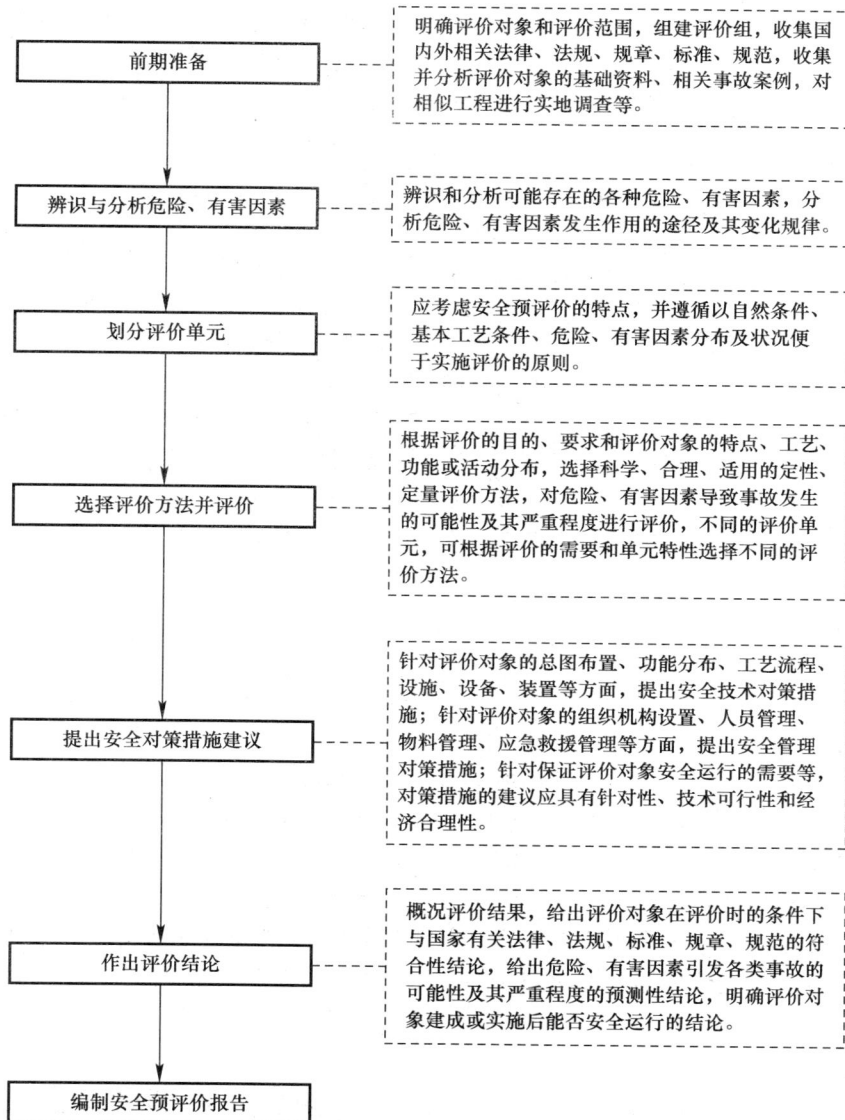

图 5-1 安全预评价程序图

安全预评价报告的基本内容 表 5-6

序 号	项 目	基本内容
1	安全预评价报告的目的	结合建设项目特点，阐述编制安全预评价报告的目的
2	安全预评价依据	法律、法规、规章、标准、规范和建设项目被批准设立的相关文件及其他参考资料
3	项目概况	介绍选址、总图布置、水文情况、地质条件、工业园区规划、生产规模、工艺流程、功能分布、主要设施、设备、装置、主要原材料、产品、经济技术指标、公用工程及辅助设施、人流、物流等

序　号	项　　目	基本内容
4	辨识与分析危险	列出辨识与分析危险有害因素的依据，阐述辨识与分析危险有害因素的过程
5	划分评价单元	阐述划分评价单元的原则、分析过程等
6	选定的评价方法	简单介绍选定的评价方法，并阐述选定该方法的原因，详细列出定性、定量评价过程，明确重大危险源的分布、监控情况及预防事故扩大的应急预案内容，列出相关的评价结果，并对得出的评价结果进行分析
7	安全对策措施	列出安全对策措施建议的依据、原则、内容
8	安全预评价结论	简要列出主要危险、有害因素评价结果，指出建设项目应重点防范的重大危险、有害因素，明确应重视的安全对策措施建议，明确建设项目潜在的危险、有害因素在采取对策措施后，能否得到控制及受控程度的安全状态，给出建设项目从安全生产角度是否符合国家有关法律、法规、标准、规章、规范要求的结论

5.4 融资方案设计与财务评价

5.4.1 融资方案

融资方案是研究拟建项目的资金渠道、融资形式、融资结构、融资成本、融资风险，比选推荐项目的融资方案，并以此研究资金筹措方案进行财务评价。

1. 融资组织形式选择

研究融资方案，首先应明确融资主体，由融资主体进行融资活动，并承担融资责任和风险。项目融资主体的组织形式主要有既有项目法人融资和新设项目法人融资两种形式。

2. 融资方案分析

在初步确定项目的资金筹措方式和资金来源后，应进一步对融资方案进行分析，比选并推荐资金来源可靠、资金结构合理、融资成本低、融资风险小的方案。

（1）资金来源可靠性分析

主要是分析项目建设所需总资金和分年所需投资能否得到足够的、持续的资金供应，即资本金和债务资金供应是否落实可靠。应力求使筹措的资金、币种及投入时序与项目建设进度和投资使用计划相匹配，确保项目建设顺利进行。

（2）融资结构分析

主要分析项目融资方案中的资本金与债务资金的比例、股本结构比例和债务结构比例是否合理，并分析其实现条件。

1）资本金与债务资金的比例，在一般情况下，项目资本金比例过低，债务资金比例过高，将给项目建设和生产运营带来潜在的财务风险。进行融资结构分析，应根据项目特点，合理确定项目资本金与债务资金的比例。按照我国法律规定，投资项目资本金占总投资的比例，根据不同行业和项目的经济效益等因素确定，具体规定，见表 5-7。

项目资本金占项目总投资的比例

表 5-7

序　号	投资行业	项目资本金占项目总投资的比例
1	交通运输、煤炭	35％及以上
2	钢铁、邮电、化肥	25％及以上
3	电力、机电、建材、化工、石油加工、有色、轻工、纺织、商贸及其他行业	20％及以上

2）股本结构分析，股本结构反映项目股东各方出资额和相应的权益，在融资结构分析中，应根据项目特点和主要股东方参股意愿，合理确定参股各方的出资比例。

3）债务结构分析，债务结构反映项目债权各方为项目提供的债务资金的比例，在融资结构分析中，应根据债权人提供债务资金的方式，附加条件，以及利率、汇率、还款方式的不同，合理确定内债与外债比例，政策性银行与商业性银行的贷款比例，以及信贷资金与债券资金的比例。

（3）融资成本分析

融资成本是指项目为筹集和使用资金而支付的费用。融资成本的高低是判断项目融资方案是否合理的重要因素之一。融资成本包括资金筹集费和资金占用费。资金筹集费是指资金筹集过程中支付的一次性费用，如承诺费、手续费、担保费和代理费等。资金占用费是指使用资金过程中发生的经常性费用，如利息、股息、银行借款和债券利息等。资金成本的高低是判断项目融资方案是否合理的重要因素之一。

为了便于分析比较，资金成本通常以相对数表示。项目使用资金所负担的费用同筹集资金净额的比率，称为资金成本率（一般亦通称为资金成本）。其定义式见（式 5-1）。

$$资金成本率 = \frac{资金占用费用}{融资总额 - 资金筹措费用} \times 100\% \tag{式 5-1}$$

由于筹集资金费用一般与筹集资金总额成正比，所以一般用筹措费用率表示筹集资金费用，因此，资金成本率公式也可以表示为（式 5-2）。

$$资金成本率 = \frac{资金占用费用}{融资总额 \times (1 - 费用率)} \times 100\% \tag{式 5-2}$$

资金成本是资金使用者向资金所有者和中介人支付的占用费和筹资费，是市场经济条件下资金所有权和使用权分离的必然结果。资金成本的作用在于：首先，资金成本是评价投资项目可行性的主要经济标准。它是衡量一个项目是否可以接受的最低收益率，只有项目的预期收益足以弥补资金成本时，项目才可以考虑接受。其次，资金成本是选择资金来源、设计筹资方案的依据。资金来源渠道很多，不同的筹资方式，其资金成本也不同，比较各种资金来源的成本，合理调整资本结构，以达到综合资金成本最低的目的。

（4）融资风险分析

融资方案的实施经常受到各种风险的影响。为了使融资方案稳妥可靠，需要对表 5-8 中可能发生的风险因素进行识别、预测。

融资风险　　　　　　　　　　　　　　　　　　　　　　　表 5-8

序　号	风险因素	说　明
1	资金供应风险	融资方案在实施过程中，可能出现资金不落实，导致建设工期拖长，工程造价升高，原定投资效益目标难以实现的风险
2	利率风险	利率水平随着金融市场情况而变动，如果采用浮动利率计息，应分析贷款利率变动的可能性及其对项目造成的风险和损失
3	汇率风险	包括人民币对各种外币币值的变动风险和各外币之间比价变动的风险

[例 5-1]　A 火力发电厂项目融资方案

1. 项目概况

(1) 项目名称

A 火力发电厂项目融资方案

(2) 项目合作方

该项目的合资双方分别是：A 电力开发公司（中方），B 电力（中国）有限公司（外方，一家在香港注册专门为该项目而成立的公司）。

(3) 融资方式

项目投资总额：42 亿港币。项目贷款的组成是：日本进出口银行固定利率日元出口信贷 26140 万美元，国际贷款银团的欧洲日元贷款 5560 万美元，国际贷款银团的港币贷款 7500 万美元，中方 A 电力开发公司的人民币贷款为 9240 万。

(4) 项目建设周期

在合作期内，外方负责安排提供项目的全部外汇资金，组织项目建设，并且负责经营电厂 10 年。外方获得在扣除项目经营成本、煤炭成本和付给中方的管理费后全部的项目收益。合作期满后，外方将电厂的资产所有权和控制权无偿地转让给中方，并且退出该项目。

2. 融资结构

在电厂项目中，根据中外双方合作协议的安排，除了中方提供一定的人民币资金以外，全部外汇资金由外方负责安排。B 电力（中国）有限公司根据本项目的实际情况，着重利用了中方为项目提供的信用保证，为项目设计了一个有限追索权的项目融资结构。

3. 信用保证结构

A 火力发电厂项目的信用保证结构主要由以下 4 个部分组成：

(1) 中方 A 电力开发公司的煤炭供应协议和电力购买协议。规定由中方负责按照一个固定价格提供项目生产所需的全部煤炭，从而排除了项目的能源供应风险并且大大降低了项目生产成本超支风险。同时，规定由中方负责在项目生产期内按照事先规定的价格从电厂购买确定的最低数量的发电量，这样就在很大程度上排除了项目的主要市场风险。

(2) 由 A 电力开发公司所在地区政府为上述安排所出具的支持信。这属于项目所在地政府对项目的一种意向性担保，虽然不具有法律约束力，但对于增强项目投资人和贷款人的信心具有相当大的作用。

(3) 中方 A 电力开发公司为外方 B 电力（中国）有限公司提供一个具有"资金缺额担保"性质的贷款协议，同意在一定的条件下，如果项目支出大于项目收入则为外方提供一定数额的贷款。这种协议属于以保证项目正常运行为出发点的资金缺额担保，进一步降低了项目的生产经营风险。

（4）由日本公司所组成的项目设备供应和工程承包财团所提供的项目建设"交钥匙"合同，以及相应的由银行提供的履约担保，这就构成了项目的完工担保，基本排除了项目贷款人对完工风险的担忧。

4. 项目的风险分析

项目风险来源如下。

（1）信用风险。无论是中方还是外方都是资信良好、实力雄厚的大型公司，中方还具有明显的政府背景，应该比较有信用保障。另外，向日本进出口银行提供了项目风险担保的一家国际贷款银团（由大约 50 家银行组成的）具有相当好的信誉，而为项目中方 A 电力开发公司的承诺提供担保的国际信托投资公司在当时也是信誉良好的金融机构。不过信用风险贯穿于整个项目合作期间，还是会存在很多不可确定性的因素。

（2）政治风险。中国的国内形势稳定，政府不断完善有关投资保护的法律制度。鼓励外商在华投资并予以明确保护，有关外汇、税收、进出口管制等制度正日趋与国际惯例保持一致。本项目中，当地政府还为项目的信用保证出具了支持信贷。虽然其不具备法律约束力，但作为地方政府提供的意向性担保，也具有相当重的分量。因此，本项目的政治风险很小。

（3）市场风险。考虑到项目所在地正在进行大规模的开发建设，对电力的需求非常大，而且在相当长的一段时期内将持续增加，因此该项目产品电力的销售应该具有良好的市场前景。而且，项目的中方已经通过签订"提货与付款"性质的电力购买协议，保证购买项目生产的全部电力。因此，本项目的市场风险并不是太大。

（4）生产经营风险。在经营管理方面，中方负责向电厂提供技术操作人员。而负责经营电厂的外方 B 电力（中国）有限公司具有较强的经营管理能力，其委派到电厂的管理人员也都具有比较丰富的管理经验，因此项目的经营管理风险也比较小。就项目本身的性质来看，火力发电厂属于技术上比较成熟的生产建设项目，在国内外的应用已经有相当长的时间，技术风险也是比较小的。综合以上几点来看，应该认为本项目的生产经营风险并不大。

5. 案例分析

通过对 A 火力发电厂的项目融资案例的分析，我们可以从中总结出许多经验，尤其需要注意的是以下几点：（1）项目融资中最主要的 3 种担保形式就是完工担保、资金缺额担保，和以"无论提货与否均需付款"、"提货与付款"、"供货或付款"这样性质的合同为基础的项目担保。这 3 种担保几乎对于每一个国际项目融资来讲都是必不可少的。（2）项目开发，尤其是基础设施项目的开发，一定需要在事前获得政府的批准或支持，并对有关外汇、管理、项目用地、基础设施等问题作出相应的安排，否则贷款银行难免心存疑虑。（3）设计融资结构时一定要根据项目实际情况灵活加以应用，例如在 A 火力发电厂项目中，就是利用了日本进出口银行的出口信贷资金，并据此与供应设备和建设工程的日本公司所组成的财团达成了"交钥匙"合同，解决了完工风险的问题。

5.4.2　财务评价

财务评价是在国家现行财税制度和市场价格体系下，分析预测项目的财务效益与费用，计算财务评价指标，考察拟建项目的盈利能力、偿债能力，据以判断项目的财务可行性。其任务是在完成市场预测、厂址选择、工艺技术方案选择等研究的基础上，对拟建项目投入产出的各种经济因素进行调查研究、计算及分析论证。

1. 财务评价内容与步骤

财务评价是在确定的建设方案、投资估算和融资方案的基础上进行财务可行性研究。财务评价的主要内容与步骤，如图 5-2 所示。

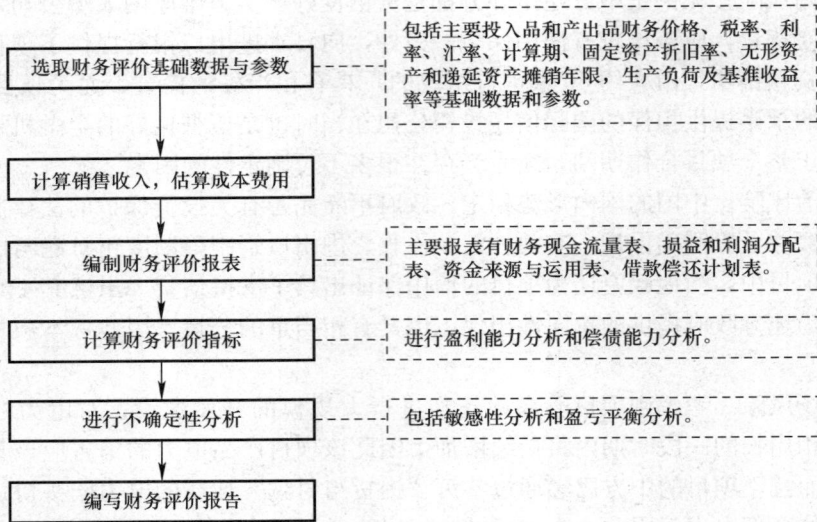

```
┌─────────────────────────┐      ┌─────────────────────────────────┐
│ 选取财务评价基础数据与参数 │ ──── │ 包括主要投入品和产出品财务价格、税率、利│
└─────────────────────────┘      │ 率、汇率、计算期、固定资产折旧率、无形资│
            │                    │ 产和递延资产摊销年限，生产负荷及基准收益│
            ▼                    │ 率等基础数据和参数。              │
┌─────────────────────────┐      └─────────────────────────────────┘
│ 计算销售收入，估算成本费用 │
└─────────────────────────┘
            │
            ▼
┌─────────────────────────┐      ┌─────────────────────────────────┐
│ 编制财务评价报表          │ ──── │ 主要报表有财务现金流量表、损益和利润分配│
└─────────────────────────┘      │ 表、资金来源与运用表、借款偿还计划表。  │
            │                    └─────────────────────────────────┘
            ▼
┌─────────────────────────┐      ┌─────────────────────────────────┐
│ 计算财务评价指标          │ ──── │ 进行盈利能力分析和偿债能力分析。      │
└─────────────────────────┘      └─────────────────────────────────┘
            │
            ▼
┌─────────────────────────┐      ┌─────────────────────────────────┐
│ 进行不确定性分析          │ ──── │ 包括敏感性分析和盈亏平衡分析。        │
└─────────────────────────┘      └─────────────────────────────────┘
            │
            ▼
┌─────────────────────────┐
│ 编写财务评价报告          │
└─────────────────────────┘
```

图 5-2　财务评价的主要内容与步骤图

2. 财务评价基础数据

财务评价的基础数据与参数选取是否合理，直接影响财务评价的结论，在进行财务分析计算之前，应做好这项基础工作。

（1）财务价格

财务评价是对拟建项目未来的效益与费用进行分析，应采用预测价格。预测价格应考虑变动因素，即各种产品相对价格变动和价格总水平变动（通货膨胀或者通货紧缩）。由于建设期和生产经营期的投入产出情况不同，应区别对待。基于在投资估算中已经预留了建设期涨价预备费，因此，建筑材料和设备等投入品，可采用一个固定的价格计算投资费用，其价格不必年年变动。生产运营期的投入品和产出品，应根据具体情况选用固定价格或者变动价格进行财务评价。

1）固定价格。这是指在项目生产运营期内不考虑价格相对变动和通货膨胀影响的不变价格，即在整个生产运营期内都用预测的固定价格，计算产品销售收入和原材料、燃料动力费用。

2）变动价格。这是指在项目生产运营期内考虑价格变动的预测价格。变动价格又分为 2 种情况：①只考虑价格相对变动引起的变动价格。②既考虑价格相对变动，又考虑通货膨胀因素引起的变动价格。

在进行盈利能力分析时，一般采用只考虑相对价格变动因素的预测价格，计算不含通货膨胀因素的财务内部收益率等盈利性指标，不反映通货膨胀因素对盈利能力的影响。

在进行偿债能力分析时，预测计算期内可能存在较为严重的通货膨胀时，应采用包括通货膨胀影响的变动价格计算偿债能力指标，反映通货膨胀因素对偿债能力的影响。

（2）税率

税率，是对征税对象的征收比例或征收额度。我国现行税率可分3种：比例税率、定额税率和累进税率。一般工程项目中涉及增值税、营业税、城市维护建设税、企业所得税等采用的是比例税率，即对同一征税对象，不分数额大小，规定相同的征税比例。资源税、城镇土地使用税采用定额税率，即按征税对象确定的计算单位，直接规定一个固定的税额，具体税率按照国家及所在地方的法规要求计算。土地增值税采用累进税率，即以征税对象数额的相对率划分若干级距，分别规定相应的差别税率，相对率每超过一个级距的，对超过的部分就按高一级的税率计算征税。

（3）利率

借款利率是项目财务评价的重要基础数据，用以计算借款利息。采用固定利率的借款项目，财务评价直接采用约定的利率计算利息。采用浮动利率的借款项目，财务评价时应对借款期内的平均利率进行预测，采用预测的平均利率计算利息。

（4）汇率

财务评价汇率的取值，一般采用国家外汇管理部门公布的当期外汇牌价的卖出、买入的中间价。

（5）项目计算期选取

财务评价计算期包括建设期和生产运营期。生产运营期，应根据产品寿命期（如矿产资源项目的设计开采年限）、主要设施和设备的使用寿命期、主要技术的寿命期等因素确定：财务评价的计算期一般不超过20年。

有些项目的运营寿命很长，如水利枢纽，其主体工程是永久性工程，其计算期根据评价要求确定：对设定计算期短于运营寿命期较多的项目，计算内部收益率、净现值等指标时，为避免计算误差，可采用年金折现、未来值折现等方法，将计算期结束以后年份的现金流入和现金流出折现至计算期末。

（6）生产负荷

生产负荷是指项目生产运营期内生产能力发挥程度，也称生产能力利用率，以百分比表示。生产负荷是计算销售收入的基础。

（7）财务基准收益率（/c）设定

财务基准收益率是项目财务内部收益率指标的基准和判据，也是项目在财务上是否可行的最低要求，也用作计算财务净现值的折现率。如果有行业发布的本行业基准收益率，即以其作为项目的基准收益率；如果没有行业规定，则由项目评价人员设定。设定方法：1）参考本行业一定时期的平均收益水平并考虑项目的风险因素确定。2）按项目占用的资金成本加一定的风险系数确定。设定财务基准收益率时，应与财务评价采用的价格相一致，如果财务评价采用变动价格，设定基准收益率则应考虑通货膨胀因素。

资本金收益率，可采用投资者的最低期望收益率作为判据。

3. 销售收入与成本费用估算

（1）销售收入估算

销售（营业）收入是指销售产品或者提供服务取得的收入。生产多种产品和提供多项服务的，应分别估算各种产品及服务的销售收入。对不便于按详细的品种分类计算销售收入的，可采取折算为标准产品的方法计算销售收入。销售收入的计算公式见（式 5-3）。

$$销售收入 = 达产率 \times 年设计能力 \times 售价 \qquad （式 5-3）$$

项目的达产年限及各年的达产率根据工艺设备的情况及对其掌握的难易程度来确定。所谓达产年限为达到设计规模的年限，达产率为当年产量达到设计能力的比率。正常年，指达产率为 100%，即产量达到设计规模的年份。在达产期各年，其达产率为小于 1 的百分数。

（2）折旧及摊销计算

固定资产在使用过程中存在有形磨损和无形磨损。有形磨损是指生产因素或自然因素而造成的磨损；无形磨损是指非使用或非自然因素引起的磨损，如生产技术进步使同种设备的制造成本降低而使原设备的价值降低，或出现新工艺设备而使低效率的原有设备相对贬值。

固定资产的价值损失，通常是通过提取折旧的方式来补偿，将各年的价值损失计入产品的成本，把提取的折旧基金作为项目的更新改造基金，以维持项目的再生产。

固定资产的折旧方法可在税法允许的范围内由企业自行确定。一般采用直线法，即设备在其经济寿命期间，每年均匀地提取折旧，包括年限平均法（原称平均年限法）和工作量法。税法也允许对某些机器设备采用快速折旧法，即双倍余额递减法和年数总和法。

固定资产折旧年限、预计净残值率可在税法允许的范围内由企业自行确定，或按行业规定。

摊销是指固定资产以外的其他资产（包括无形资产、递延资产等）在生产过程中按一定的年限分摊入管理费用的做法。无形资产指专利权、商标权、土地使用权、非专利技术、商誉等；递延资产，指开办费、建设期利息支出等。摊销的计算方法见（式 5-4）。

$$摊销费 = \frac{无形资产或递延资产}{摊销年限} \qquad （式 5-4）$$

（3）成本费用估算

成本费用是指项目生产运营支出的各种费用。按成本计算范围，分为单位产品成本和总成本费用；按成本与产量的关系，分为固定成本和可变成本；按财务评价的特定要求，分为总成本费用和经营成本。成本估算应与销售收入的计算口径对应一致，各项费用应划分清楚，防止重复计算或者低估费用支出。

为满足财务评价需要，需计算的成本项目主要有如下几种：

1）生产成本或制造成本。生产成本的计算式见（式 5-5）。

$$生产成本 = 直接材料费 + 直接燃料和动力费 + 直接工资 \qquad （式 5-5）$$
$$+ 其他直接支出 + 制造费用$$

制造费用指企业为生产产品和提供劳务而发生的各项间接费用，包括生产单位管理人员工资和福利费、折旧费、修理费和其他制造费用等。

修理费和其他制造费用可参考现有企业或类似项目情况，取折旧费的一定比率估算。

2）总成本费用，计算式见（式 5-6）。

$$总成本费用 = 生产成本 + 期间费用 \qquad （式 5-6）$$
$$= 生产成本 + 管理费用 + 财务费用 + 营业费用$$

管理费用是指企业行政管理部门为管理和组织生产而发生的费用。它包括的细项较多，可根据现有企业或类似项目情况，按其占总成本的一定比例估算。

财务费用主要是指各种贷款的利息支出。

营业费用指销售和产品促销而发生的费用支出，可按其占销售收入的比例或单位产品的金额来确定。

3）经营成本。是项目评价中专用的，是财务评价中现金流量分析中所使用的特定概念。经营成本主要指不包括折旧费用、摊销费用、财务费用的成本，计算式（式5-7）。

$$经营成本 = 总成本费用 - 折旧费 - 摊销费 - 财务费用 \qquad （式5-7）$$

4）固定成本与可变成本估算

为了进行盈亏平衡分析和不确定性分析，需将总成本费用分解为固定成本和可变成本。固定成本指成本总额不随产品产量变化的各项成本费用，主要包括工资或薪酬（计件工资除外）、折旧费、摊销费、修理费和其他费用等。可变成本指成本总额随产品产量变化而发生同方向变化的各项费用，主要包括原材料、燃料、动力消耗、包装费和计件工资等。

（4）利息支出

在项目的财务分析中，必须要考虑利息支出。利息支出的估算包括长期借款利息、流动资金借款利息和短期借款利息3部分，其中长期借款利息通常是由于建设投资借款引起的。

1）长期借款利息。

长期借款利息，是指在建设期末建设投资借款余额在生产期应支付的利息。应根据不同的还款方式和条件采用不同的利息计算方法。通常有2种计息方式：等额本息法和等额还本利息照付法。

等额本息法是指在约定的还款期限内每年还本付息的总额相同，利息将随偿还本金后欠款的减少逐年减少，而偿还的本金恰好相反，将由于利息减少而逐年加大。此方法适用投产初期效益较差，而后期效益较好的项目。其计算公式见（式5-8）～（式5-9）。

$$A = I_C \frac{i(i+i)^n}{(1+i)^n - 1} = I_C(A/P, i, n) \qquad （式5-8）$$

式中　　A——每年还本付息额（等额年金）；

　　　　I_C——还款年年初的借款本息和；

　　　　i——年利率；

　　　　n——约定还款期限；

$(A/P, i, n)$——资金回收系数。

年应付的利息为

$$每年应支付的利息 = 年初借款余额 \times 年利率 \qquad （式5-9）$$

式中，

$$年初借款余额 = I_C - 本年之前各年偿还的本金累计$$

每年偿还的本金为

$$本年偿还本金 = A - 每年支付利息$$

等额还本利息照付法是指将还款年年初的借款本息和按照约定的还款年限平均分摊，同时按照每年年初借款本息余额计算利息的方法。这种方式每年偿还本金相同，支付的利息逐年减少。其计算公式见（式 5-10）～（式 5-13）。

$$每年偿还本金 = I_C/n \qquad\qquad (式 5-10)$$

每年应付的利息额为

$$第 t 年支付利息 = I_C[1-(t-1)/n] \cdot i \qquad\qquad (式 5-11)$$

或

$$年应付利息 = 年初借款余额 \times 年利率 \qquad\qquad (式 5-12)$$

每年的还本付息额总额为

$$年还本付息总额 = A + 年应付利息 \qquad\qquad (式 5-13)$$

2）流动资金借款利息

流动资金虽然是一种短期资金，但往往被企业长期占用，到项目寿命周期结束时才能够收回，因此，流动资金借款本质上说应归为长期借款。但是，在财务分析中一般假设流动资金在每年末偿还，下年初再借入。因此，流动资金借款利息一般按照当年年初流动资金借款余额乘以相应的借款年利率计算。流动资金借款的本金一般假设在项目计算期结束偿还，也可在还完长期借款后安排。利息计算公式见（式 5-14）。

$$年流动资金借款利息 = 年初流动资金借款余额 \times 流动资金借款年利率$$
$$(式 5-14)$$

3）短期借款利息

项目财务评价中的短期借款系指运营期间由于资金的临时需要而发生的短期借款，短期借款的数额应在财务计划现金流量表中得到反映，其利息应计入总成本费用表的利息支出中。短期借款利息的计算与流动资金借款利息相同，短期借款本金的偿还按照随借随还的原则处理，即当年借款尽可能于下年偿还。

（5）税费

项目评价涉及的税费主要包括：增值税、营业税、消费税、所得税、资源税、城市维护建设税和教育费附加等，有些行业还包括土地增值税。其中，营业税、消费税、土地增值税、资源税和城市维护建设税、教育费附加均可包含在营业税金及附加中，具体说明见表 5-9。

财务评价中的主要税费 表 5-9

序 号	税 费	说 明
1	营业税	对在中国境内提供应税劳务、转让无形资产或销售不动产的单位和个人，就其所得的营业额征收的一种税。在财务评价中，营业税按营业收入额乘以营业税税率计算
2	消费税	以消费品（或者消费行为）的流转额为课税对象的税种。是在普遍征收增值税的基础上，根据消费政策、产业政策的要求，有选择地对部分消费品征税。在财务评价中，一般按销售额乘以消费税税率计算
3	土地增值税	按转让房地产取得的增值额征收的税种。房地产开发项目应按国家规定计算土地增值税。土地增值税是以转让房地产取得的收入，减去法定扣除项目金额后的增值额作为计税依据，并按照四级超率累进税率进行征收
4	资源税	对开采自然资源的纳税人征税的税种。征收范围包括矿产品，包括原油、天然气、煤炭、金属矿产品和其他非金属矿产品以及盐，包括固体盐、液体盐。通常按应课税矿产的产量乘以单位税额计算

序　号	税　费	说　明
5	城市维护建设税	以纳税人实际缴纳的流转税额为计税依据征收的一种税。以纳税人实际缴纳的增值税、消费税、营业税税额为计税依据，分别与上述3种税同时缴纳
6	教育费附加	对缴纳增值税、消费税、营业税的单位和个人征收的一种附加费，作为发展地方性教育事业，扩大地方教育经费的资金来源。以增值税、营业税和消费税为税基乘以相应的税率计算
7	增值税	对生产、销售商品或者提供劳务的纳税人实行抵扣原则，就其生产、经营过程中实际发生的增值额征收的税种。财务评价的销售收入和成本估算均含增值税，项目应缴纳的增值税等于销项税减进项税
8	所得税	针对企业应纳税所得额征收的税种。项目评价中应注意按有关税法对所得税税前扣除项目的要求，正确计算应纳税所得额，并采用适宜的税率计算企业所得税

4. 主要财务分析报表

（1）现金流量表

此表是用来反映项目在建设期和生产期各年的现金流入量、现金流出量、净现金流量和累计净现金流量，并以此为依据进行静态和动态财务指标的测算，进行项目盈利能力分析。

项目投资现金流量分析的现金流量主要包括建设投资、营业收入、经营成本、流动资金、营业税金及附加和所得税。

1）现金流入主要是营业收入，还可能包括补贴收入，在计算期最后一年，还包括回收固定资产余值及回收流动资金。

2）现金流出主要包括有建设投资、流动资金、经营成本、营业税金及附加。

3）项目计算期各年的净现金流量为各年现金流入量减对应年份的现金流出量，各年累计净现金流量为本年及以前各年净现金流量之和。

4）按所得税前的净现金流量计算的相关指标，即所得税前指标，是投资盈利能力的完整体现，用以考察由项目方案设计本身所决定的财务盈利能力，它不受融资方案和所得税政策变化的影响，仅仅体现项目方案本身的合理性。

（2）利润和利润分配表

利润和利润分配表是通过逐年的销售收入、成本及税金等收入与支出来计算各年的利润总额、所得税及税后利润分配情况，用以计算投资利润率和资本金利润率等指标。

项目评价时利润总额一般可视作应纳税所得额。仅对生产初期发生的亏损，按政策允许5年内进行弥补，以调整减少的应纳税所得额，其他因素不必考虑，亏损所得额为0。企业发生的年度亏损，可用下一年度的税前利润弥补，下一年度的利润不足弥补的，可以用5年内的所得税前利润弥补，连续5年未弥补的亏损，用税后利润弥补。

盈余公积金，是企业从税后利润中提取形成的积累资金，是企业保全资本，防止滥分税后利润，降低企业经营风险，保护债权人利益的资金来源。从性质上看，盈余公积金属于企业的所有者权益（是企业投资者对企业净资产的所有权），包括法定盈余公积金和任意盈余公积金。

公益金，是企业从税后利润中提取专门用于职工集体福利方面的资金。从性质上看，公益金也属于企业的所有者权益，但是它不能用于弥补亏损和转赠资本，而只能用于职工的集体福利，如建造职工宿舍、食堂医务室等。企业职工对这些福利设施只有使用权而没有所有权，所有权仍属于企业的所有者。

应付利润，是指应该向投资者分付的利润，包括支付优先股股利，提取任意盈余公积金和支付普通股股利。

未分配利润，是用于偿还固定资产借款及弥补以前年度亏损的可供分配利润。未分配利润＋折旧＋摊销＋其他均为还款资金来源。

可行性研究中，税后利润处理方式如下：

1）用税后利润支付长期借款后无余额的年份，税后利润全部计入未分配利润用于支付长期借款还本，不计提盈余公积金。

2）用税后利润支付长期借款后有余额的年份，先按税后利润的 10% 计提盈余公积金，然后视需要留出用于还本的余额计入未分配利润，最后将剩余部分作为应付利润，见（式 5-15）～（式 5-17）。

即：盈余公积金＝税后利润×10%（盈余年份才提取）　　　　　　　　（式 5-15）

未分配利润＝借款本金－折旧费－摊销费　　　　　　　　　　　（式 5-16）

应付利润＝税后利润－盈余公积金－未分配利润　　　　　　　　（式 5-17）

还清借款后的年份先按税后利润的 10% 计提盈余公积金，其余全部作为应付利润。

（3）资产负债表

该表反映项目逐年年末控制的资产数量及其构成比例，所负担债务数量及其长短期债务的构成比例，所有者拥有的权益数量及其构成比例，用以计算资产负债率、流动比率及速动比率，进行清偿能力分析。

资产负债表是根据"资产＝负债＋所有者权益"这一基本公式，并依据一定的分类标准和顺序把项目在某一特定日期的资产、负债与所有者权益予以适当编排而成。

资产是指任何具有现金价值的实物财产和权利，包括现金、应收账款、供出售的存货，以及可多次使用的房屋、设备、工具、车辆等长期资产。资产不能凭空而降，它由 4 条途径取得：

1）由赊购取得，就会产生负债。

2）由借款取得，这也会产生负债。

3）由投资者投入资金，或其他资产取得，这会产生权益。

4）通过未分配利润和利润的留成部分取得，这也会产生权益。

负债是指企业因借款、赊购资产与劳务而形成的日后需要偿还而欠下的债务，以及一些其他类型的支付，如应付账款。

所有者权益是指项目投资人对项目净资产的所有权，包括项目投资人对项目的投入资本以及形成的资本公积金（是指企业投资人实际支付出资额超出其资本金的差额以及不需要偿还的资本增值如：股票溢价净收入、捐赠资产、财产评估与原账面的差、汇率折价差额）、盈余公积金与未分配利润等。

（4）总成本费用估算表

在估算总成本费用时是按照总成本费用估算表中要素来分项估算的。包括生产成本，管理费用，财务费用，营业费用固定成本，可变成本及经营成本等。总成本费用估算表中的数据可用于进行盈亏平衡分析和不确定性分析。

（5）借款还本付息表

借款还本付息计划表是用于反映项目计算期内各年借款本金偿还及利息支付情况的报表，可用于进行项目偿债能力分析。

5. 计算财务评价指标

项目财务评价包括财务盈利能力评价，债务清偿能力评价。

（1）盈利能力评价

盈利能力分析是项目财务评价的主要内容之一，是在编制现金流量表和损益表的基础上，计算财务净现值、财务内部收益率、项目投资回收期、总投资收益率和项目资本金净利润率等指标。其中，财务内部收益率为项目的主要盈利性指标，其他指标根据项目的特点及财务评价的目的、要求等选用。

1）财务净现值（FNPV）。财务净现值是指把项目计算期内各年的财务净现金流量，按照一个设定的标准折现率（基准收益率）折算到建设期初（项目计算期第一年年初）的现值之和，见（式 5-18）。

$$FNPV = \sum_{t=0}^{n} (CI - CO)_t (1 + i_c)^{-t} \qquad （式 5-18）$$

式中　$FNPV$——净现值；

$\quad CI$——现金流入；

$\quad CO$——现金流出；

$\quad n$——项目计算期；

$\quad i_c$——设定的折现率（同基准收益率）。

项目财务净现值是考查项目盈利能力的绝对量指标，它反映项目在满足按设定折现率要求的盈利之外所能获得的超额盈利的现值。如果项目财务净现值等于或大于零，表明项目的盈利能力达到或超过了所要求的盈利水平，项目财务上可行。

2）财务内部收益率（FIRR）。财务内部收益率是指项目在整个计算期内各年财务净现金流量的现值之和等于零时的折现率，也就是使项目的财务净现值等于零时的折现率，见（式 5-19）。

$$\sum_{t=0}^{n} (CI - CO)_t \times (1 + FIRR)^{-t} = 0 \qquad （式 5-19）$$

财务内部收益率是反映项目实际收益率的一个动态指标，该指标越大越好。一般情况下，财务内部收益率大于等于基准收益率时，项目可行。项目财务内部收益率可根据财务现金流量表中净现金流量，采用试算插值法计算，将求得的财务内部收益率与设定的判别基准 i_c 进行比较，当 $FIRR \geqslant i_c$ 时，即认为项目的盈利性能够满足要求，见（式 5-20）。

$$FIRR = i_1 = \frac{FNPV_1}{FNPV_1 - FNPV_2}(i_2 - i_1) \qquad （式 5-20）$$

3）投资回收期。投资回收期按照是否考虑资金时间价值可以分为静态投资回收期和动态投资回收期。

① 静态投资回收期。静态投资回收期是指以项目每年的净收益回收项目全部投资所需要的时间，是考查项目财务上投资回收能力的重要指标。

如果项目建成投产后各年的净收益不相同，则静态投资回收期可根据累计净现金流量用插值法求得，见（式 5-21）。

$$P_t = \text{累计净现金流量开始出现正值的年份} - 1 + \frac{\text{上一年累计现金流量的绝对值}}{\text{当年净现金流量}}$$

（式 5-21）

当静态投资回收期小于等于基准投资回收期时，项目可行。

② 动态投资回收期。动态投资回收期是指在考虑了资金时间价值的情况下，以项目每年的净收益回收项目全部投资所需要的时间。

P'_t 也可以用插值法求出，见（式 5-22）。

$$P'_t = \text{累计净现金流量现值开始出现正值的年份} - 1$$
$$+ \frac{\text{上一年累计现金流量现值的绝对值}}{\text{当年净现金流量现值}}$$

（式 5-22）

动态投资回收期是在考虑了项目合理收益的基础上收回投资的时间，只要在项目寿命期结束之前能够收回投资，就表示项目已经获得了合理的收益。因此，只要动态投资回收期不大于项目寿命期，项目就可行。

4）总投资收益率（ROI）。总投资收益率是指项目达到设计能力后正常年份的年息税前利润或营运期内年平均息税前利润（EBIT）与项目总投资（TI）的比率，见（式 5-23）。

$$ROI = \frac{EBIT}{TI} \times 100\%$$

（式 5-23）

总投资收益率高于同行业的收益率参考值，表明用总投资收益率表示的盈利能力满足要求。

5）项目资本金净利润率（ROE）。项目资本金净利润率是指项目达到设计能力后正常年份的年净利润或运营期内平均净利润（NP）与项目资本金（EC）的比率，见（式 5-24）。

$$ROE = \frac{NP}{EC} \times 100\%$$

（式 5-24）

项目资本金净利润率高于同行业的净利润率参考值，表明用项目资本金净利润率表示的盈利能力满足要求。

（2）债务清偿能力评价

项目清偿能力分析主要研究判定该项目各阶段资金是否充足，是否具有足够的能力清偿债务。

1）利息备付率（ICR）。利息备付率是指项目在借款偿还期内的息税前利润（EBIT）与应付利息（PI）的比值，它从付息资金来源的充裕性角度反映项目偿付债务利息的保障程度。利息备付率的计算，见（式 5-25）。

$$ICR = \frac{EBIT}{PI}$$

（式 5-25）

利息备付率应分年计算。对于正常经营的企业，利息备付率应当大于1，并结合债权人的要求确定。利息备付率高，表明利息偿付的保障程度高，偿债风险小。

2）偿债备付率（DSCR）。偿债备付率是指项目在借款偿还期内，各年可用于还本付息的资金（$EBITDA-Tax$）与当期应还本付息金额（PD）的比值，它表示可用于还本付息的资金偿还借款本息的保障程度，见（式5-26）。

$$DSCR = \frac{EBITDA-Tax}{PD} \times 100\%$$ （式5-26）

式中　$EBITDA$——息税前利润加折旧和摊销；

　　　　Tax——企业所得税。

偿债备付率应分年计算，偿债备付率高，表明可用于还本付息的资金保障程度高。偿债备付率应大于1，并结合债权人的要求确定。

3）资产负债率。资产负债率是反映项目各年所面临的财务风险程度及偿债能力的指标，见（式5-27）。

$$资产负债率 = \frac{负债合计}{资产合计} \times 100\%$$ （式5-27）

适度的资产负债率既能表明企业投资人、债权人的风险较小，又能表明企业经营安全、稳健、有效，具有较强的融资能力。

4）流动比率。流动比率是反映项目各年偿付流动负债能力的指标，见（式5-28）。

$$流动比率 = \frac{流动资产总额}{流动负债总额} \times 100\%$$ （式5-28）

流动比率衡量企业资金流动性的大小，考虑流动资产规模与负债规模之间的关系，判断企业短期债务到期前，可以转化为现金用于偿还流动负债的能力。该指标越高，说明偿还流动负债的能力越强。但该指标过高，说明企业资金利用效率低，对企业的运营也不利。国际公认的标准是200%。但行业间流动比率会有很大差异，一般说，若行业生产周期较长，流动比率就应该相应提高；反之，就可以相对降低。

5）速动比率。速动比率是反映项目各年快速偿付流动负债能力的指标，见（式5-29）。

$$速动比率 = [(流动资产总额-存货)/流动负债总额] \times 100\%$$ （式5-29）

速动比率指标是对流动比率指标的补充，是将流动比率指标计算公式的分子剔除了流动资产中的变现力最差的存货后，计算企业实际的短期债务偿还能力，较流动比率更为准确。该指标越高，说明偿还流动负债的能力越强。与流动比率一样，该指标过高，说明企业资金利用效率低，对企业的运营也不利。国际公认的标准比率为100%。同样，行业间该指标也有较大差异，实践中应结合行业特点分析判断。

[例5-2]　工程项目A的财务评价

1. 对工程项目相关财务数据的预测

为分析和评价工程项目A的财务可行性，对该项目的相关财务数据做如下预测。

（1）项目投资计划与投资估算及资金筹措

1）投资计划。该项目建设期为2年，实施计划为第1年完成投资的40%，第2年完成投资的60%；第3年投产，试产期为1年，当年达到设计能力的80%；第4年达产，项目计算期为 12 年。

2）固定资产投资估算。该项目固定资产投资估算中，工程费与其他费用估算额为 5000 万元，预备费为 500 万元，资金来源为自有资金和贷款。其中自有资金 3000 万元；其他为国内贷款，贷款年有效利率为 9%。则该固定资产投资估算为 5000+500=5500 万元。

建设期贷款利息：第 1 年，2500×40%÷2×9%=45 万元；第二年，(2500×60%÷2+1045)×9%=161.55 万元。假定固定资产投资中，开办费投资为 20 万元，无形资产投资为 200 万元，则在项目建设期结束之后，该项目可形成的固定资产原值为 5500+45+161.55=220+5486.55=5706.55 万元

3）流动资金估算。建设项目达到设计生产能力以后，项目定员为 100 人，工资每人每年 4000 元，福利费按工资总额的 14% 提取，每年的其他费用为 114 万元，年外购原材料、燃料及动力费为 1350 万元，年其他制造费用为 50 万元，年经营成本为 1773 万元，年修理费用为折旧费的 50%。各项流动资金的最低周转天数分别为：应收账款 30 天，现金、预付账款、存货 40 天。假定该项目的固定资产残值率为 4%，固定资产折旧年限为 10 年，则年折旧额为 5486.55×(1-4%)÷10=526.7 万元，年修理费为 263.4 万元。用分项估算法估算项目的流动资金情况如下：

① 应收账款＝年经营成本÷年周转次数＝1773÷(360÷30)=147.8 万元

② 现金＝(年工资及福利费＋年其他费用)÷年周转次数＝159.6÷(360÷40)=17.7 万元

③ 存货

外购原材料、燃料及动力费＝年外购原材料、燃料及动力费÷年周转次数＝1350÷(360÷40)=150 万元

在产品＝(年外购原材料、燃料及动力费＋年工资及福利费＋年修理费＋年其他制造费)÷年周转次数＝(1350+45.6+263.4+50)÷(360÷40)=189.9 万元

产成品＝年经营成本÷年周转次数＝1773÷(360÷40)=197 万元

存货＝150+189.9+197=536.9

④ 流动资产＝现金＋应收账款＋存货＝17.7+147.8+536.9=702.4 万元

⑤ 应付账款＝年外购原材料、燃料及动力费÷年周转次数＝1350÷(360÷40)=150 万元

⑥ 流动负债＝应付账款＝150 万元

⑦ 流动资金＝流动资产－流动负债＝702.4-150=552.4 万元

根据总成本要素的构成关系，经营成本等于工资及福利费、修理费、外购原材料费、燃料及动力费和其他费用之和，即经营成本＝1350+45.6+263.4+114=1773 万元

4）项目总投资。项目总投资＝固定资产投资＋流动资金＋建设期贷款利息＝5500+552.4+45+161.55=6258.95 万元

5）资金筹措。该项目自有资金 3000 万元，其余为人民币国内贷款，其中固定资产投资贷款的年有效利率为 9%；流动资金全部来自贷款，贷款年有效利率为 6%。

（2）项目销售收入和销售税金及附加。该项目设计能力为年产量 40 万件，每件单价为 100 元（不含增值税）；销售税金及附加按国家规定税率估算，正常生产年份估算值为 240 万元。

（3）产品成本估算。该项目总成本费用估算情况，见表 5-10。

其中，摊销费，按无形资产摊销年限定为 10 年，每年摊销费为 20 万元。

开办费，按现行规定，在投产第一年全部摊销。

财务费用，包括长期借款利息和流动资金借款利息。长期借款利息按项目建成投产后最大偿还能力偿还；流动资金借款利息按年计算，当年的流动资金借款利息等于当年流动资金借款累计数乘以流动资金借款年有效利率，正常年份流动资金借款利息为 552.4×6％＝33.1 万元。

其他费用，在项目财务效益分析中为简化计算，其他费用一般按工资及福利费总额的 2.5 倍计算。

（4）项目利润和利润分配。所得税按利润总额的 33％提取。税后利润分配按国家规定顺序进行，先提取法定盈余公积金，然后按董事会（管理当局）决议进行利润分配。为方便起见，假定除留出用于支付长期借款还本的金额计入未分配利润外，剩余部分全部作为应付利润分配给项目投资主体。利润与利润分配表，见表 5-11。

（5）借款还本付息估算。该项目还本付息估算情况，见表 5-12。生产期初的长期借款本金为建设期长期借款本息合计数，其利息计入财务费用，还本资金来源为折旧费、摊销费和未分配利润，流动资金借款本金在期末用回收的流动资金偿还，流动资金借款利息计入财务费用。

2. 工程项目 A 的财务评价

根据上述预测数据和实际数据，可以对该项目的财务可行性做出如下分析与评价。

（1）财务盈利能力分析

1）项目全部投资静态现金流量情况，见表 5-13 所示，根据表中数据可计算有关财务评价用的指标。

2）所得税后财务内部收益率。通过试算法计算，得到：

当 $i_1＝18％$ 时，$FNPV_1＝342.7＞0$；当 $i_2＝20％$ 时，$FNPV_2＝-26.9＜0$

根据内插法计算得到：

$$所得税后内部收益率 ＝18％＋(20％-18％)×\frac{342.7}{342.7+26.9}$$
$$＝19.85％＞18％（行业基准收益率）$$

3）所得税前财务内部收益率。通过试算法计算，得到：当 $i_1＝25％$ 时，$FNPV_1＝244.7＞0$；当 $i_2＝30％$ 时，$FNPV_2＝-438.5＜0$

根据内插法计算得到：

$$所得税前内部收益率 ＝25％＋(30％-25％)×\frac{244.7}{244.7+438.5}$$
$$＝26.84％＞25％（行业基准收益率）$$

4）所得税后财务净现值。

$$FNPV ＝\sum (CI-CO)_t(1+18％)^{-12} ＝342.6＞0$$

总成本费用估算表（万元）

表 5-10

序号	项目 年份（年）	投产期 3	4	5	达产期 6	7	8	9	10	11	12
	生产负荷（%）	80	100	100	100	100	100	100	100	100	100
1	外购原材料	960	1200	1200	1200	1200	1200	1200	1200	1200	1200
2	外购燃料	120	150	150	150	150	150	150	150	150	150
3	工资及福利费	45.6	45.6	45.6	45.6	45.6	45.6	45.6	45.6	45.6	45.6
4	修理费	263.4	263.4	263.4	263.4	263.4	263.4	263.4	263.4	263.4	263.4
5	其他费用	114	114	114	114	114	114	114	114	114	114
6	经营成本（1+2+3+4+5）	1503	1773	1773	1773	1773	1773	1773	1773	1773	1773
7	折旧费	526.7	526.7	526.7	526.7	526.7	526.7	526.7	526.7	526.7	526.7
8	摊销费	40	20	20	20	20	20	20	20	20	20
9	财务费用	271.8	185.5	60.8	33.1	33.1	33.1	33.1	33.1	33.1	33.1
9.1	长期借款利息	243.6	152.4	27.7							
9.2	流动资金借款利息	28.2	33.1	33.1	33.1	33.1	33.1	33.1	33.1	33.1	33.1
10	总成本费用合计（6+7+8+9）	2341.5	2505.2	2380.5	2352.8	2352.8	2352.8	2352.8	2352.8	2352.8	2352.8
10.1	其中：可变成本	1080	1350	1350	1350	1350	1350	1350	1350	1350	1350
10.2	固定成本	1261.5	1155.2	1030.8	1002.8	1002.8	1002.8	1002.8	1002.8	1002.8	1002.8

利润表（万元）

表 5-11

序号	项目 年份（年）	投产期 3	4	5	达产期 6	7	8	9	10	11	12
	生产负荷（%）	80	100	100	100	100	100	100	100	100	100
1	营业收入	3200	4000	4000	4000	4000	4000	4000	4000	4000	4000
2	营业税金及附加	192	240	240	240	240	240	240	240	240	240
3	总成本费用	2341.5	2505.2	2380.5	2352.8	2352.8	2352.8	2352.8	2352.8	2352.8	2352.8
4	利润总额（1-2-3）	666.5	1254.8	1379.5	1407.2	1407.2	1407.2	1407.2	1407.2	1407.2	1407.2
5	所得税	220	414.1	455.2	464.4	464.4	464.4	464.4	464.4	464.4	464.4
6	净利润（4-5）	446.5	840.7	924.3	942.8	942.8	942.8	942.8	942.8	942.8	942.8
6.1	提取法定盈余公积金	—	—	92.4	94.3	94.3	94.3	94.3	94.3	94.3	94.3
6.2	应付利润	—	840.7	831.9	848.5	848.5	848.5	848.5	848.5	848.5	848.5
6.2	未分配利润	446.5	840.7	—	—	—	—	—	—	—	—

借款还本付息估算表（万元）

表5-12

序号	项目 年份（年）	建设期 1	建设期 2	投产期 3	投产期 4	投产期 5	达产期 6	达产期 7	达产期 8	达产期 9	达产期 10	达产期 11	达产期 12
1	长期借款	—	—	—	—	—	—	—	—	—	—	—	—
1.1	年初借款本息累计	—	1045	2706.6	1693.4	306	—	—	—	—	—	—	—
1.1.1	本年借款	1000	1500	—	—	—	—	—	—	—	—	—	—
1.1.2	本年应计利息	45	161.6	243.6	152.4	27.5	—	—	—	—	—	—	—
1.2	本年还本付息累计	—	—	1256.8	1539.8	333.5	—	—	—	—	—	—	—
1.2.1	本年偿还本金	—	—	1013.2	1387.4	306	—	—	—	—	—	—	—
1.2.2	本年支付利息	—	—	243.6	152.4	27.5	—	—	—	—	—	—	—
1.3	年末本息余额	1045	2706.6	1693.4	306	0	—	—	—	—	—	—	—
2	还本资金来源	—	—	—	—	—	—	—	—	—	—	—	—
2.1	未分配利润	—	—	446.5	840.7	924.3	942.8	942.8	942.8	942.8	942.8	942.8	942.8
2.2	折旧费	—	—	526.7	526.7	526.7	526.7	526.7	526.7	526.7	526.7	526.7	526.7
2.3	摊销费	—	—	40	20	20	20	20	20	20	20	20	20
3	还本资金合计	—	—	1013.2	1387.4	1471	1489.5	1489.5	1489.5	1489.5	1489.5	1489.5	1489.5
3.1	偿还人民币本金	—	—	1013.2	1387.4	306	—	—	—	—	—	—	—
3.2	还本后余额	—	—	0	0	1165	1489.5	1489.5	1489.5	1489.5	1489.5	1489.5	1489.5
计算指标	利息备付率（%）	—	—	4.3	7.8	23.7	43.5	43.5	43.5	43.5	43.5	43.5	43.5
	偿债备付率（%）	—	—	1	1	4.6	46	46	46	46	46	46	46

表 5-13

现金流量表（全部资金）（万元）

序号	项　目	建设期		投产期	达产期								
	年份（年）	1	2	3	4	5	6	7	8	9	10	11	12
	生产负荷	—	—	80	100	100	100	100	100	100	100	100	100
1	现金流入	—	—	3200	4000	4000	4000	4000	4000	4000	4000	4000	4771.9
1.1	产品销售收入	—	—	3200	4000	4000	4000	4000	4000	4000	4000	4000	4000
1.2	回收固定资产余值	—	—	—	—	—	—	—	—	—	—	—	219.5
1.3	回收流动资金	—	—	—	—	—	—	—	—	—	—	—	552.4
2	现金流出	2200	3300	2384.9	2509.6	2468.2	2477.4	2477.4	2477.4	2477.4	2477.4	2477.4	2477.4
2.1	建设期投资	2200	3300	—	—	—	—	—	—	—	—	—	—
2.2	流动资金	—	—	469.9	82.5	—	—	—	—	—	—	—	—
2.3	经营成本	—	—	1503	1773	1773	1773	1773	1773	1773	1773	1773	1773
2.4	销售税金及附加	—	—	192	240	240	240	240	240	240	240	240	240
2.5	所得税	—	—	220	414.1	455.2	464.4	464.4	464.4	464.4	464.4	464.4	464.4
3	净现金流量(1-2)	−2200	−3300	815.1	1490.4	1531.8	1522.6	1522.6	1522.6	1522.6	1522.6	1522.6	2294.5
4	累计净现金流量	−2200	−5500	−4684.9	−3194.5	−1662.7	−140.1	1382.5	2905.1	4427.7	5950.3	7472.9	9768.1
5	所得税前净现金流量	−2200	−3300	1035.1	1904.5	1987	1987	1987	1987	1987	1987	1987	2534.5
6	所得税前累计净现金流量	−2200	−5500	−4464.9	−2560.4	−573.4	1413.6	3400.6	5387.6	7374.6	9361.6	11348.6	13883.1

5）所得税前财务净现值。

$$FNPV = 244.7 > 0$$

根据以上计算可以得出，该项目的所得税后及所得税前财务内部收益率均大于行业基准收益率；项目所得税后及所得税前财务净现值均大于零。这表明该项目从全部投资角度看盈利能力已满足了行业最低要求，在财务上是可以接受的。

6）所得税后投资回收期：

$$P_t = 7 - 1 + \frac{140.1}{1522.6} = 6.1 \text{ 年} < 8 \text{ 年（行业基准投资回收期）}$$

7）所得税前投资回收期：

$$P_t = 5 - 1 + \frac{573.4}{1987} = 4.29 \text{ 年} < 8 \text{ 年}$$

项目所得税后及所得税前全部投资回收期均小于行业基准投资回收期，这表明项目能够在规定时间收回，因此项目也是可行的。

8）总投资收益率：

$$ROI = \frac{\text{正常年份息前税前利润}}{\text{项目总投资}} = \frac{1440.3}{6258.95} = 23.01\%$$

9）资本金净利润率：

$$ROE = \frac{\text{正常年份年净利润}}{\text{资本金}} = \frac{942.8}{3000} = 31.43\%$$

由于该项目投资利润率大于行业平均利润率，表明项目单位投资盈利能力达到了行业平均水平。

（2）项目清偿能力分析

项目资产负债情况，见表 5-14，表中计算了资产负债率、流动比率、速动比率。

1）利息备付率和偿债备付率。

项目利息备付率和偿债备付率，见表 5-11。

根据计算，说明该项目利息偿付及用于还本付息的资金的保障程度较高。

2）资产负债率

项目资产负债率计算，见表 5-14，计算表明项目投资人、债权人的风险较小，项目经营安全、稳健，具有较强的融资能力。

3）流动比率和速动比率

项目流动比率和速动比率计算，见表 5-14，该项目流动比率＞2，速动比率＞1，说明项目资金流动性较好，企业短期债务偿还能力较强。

6. 不确定分析

（1）不确定分析概述

在建设项目的经济评价中，所研究的问题都是发生在未来，所引用的数据，例如产品产量、售价、成本以及投资等，也都来源于预测和估计，从而使经济评价不可能与将来的实际情况完全吻合，不可避免地带有不确定性。换言之，上述因素是变化着的，是不确定的。由于这些因素的不确定性，就必然引起项目经济效益评价的不确定性、风险性，甚至造成决策的失误。因此，对于大中型建设项目除进行财务评价外，一般还需进行不确定性分析。

表 5-14

资产负债表（万元）

序号	项目＼年份（年）	建设期		投产期		达产期							
		1	2	3	4	5	6	7	8	9	10	11	12
1	资产	2245	5706.6	5729.8	5295.6	5082	5176.3	5270.6	5364.9	5459.2	6003.5	5647.8	5961.5
1.1	流动资产	—	—	589.9	702.4	1035.5	1676.5	2317.5	2958.5	3599.5	4240.5	4881.5	5742
1.1.1	应收账款	—	—	125.3	147.8	147.8	147.8	147.8	147.8	147.8	147.8	147.8	147.8
1.1.2	存货	—	—	446.9	536.9	536.9	536.9	536.9	536.9	536.9	536.9	536.9	536.9
1.1.3	现金	—	—	17.7	17.7	17.7	17.7	17.7	17.7	17.7	17.7	17.7	17.7
1.1.4	累计盈余资金	—	—	—	—	333.1	974.1	1615.1	2256.1	2897.1	3538.1	4179.1	5039.6
1.2	在建工程	2245	5706.6	—	—	—	—	—	—	—	—	—	—
1.3	固定资产净值	—	—	4959.9	4433.2	3906.5	3379.8	2853.1	2326.4	1799.7	1723	746.3	219.5
1.4	无形及其他资产净值	—	—	180	160	140	120	100	80	60	40	20	0
2	负债及所有者权益	2245	5706.6	5729.8	5295.6	5082	5176.3	5270.6	5364.9	5459.2	5553.5	5647.8	5742.1
2.1	流动负债总额	—	—	589.9	702.4	702.4	702.4	702.4	702.4	702.4	702.4	702.4	702.4
2.1.1	应付账款	—	—	120	150	150	150	150	150	150	150	150	150
2.1.2	流动资金借款	—	—	469.9	552.4	552.4	552.4	552.4	552.4	552.4	552.4	552.4	552.4
2.2	长期借款	1045	2706.6	1693.4	306	—	—	—	—	—	—	—	—
2.3	负债小计	1045	2706.6	2283.3	1008.4	702.4	702.4	702.4	702.4	702.4	702.4	702.4	702.4
2.4	所有者权益	1200	3000	3446.5	4287.2	4379.6	4473.9	4568.2	4662.5	4756.8	4851.1	4945.4	5039.7
2.4.1	资本金	1200	3000	3000	3000	3000	3000	3000	3000	3000	3000	3000	3000
2.4.2	累计盈余公积金	—	—	446.5	—	92.4	186.7	281	375.3	469.6	563.9	658.2	752.5
2.4.3	累计未分配利润	—	—	446.5	1287.2	1287.2	1287.2	1287.2	1287.2	1287.2	1287.2	1287.2	1287.2
计算指标	资产负债率	0.47	0.47	0.4	0.19	0.14	0.14	0.13	0.13	0.13	0.12	0.12	0.12
	流动比率	—	—	4.9	4.7	4.7	4.7	4.7	4.7	4.7	4.7	4.7	4.7
	速动比率	—	—	1.2	1.1	1.1	1.1	1.1	1.1	1.1	1.1	1.1	1.1

1）产生不确定性因素的原因

产生不确定性因素的原因很多，一般有表 5-15 中的几个方面。

产生不确定因素的原因 表 5-15

序 号	原 因	说 明
1	通胀	通货膨胀和物价的变动，必然使评价人员预测的情况与未来实际情况有出入，这是造成不确定性因素的主要原因
2	技术	项目在实施过程中，由于生产技术进步、技术装备和生产工艺的变革，使之前评价时的各种考虑或假设发生了变化，造成了项目的不确定性
3	产能	评价项目时采用设计生产能力进行计算，而在实际生产中，常常达不到设计生产能力或者超过设计生产能力，经济效益也就随之改变或达不到预期效果
4	资金和工期	目前，存在着低估算建设资金的现象，以求项目获得国家或地方政府审批。建设资金估算偏低，投资安排不足，就必须延长建设工期，推迟投产时间，增加建设资金和利息，引起总投资增大，经营成本和各种收益的变化
5	法规	经济政策随着国家经济形势的发展和需要，每个时期都有每个时期的政策，变化是不可避免的。这些变化是无法预测和不能控制的，还可能给项目的建设带来很大的风险

2）不确定分析的含义

为了评价项目能否经受各种风险，例如投资超支、建设期延长、生产能力达不到设计要求、生产成本上升、市场需求变化及产品销售价格波动等，需要在对项目经济效益评价的基础上，进一步作不确定性分析。分析不确定因素在什么范围内变化，看这些因素的变化对项目的经济效益影响程度如何。通过综合分析，接受或拒绝投资建议，或对原投资项目进行修改，以做出切合实际的投资决策。

另外，通过不确定性分析可以预测项目投资对不可预见的政治与经济风险的抗冲击能力，从而说明建设项目的可靠性和稳定性，尽量弄清和减少不确定因素对建设项目经济效益的影响，避免投产后不能获得预期利润和收益的情况发生，避免企业出现亏损状态。

3）不确定性分析的方法

不确定性分析的手段有：盈亏平衡分析、敏感性分析和概率分析。国家计委编写的《建设项目经济评价方法与参数》中指出，我国项目经济评价中应进行盈亏平衡分析和敏感性分析，根据项目特点和实际需要，有条件时应进行概率分析。

（2）盈亏平衡分析

项目的盈利和亏损有个转折点，称为盈亏平衡点（BEP：Break Even Point），在这一点上销售收入等于生产成本。盈亏平衡分析就是要找出盈亏平衡点。盈亏平衡点越低，表明项目适应市场变化的能力越大，抗风险能力越强，项目盈利的可能性就越大。

盈亏平衡分析的基本公式：

1）盈亏平衡产量 Q^*

盈亏平衡产量，见（式 5-30）、（式 5-31）。

由

$$PQ^* = C_f + C_v Q^* \qquad （式 5-30）$$

得

$$Q^* = \frac{C_f}{P - C_v} \qquad （式 5-31）$$

式中　B——销售收入；

　　　C——总成本费用；

　　　Q——产量（销售量）；

　　　P——产品销售单价；

　　　C_f——总固定成本；

　　　C_v——单位可变成本；

　　　Q_c——设计生产能力。

盈亏平衡产量是项目盈利必须的最低产量，否则要亏本。值得指出的是，盈亏平衡产量不是一成不变的。若单位产品变动成本提高，或产品售价降低，都会导致 BEP 右移，即盈亏平衡产量提高。以上以产量为不确定因素的线性盈亏平衡分析，如图 5-3 所示。

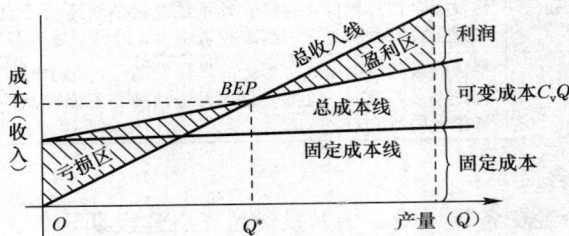

图 5-3　产量线性盈亏平衡图

2）生产能力利用率 q^*

生产能力利用率，见（式 5-32）。

$$q^* = \frac{Q^*}{Q_c} = \frac{C_f}{(P - C_v)Q_c}（该公式更常用）\qquad （式 5\text{-}32）$$

式中　Q_c——设计生产能力。

通常的做法，先计算盈亏平衡产量，再计算生产能力利用率。

当未来产品的固定成本、可变成本、售价都与预测相同时，如果生产能力利用率低于 q^*，则项目亏损；高于 q^*，则项目盈利；等于 q^*，则不亏不盈。一般认为，当 $q^* < 70\%$ 时，项目已具备相当的承受风险能力。

[例 5-3]　对于工程项目 A，以正常年份为例，单位可变成本为 $1350 \div 40 = 33.75$ 元，总固定成本 1002.8 万元，产品销售价格 100 元，则：

$$盈亏平衡产量\ Q^* = \frac{1002.8}{100 - 33.75} = 15.14\ 万件$$

该项目设计生产能力为 40 万件，则：

$$生产能力利用率\ q^* = \frac{15.14}{40} = 37.85\%$$

$q^* < 70\%$，说明项目已具备相当的承受风险能力。

（3）敏感性分析

敏感性分析，又称敏感度分析，主要用于分析各不确定性因素对方案经济效果的影响程度。我们把不确定性因素当中对方案经济效果影响程度较大的因素，称之为敏感性因素。

在财务评价中，工程方案包含的不确定因素可能有若干个，例如产品产量或销售量、产品价格、投资额、各种生产费用要素等都可能发生变化，但是各个因素变化时，对方案经济效益的影响程度是不相同的。

如果一个不确定因素的较大变化所引起的经济效益评价指标变化幅度并不大，则称其为非敏感性因素；如果某不确定因素的微小变化会引起经济效益评价指标很大的变化，对项目经济评价的可靠性产生很大的影响，则称其为敏感性因素。敏感性分析的基本步骤，如图 5-4 所示。

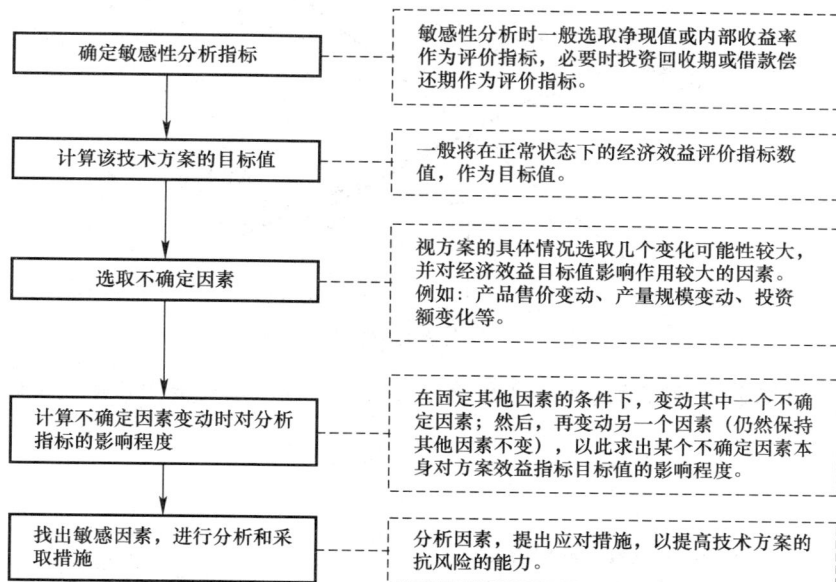

图 5-4 敏感性分析的基本步骤图

对于工程项目 A，选择财务净现值为评价指标，就项目的投资额、产品价格和年经营成本等因素进行敏感性分析，在正常状态下财务净现值指标的基础上按照 ±10% 的幅度变动，逐一计算出相应的净现值。计算结果，见表 5-16。

敏感性分析表   表 5-16

变化幅度　　因素	−10%	0	+10%	平均−1%	平均+1%
投资额（万元）	763.05	342.63	−77.79	+12.27%	−12.27%
单位产品价格（万元）	−439.72	342.63	1124.98	−22.83%	+22.83%
年经营成本（万元）	715.05	342.63	−29.79	+10.87%	−10.87%

由表 5-16 可以看出：

1）在变化率相同的情况下，单位产品价格的变动对净现值的影响为最大。

2）当其他因素均不发生变化时，单位产品价格每下降 1%，净现值下降 22.83%。

3）对净现值影响次大的因素是投资额。当其他因素均不发生变化时，投资额每上升 1%，净现值将下降 12.27%。

4）对净现值影响最小的因素是年经营成本。当其他因素均不发生变化时，年经营成本每增加 1%，净现值将下降 10.87%。

由此可见，净现值对各个因素敏感程度的排序是：单位产品价格、投资额、年经营成本，最敏感的因素是产品价格。因此，从方案决策角度来讲，应对产品价格进行更准确的测算，使未来产品价格发生变化的可能性尽可能地减少，以降低投资项目的风险。

财务净现值对各因素的敏感曲线，如图 5-5 所示。

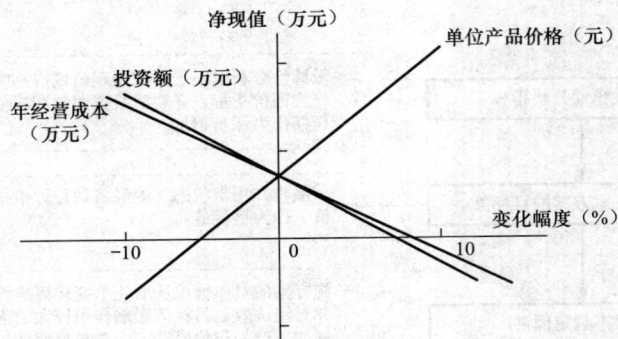

图 5-5   各因素的敏感曲线图

由图 5-5 可知财务净现值对单位产品价格最敏感，其次是投资额和年经营成本。

思考与练习

1. 如何评价一个工程项目的资源利用情况？
2. 项目建设过程中及生产运营对环境造成的破坏及污染的主要因素有哪些？
3. 安全评价与安全预评价的联系与区别有哪些？
4. 融资方案分析时应从哪几个方面进行分析？
5. 什么是财务评价？财务评价的目的是什么？
6. 试分析财务净现值与折现率有什么关系？
7. 在财务评价时应从哪几个方面评价项目，主要指标有哪些？
8. 为什么要做不确定性分析，不确定性分析时要做哪些具体分析？

进一步阅读文献推荐

1. 全国注册咨询工程师（投资）资格考试参考教材编写委员会. 项目决策分析与评价 [M]. 北京：中国计划出版社，2011.
2. 全国注册咨询工程师（投资）资格考试参考教材编写委员会. 工程咨询概论 [M]. 北京：中国计划出版社，2011.
3. 国家发展改革委. 建设项目经济评价方法与参数（第三版）[M]. 北京：中国计划出版社.

第6章 工程项目准备阶段咨询

关键词：工程勘察设计咨询；融资咨询；工程和货物采购咨询；招标代理等内容。

[案例导读] 某工程投资4500万元，招标采用国内公开招标的方式组织项目施工招标。招标公告编制完成后，招标人为了充分吸纳潜在投标人，分别在该省《日报》、《中国经济导报》和"中国工程建设和建筑业信息网"发布了招标公告，其中在"中国工程建设和建筑业信息网"上发布的招标公告为全文，而在《中国经济导报》上发布的内容做了大大的删减，注明招标全文见《中国工程建设和建筑业信息网》并规定在购买招标文件的同时，潜在投标人须提交50%的投标保证金（8万元）才能购买，以确保潜在投标人购买招标文件后参与投标，防止招标失败。

试问：该工程的招标方式正确吗？

6.1 工程项目勘察设计咨询

6.1.1 工程勘察概述

1. 工程勘察

工程勘察是指由相应资质的勘察单位，接受项目单位的委托，根据工程项目及建设工程相关法律法规的要求，查明、分析、评价拟建工程的建设场地的地质地理环境特征和岩土工程条件，编制建设工程勘察文件的活动。工程勘察为工程项目的设计、施工提供依据。

工程勘察包括建设工程项目的岩土工程、水文地质勘察、工程测量等专业。其中，岩土工程包括：岩土工程勘察（工程地质勘察），岩土工程设计，岩土工程物探测试检测监测，岩土工程咨询，岩土工程治理等。

2. 工程勘察的主要内容

（1）工程地质勘察

研究各种对工程建设的经济合理性有直接影响的岩土工程地质问题，如岩土滑移、活动断裂、地震液化、地面侵蚀、岩溶塌陷及各种复杂地基土等，以及由于人类活动所造成的环境地质问题（如地下采空塌陷、边坡挖填失稳、地面沉降等），提出工程建设的方案和设计以及工程施工所需的地质技术参数等，并对有关技术经济指标作出评价。

（2）矿产资源勘察

搜寻矿产形成和分布的地质条件，矿床储存规律，矿体变化特征，并进行分析评价，进而勘察拟开发矿产资源的储量、品质、开发条件及合理性和经济性，编制勘察文件。

（3）工程测量

研究工程建设场地的地形地貌特征以及施工与安全使用的监测技术。为规划设计、施工兴建及运营管理等各阶段提供所需的基本图件，测绘资料与测绘保障。

（4）水文地质勘察

查明工程项目所在地的地下水的分布形成规律，地下水的物理性质和化学成分，提出地下水资源合理利用及地下水对工程建设的影响及建议。

（5）工程水文

研究河流或其他水体的水文要素变化和分布规律，预估未来径流的情势，为工程的规划设计及施工管理提供水文依据。

3. 工程勘察的目的和作用

工程勘察专业是研究和查明工程建设场地的地质地理环境特征，及其与工程建设相关的综合性应用的科学。

为了让城市建设、工业和民用建筑建设、铁路、道路、近海港口、输电及管线工程、水利与水工建筑、采矿与地下等工程的规划、设计、施工、运营及综合治理得到更科学的规划，工程勘察通过对地形、地质及水文等要素的测绘、勘探、测试及综合评定，提供可行性评价与建设所需的基础资料。它是基本建设的首要环节。搞好工程勘察，特别是前期勘察，可以对建设场地做出详细论证，保证工程的合理进行，促使工程取得最佳的经济、社会与环境效益。

勘察设计在工程建设中既是最基础的一环，又起到了龙头的作用。作为提高工程项目投资效益、社会效益、环境效益的最重要因素，建设勘察设计又是为所属地域经济、社会发展提供支撑的具有地缘特征的开放性的动态系统，建设勘察设计融入城市建设活动和社会之中，依托建设活动和社会的发展而发展。

4. 工程勘察的工作程序及质量要求

工程勘察的主要任务是按照勘察阶段的要求，正确反映工程地质条件，提出工程评价，为设计、施工提供依据。

工程勘察阶段一般分 3 个阶段，即可行性研究勘察，初步勘察，详细勘察。每个勘察阶段都有各自的目的，先确定建筑的可行性，然后对地质水文情况做一个大致勘察，最后的详细勘察需要弄清楚每一个地层岩土的情况，需要做原位实验，土工实验，确定地基承载力，进而采取合适的基础形式和施工方法。

各勘察阶段的工作要求具体如下：

（1）可行性研究勘察

又称选址勘察，其目的是要通过搜集，分析已有资料，进行现场踏勘。必要时进行工程地质测绘和少量勘探工作，对拟选厂址的稳定性和适应性做出岩土工程评价，进行经济技术论证和方案比较，满足确定场地方案的要求。

（2）初步勘察

是在可行性研究勘察的基础上，对场地内建筑地段的稳定性做出工程评价，并为确定建筑总平面布置，主要建筑物地基基础方案及对不良地质现象的防治工作方案进行论证，满足初步设计或扩大初步设计的要求。

（3）详细勘察

应对地基基础处理与加固，不良地质现象的防治工程进行工程计算与评价，满足施工图设计的要求。

工程勘察的一般顺序，见表 6-1。

工程勘察的一般顺序 表 6-1

1. 承接勘察任务	1.1 签订工程勘察合同
	1.2 明确勘察任务范围
2. 搜集已有资料，了解工程概况	2.1 拟建建筑物概况
	2.2 场地已有资料
3. 现场踏勘，对现场情况有个大概的了解	
4. 编制勘察纲要	4.1 执行的主要技术标准
	4.2 勘察目的与要求
	4.3 勘察方法及工作量布置
	4.4 室内土工试验
	4.5 不良地质作用调查
5. 出工前准备	
6. 野外调查	
7. 测绘，勘探，试验，分析资料	
8. 编制图件和报告等	8.1 文字部分
	8.2 主要图表

5. 工程勘察的质量要求

工程勘察单位在进行勘察时要严格执行国家的各类相关标准，在内部建立严格的质量管理制度，保证勘察成果符合国家标准和规范。勘察单位还要认真做好后期服务工作，参加工程地基基础检验和地基基础有关工程质量事故调查，并配合设计单位提出技术处理方案。勘察单位要对勘察质量承担相应的经济责任和法律责任。相关各部门要明确自己的责任。坚持先勘察，后设计，再施工的原则。

6.1.2 工程设计概述

1. 工程设计

工程设计是指根据建设工程和相关法律法规的要求，对建设工程所需的技术、经济、资源、环境等条件进行综合分析、论证，编制建设工程设计文件，并提供相关服务的活动。包括总图、工艺设备、建筑、结构、动力、储运、自动控制、技术经济等工作。

2. 工程设计的目的及意义

工程设计是指对工程项目的建设提供有技术依据的设计文件和图纸的整个活动过程，是对拟建工程的生产工艺流程，建筑物外形和内部空间布置，结构构造，建筑群的组合以及与周围环境的相互联系等方面提出清晰、明确、详尽的描述；是建设项目生命期中的重要环节；是建设项目进行整体规划，体现具体实施意图的重要过程；是科学技术转化为生产力的纽带；是处理技术与经济关系的关键性环节；是确定与控制工程造价的重点阶段。工程设计是否经济合理，对工程建设项目造价的确定与控制具有十分重要的意义。

3. 工程设计的阶段划分及步骤

工程设计一般应分为"方案设计"，"初步设计"和"施工图设计"3个阶段。

在设计方案（方案设计）确定并根据审定意见调整之后，一般开始进行初步设计。对一般性质的中、小项目应进行初步设计，而对于技术要求简单的工程项目，经有关主管部门同意，并且合同中有不做初步设计的约定，可在方案设计审批后在批准方案的基础上直接进入施工图设计，但对于复杂的大型工程，在批准初步设计之后，还要进行扩大初步设计，并报审后，才能进行施工图设计（大型工程设计程序：方案设计——技术设计（初步设计、扩大初步设计）——施工图设计）。

（1）方案设计

方案设计是投资决策之后，即下达设计任务书之后，由咨询单位对可行性研究提出意见和问题，经与业主协商认可后，提出具体开展建设的设计文件。有关方案设计的深度和具体要求，在建设部编发的《建筑工程设计文件编制深度的规定》中，都有明确的规定。方案设计文件应满足编制初步设计文件的需要。

1）方案设计文件的内容

① 设计说明书，包括各专业设计说明以及投资估算等内容。

② 总平面图以及建筑设计图纸。

③ 设计委托或设计合同中规定的透视图、鸟瞰图、模型等。

2）方案设计文件的编排顺序

① 封面：写明项目名称、编制单位、编制年月等内容。

② 扉页：写明编制单位法定代表人、技术总负责人、项目总负责人的姓名，并经上述人员签署或授权盖章等。

③ 设计文件目录。

④ 设计说明书。

⑤ 设计图纸。

设计说明书的内容主要包括设计依据、设计要求以及主要技术经济指标、总平面设计说明、建筑设计说明、结构设计说明、给排水、暖通、电气等专业设计说明、投资估算编制说明及投资估算表等内容。

总平面设计说明应包括概述场地现状特点和周边环境情况，详尽阐述总体方案的构思意图和布局特点，以及在竖向设计、交通组织、景观绿化、环境保护等方面所采取的具体措施；以及关于一次规划、分期建设以及原有建筑和古树名木保留、利用、改造（改建）等方面的总体设想。

建筑设计说明包括建筑方案的设计构思和特点，包括建筑的平面和竖向构成，包括建筑群体和单体的空间处理、立面造型和环境营造、环境分析（如日照、通风，采光）等；建筑的功能布局和各种出入口、垂直交通运输设施（包括楼梯、电梯、自动扶梯）的布置；建筑内部交通组织、防火设计和安全疏散设计；关于无障碍、节能和智能化设计方面的简要说明；在建筑声学、热工、建筑防护、电磁波屏蔽以及人防地下室等方面有特殊要求时，应作相应说明。

总平面设计图纸包括场地的区域位置；场地的范围（用地和建筑物各角点的坐标或定位尺寸、道路红线）；场地内及四邻环境的反映（四邻原有及规划的城市道路和建筑物，场地内需保留的建筑物、古树名木、历史文化遗存、现有地形与标高，水体，不良地质情况等）；场地内拟建道路、停车场、广场、绿地及建筑物的布置，并表示出主要建筑物与用地界线（或道路红线、建筑红线）及相邻建筑物之间的距离；拟建主要建筑物的名称、出入口位置、层数与设计标高，以及地形复杂时主要道路、广场的控制标高；指北针或风玫瑰图、比例；根据需要绘制下列反映方案特性的分析图：功能分区、空间组合及景观分析、交通分析（人流及车流的组织、停车场的布置及停车泊位数量等）、地形分析、绿地布置、日照分析、分期建设等。

建筑设计图纸又分为平面图、立面图、剖面图及表现图（透视图或鸟瞰图）。

平面图应表示的内容有：平面的总尺寸、开间、进深尺寸或柱网尺寸（也可用比例尺表示）；各主要使用房间的名称，结构受力体系中的柱网、承重墙位置；各楼层地面标高、屋面标高；室内停车库的停车位和行车线路；底层平面图应标明剖切线位置和编号，并应标示指北针；必要时绘制主要用房的放大平面和室内布置；图纸名称、比例或比例尺等。

立面图应表示的内容有：选择绘制一二个有代表性的可以较好的体现建筑造型的特点的立面；各主要部位和最高点的标高或主体建筑的总高度；当与相邻建筑（或原有建筑）有直接关系时，应绘制相邻或原有建筑的局部立面图；图纸名称、比例或比例尺等。

剖面图应表示的内容有：剖面应剖在高度和层数不同、空间关系比较复杂的部位；各层标高及室外地面标高，室外地面至建筑檐口（女儿墙）的总高度；若遇有高度控制时，还应标明最高点的标高；剖面编号、比例或比例尺等。

方案设计应根据合同约定提供外立面表现图或建筑造型的透视图或鸟瞰图。

（2）初步设计

初步设计的内容及具体要求在《建筑工程设计文件编制深度的规定》中都有明确的规定，一般初步设计包括方案设计调整后的平面、立面、剖面建筑图；结构、设备各专业的结构图、工艺技术图以及各专业较详细的设计说明；专篇论述，主要的技术经济指标以及工程概算等。当初步设计审批后，应向城市规划部门申请领取《建设用地规划许可证》，及时向土地管理部门申请征用、划拨土地。

1）初步设计文件的内容

① 设计说明书：包括设计总说明，各专业设计说明等内容。

② 有关专业的设计图纸。

③ 工程概算书。

2）初步设计文件的编排顺序

① 封面：写明项目名称、编制单位、编制年月。

② 扉页：写明编制单位法定代表人，技术总负责人，项目总负责人和各专业负责人的姓名，并经上述人员签署或授权盖章等。

③ 设计文件目录。

④ 设计说明书。

⑤ 设计图纸。

⑥ 概算书。

设计说明书的内容包括工程设计的主要依据、工程建设的规模和设计范围、设计指导思想和设计特点、总指标以及提请在设计审批时需解决或确定的主要问题。

工程建设的规模和设计范围包括的内容有：工程的设计规模及项目组成；分期建设（应说明近期、远期的工程）的情况；承担的设计范围与分工。

总指标的内容包括总用地面积、总建筑面积等指标以及其他相关技术经济指标。

设计概算是初步设计文件的重要组成部分。设计概算文件必须完整的反映工程项目初步设计的内容，严格执行国家有关的方针、政策和制度，实事求是地根据工程所在地的建设条件（包括自然条件、施工条件等影响造价的各种因素），按有关的依据性资料进行编制。

（3）施工图设计

初步设计文件经有关部门批准后方可进行施工图设计。

施工图设计是工程设计的最后阶段，即绘制工程详图和附件，是将初步设计确定的设计准则和设计方案进一步具体化，详细化。主要是通过图纸，把设计者的意图和全部设计结果表达出来，作为施工制作的依据，它是设计和施工工作的桥梁。

施工图在交付施工之前，必须经由省、市建筑主管部门组织的由各专业专家组成的审图机构对施工图进行审查，提出审查意见。设计单位应作书面整改报告，然后在审图单位批准后，这样的施工图设计才算完成。

1）施工图设计文件的内容

① 合同要求所涉及的所有专业的设计图纸（含图纸目录、说明和必要的设备、材料表）以及图纸总封面。

② 合同要求的工程预算书。

2）施工图设计文件的编排顺序

① 封面：写明项目名称、编制单位、编制年月。

② 图纸目录。

③ 设计说明。

④ 设计图纸。

⑤ 必要的设备，材料表。

在施工总图上应有以下内容：建筑物，构筑物，设施，设备及管线的布置和尺寸；完整和尽可能详细的建筑、安装图纸（建筑各分部工程的详图，节点大样，主要施工方法，验收标准等）；非标准设备的制作及工艺安装详图；详细的设备和标准件清单，零部件明细表，建筑材料和构配件明细表等，并编制施工图预算；此设计文件应该满足设备材料采购，非标准设备制作和施工的需要，并注明建筑工程合理使用年限。

6.1.3　工程设计审查

1. 初步设计审查的内容

初步设计审查是指建设主管部门认定的初步设计审查机构按照有关法律法规，对初步设计图进行的审查。审查的主要内容有：

（1）各专业审查部门意见是否合理，相互之间是否协调。

（2）工程建设规模和内容与国家有关部门批准文件的符合性。

（3）总体布局是否合理、符合各项要求。

（4）有关消防、环境保护、人防、疾控等涉及公共安全、公众利益的工程措施执行相关部门审核意见情况。

（5）市政公用设施是否落实。

2. 施工图设计审查

施工图设计审查是指建设主管部门认定的施工图审查机构按照有关法律法规，对施工图涉及公共利益、公众安全和工程建设强制性标准等方面的内容进行的审查。施工图审查是政府主管部门对建筑工程勘察设计质量监督管理的重要环节，是基本建设必不可少的程序，工程建设有关各方必须认真贯彻执行。《建设工程质量管理条例》第十一条规定："建设单位应当将施工图设计文件报县级以上人民政府建设行政主管部门或者其他有关部门审查。"

（1）施工图设计审查内容

1）建筑物的稳定性、安全性审查，包括地基基础和主体结构体系是否安全、可靠。

2）是否符合消防、节能、环保、抗震、卫生、人防等有关强制性标准、规范。

3）施工图是否达到规定的深度要求。

4）是否损害公众利益。

（2）建设单位将施工图报建设行政主管部门审查时，应同时提供的资料

1）全套施工图。

2）批准的立项文件或初步设计批准文件。

3）主要的初步设计文件。

4）工程勘察成果报告。

5）结构计算书及计算软件名称。

6.2 工程项目融资咨询

6.2.1 工程项目的融资方式和融资渠道

1. 工程项目融资的含义

工程项目的融资有广义和狭义之分。

从狭义上讲，融资即是一个企业的资金筹集的行为与过程。也就是公司根据自身的生产经营状况、资金拥有的状况，以及公司未来经营发展的需要，通过科学的预测和决策，采用一定的方式，从一定的渠道向公司的投资者和债权人去筹集资金，组织资金的供应，以保证公司正常生产需要，经营管理活动需要的理财行为。

从广义上讲，融资也叫金融，就是货币资金的融通，当事人通过各种方式到金融市场上筹措或贷放资金的行为。

2. 工程项目融资方式的分类

（1）融资按融资主体分为新设法人融资和既有法人融资

分析、研究项目的融资渠道和方式，提出项目的融资方案，应首先确定项目的融资主体。融资主体是指进行融资活动，承担融资责任和风险的项目法人单位。确定项目的融资主体应该考虑项目投资的规模和行业的特点，项目与既有法人资产、经营活动的联系，既有法人财务状况，项目自身的盈利能力等因素。

1）新设法人融资

采用新设法人融资方式的建设项目，项目法人大多是企业法人。其基本特点是：由项目发起人（企业或政府）发起组建新的具有独立法人资格的项目公司，由新组建的项目公司承担融资责任和风险。项目发起人与新组建的项目公司分属不同的实体，项目的债务风险由新组建的项目公司承担。

在下列情况下，一般为新设法人融资：

① 拟建项目的投资规模较大，既有法人不具有为项目进行融资和承担全部融资责任的经济实力。

② 既有法人财务状况较差，难以获得债务资金，而且项目与既有法人的经营活动联系不密切。

③ 项目自身具有较强的盈利能力，依靠项目自身未来的现金流量可以按期偿还债务。

2）既有法人融资

采用既有法人融资方式的建设项目，既可以是改扩建项目，也可以是非独立法人的新建项目。既有法人融资方式的基本特点是：由既有法人发起项目、组织融资活动并承担融资责任和风险。

在下列情况下，一般为既有法人融资：

① 既有法人具有为项目进行融资和承担全部融资责任的经济实力。

② 项目与既有法人的资产以及经营活动联系密切。

③ 项目的盈利能力较差，但项目对整个企业的持续发展具有重要作用，需要利用既有法人的整体资信获得债务资金。

（2）融资按融资资金构成可分为项目资本金融资和债务资金融资

1）项目资本金是指在建设项目总投资中，由投资者认缴的出资额，对建设项目来说是非债务性资金，项目法人不承担这部分资金的任何利息和债务，投资者可按其出资比例依法享有其所有者权益，也可以转让其出资，但一般不得以任何方式抽回。投资者有权参与企业的经营决策。项目资本金融资的主要方式有：

① 股票融资

无论是既有法人融资还是新设法人融资项目，凡符合条件规定的，均可以通过发行股票在资本市场募集股本资金。股票融资又可以分为公募与私募两种形式。公募又称公开发行，是在证券市场上向不特定的社会公众公开发行的股票，国家对公募有较高的要求。私募又称不公开发行或内部发行，是指将股票直接出售给少数特定的投资者。

② 股东直接投资

股东直接投资包括政府授权投资机构入股资金、国内外企业入股资金、社会团体和个人入股资金以及基金投资公司入股资金，分别构成国家资本金、法人资本金、个人资本金和外商资本金。

③ 政府投资

政府投资资金，包括各级政府的财政预算内资金、国家批准的各项专项建设资金、统借国外贷款、土地批租收入、地方政府按规定收取的各种费用及其他预算外资金等。政府投资主要用于关系国家安全和市场不能有效配置资源的经济和社会领域，包括加强公共基础设施建设，保护和改善生态环境，促进欠发达地区的经济和社会发展，推动科技进步和高新技术产业化等。

2）项目债务资金是指项目投资中以负债方式从金融机构、证券市场等资本市场取得资金。债务资金在使用上具有时间限制，到期必须偿还。无论项目的融资主体今后经营效果好坏，均需到期还本付息，从而形成了企业的财务负担。债务资金不会分散投资者对企业的控制权。债权人一般不参与企业的经营决策，对资金的运用也没有决策权。项目债务资金融资的主要方式有：

① 银行贷款

又分为商业银行贷款和政策性银行贷款。商业银行贷款是我国建设项目获得短期、中长期贷款的重要渠道，国内商业银行贷款手续简单，成本较低。政策性银行贷款一般期限较长，利率较低，是为了配合国家产业政策等的有效实施，对有关的政策性项目提供的贷款。

② 国际金融组织贷款

国际金融组织贷款是国际金融组织按照章程向其成员国提供的各种贷款。比如国际货币基金组织、世界银行、亚洲开发银行等。国际金融组织一般都有自己的贷款政策，使用这些组织的贷款需要按照这些组织的要求提供材料，并且要求按照规定的程序和方法来实施项目。

③ 出口信贷

是指设备出口国政府为促进本国设备出口，鼓励本国银行向本国出口商或外国进口商提供的贷款。

④ 发行债券

债券分为企业债券和国际债券。企业债券是企业以自身的财务状况和信用条件为基础，依照《中华人民共和国证券法》、《中华人民共和国公司法》等相关法律法规规定的条件和程序发行的、约定在一定期限内还本付息的债券，如三峡债券等。国际债券是一国政府、金融机构、工商企业或国际组织为筹措和融通资金，在国际金融市场上发行的、以外国货币为面值的债券。

⑤ 融资租赁

是指资产拥有者在一定期限内将资产租给承租人使用，由承租人分期付给一定的租赁费的融资方式。融资租赁一般由出租人按承租人选定的设备，购置后出租给承租人长期使用。在租赁期内，出租人以收取租金的方式收回投资，并取得效益。这种融资方式适用于以购买设备为主的建设项目。

（3）按资金来源分为内源融资和外源融资

1）内源融资

内源融资是指公司经营活动结果产生的资金，即公司内部融通的资金，它主要由留存收益和折旧构成。是指企业不断将自己的储蓄（主要包括留存盈利、折旧和定额负债）转化为投资的过程。

2）外源融资

指企业通过一定方式向企业之外的其他经济主体筹集资金，即吸收其他经济主体的储蓄，以转化为自己投资的过程。外源融资分方式包括：银行贷款、发行股票、企业债券等。

（4）按融资方式分为直接融资和间接融资

1）直接融资

融资主体不通过银行等金融机构直接从金融市场融资，如发行股票和企业债券融资。

2）间接融资

融资主体通过银行等金融机构向资金提供者间接融资，如银行贷款等方式。

6.2.2　工程项目融资咨询服务的主要内容

工程项目从事项目融资业务，应当充分识别和评估融资项目中存在的建设期风险和经营期风险，包括政策风险、筹资风险、完工风险、产品市场风险、超支风险、原材料风险、营运风险、汇率风险、环保风险和其他相关风险。所以项目可以根据需要委托具备相关资质的独立中介咨询机构为项目提供相关的专业意见或服务。

在工程咨询领域，融资咨询的核心业务是对投资项目的融资方案进行分析论证，即对投资方案的安全性，经济性和可行性进行评判和比较。

在项目周期中，项目融资问题主要贯穿于项目前期和项目准备2个阶段。

工程项目前期阶段的融资咨询服务，主要从项目投资的角度，通过分析研究提出项目的融资方案，为投资决策服务。

项目准备阶段的融资咨询服务，主要从项目法人和企业的角度，调整和落实融资方案，为项目筹资和企业理财服务，同时可以为贷款银行提供融资方法和融资条件等方面的咨询服务。

项目融资咨询服务应当以偿债能力分析为核心，重点从项目技术可行性、财务可行性和还款来源可靠性等方面评估项目风险，充分考虑政策变化、市场波动等不确定因素对项目的影响，审慎预测项目的未来收益和现金流。应该按照国家关于固定资产投资项目资本金制度的相关法律法规，综合考虑项目风险水平和自身风险承受能力等因素，合理确定贷款金额。根据工程项目预测现金流和投资回收期等因素，合理确定贷款期限和还款计划。应当按照中国人民银行关于利率管理的有关规定，根据风险收益匹配原则，综合考虑项目风险、风险缓释措施等因素，合理确定贷款利率。

咨询工程师提供融资服务应重点注意的问题包括：准确测算工程项目投资额，保证建设项目完工资金和投资运营所需资金相匹配；严格执行国家规定的固定资产投资项目资本金制度。

6.2.3　工程咨询在项目融资中的作用及意义

项目融资作为符合国际惯例的融资方式，有利于控制金融风险和提高投资效率。我国经济建设对资金有着巨大需求，项目融资方式开辟了新的融资渠道，在我国必将得到越来越广泛的运用和发挥越来越重要的作用。项目融资活动是涉及金融、法律、税收、财务、市场、工程技术、经营管理以至政治等多因素的复杂过程。参与项目建设的投融资各方往往不具备上述各学科完整的专门知识，在项目融资各阶段必然借助于社会中介咨询组织。从项目融资涉及的过程看，对咨询服务的要求主要有招投标代理、资产评估、金融、法律、财务、税务、可行性研究、工程设计、工程建设监理等方面。从项目策划至建成投产几乎涵盖了工程咨询的全部服务范围，随着项目融资方式在我国越来越广泛的运用，为工程咨询服务带来了巨大的潜在市场需求，工程咨询在项目融资服务领域具有广阔的发展前景。

工程咨询机构作为投资人与金融机构及政府之间的中介，起着桥梁作用。一方面，工程咨询机构可通过其掌握的投资项目信息为金融机构推荐符合贷款要求的项目；另一方面，工程咨询机构利用其掌握的大量的资金来源信息，包括各种资金来源的贷款限制条件、利率、贷款期限、担保要求、风险控制要求、运作程序和国内外资本市场动态等各方面的信息，为项目融资方案设计、降低项目融资成本和风险提供可靠的依据。工程咨询机构通常对政府有关经济方面的法规和政策、区域和行业发展规划和对建设项目的优惠及限制情况有着较全面的了解，能够以丰富的信息为基础，在项目融资咨询服务中提出客观公正的咨询意见。

投资项目可行性研究报告是项目融资中向金融机构申请贷款的技术性极强的必备文件，是投资人投资决策的依据，通常是由工程咨询机构完成的。项目融资方案的确定和项目融资招投标工作都离不开工程咨询机构的参与。在项目实施阶段，项目融资中贷款银行为了控制风险，除加强对项目现金流量和资产处置权的控制外，对项目决策程序亦严加控制，措施之一是邀请工程咨询中介组织的介入。在项目前期工作和项目建设实施过程中，对设计、施工、设备采购实行严格的招标制度，是控制建设成本、完工风险的重要措施。建设监理的引入有助于施工质量达到设计标准和控制建设成本及保证按预定工期完工。

总之，工程咨询服务贯穿于项目融资的全过程，同时也对工程咨询机构提出了新的要求，工程咨询机构在项目融资中将发挥重要的作用。

6.3 工程与货物采购咨询

6.3.1 工程与货物采购概述

工程与货物采购在项目实施过程中具有举足轻重的地位，是项目建设成败的关键因素之一。从某种意义上来讲，工程与货物采购是项目的物质基础，合理、有效地进行采购，对整个项目的成本控制，质量控制，进度控制都是十分有利的。

1. 工程采购的定义

工程采购是指建设单位通过某些方式选择一家或数家合格的承包商完成工程项目建造的过程。

2. 货物采购的定义及产品种类

货物采购是指为工程项目、建筑项目、建设项目等采集、采购项目需要的建筑材料、工程设施、建筑工程设备等，以顺利完成工程项目的建造。在采购数量、规格、重量、质量标准等方面不同于其他采购。

货物采购的种类包括：

建筑装修类：如防水材料、保温材料、涂料、卫浴、瓷砖、电梯、楼梯、吊顶、地板、门窗、木材、玻璃等。

电气类：如发电机组、电线电缆、照明灯具、变频器、元器件、变压器、配电箱、开关插座、安防设备等。

暖通类：如空调、空气处理、消声减振、采暖供热、通风设备、水路系统，油烟净化，热水器，暖通控制等。

给排水类：如水泵、水表、管道、消毒、水处理器、灭火系统、阀门等。

3. 采购的主要方式

工程建设项目采购可分为招标采购和非招标采购。

其中非招标采购包括：询价采购，直接采购，竞争性谈判等。招标采购包括：公开招标采购和邀请招标采购等。

工程和货物招标与投标是工程建设项目采购中最普遍、最主要的方式。采用招投标采购可以使采购活动能尽量节省开支，最大限度地满足采购目标。

（1）公开招标

采购公开招标是指招标人在公开媒介上以招标公告的方式邀请不特定的法人或其他组织参与投标，并在符合条件的投标人中择优选择中标人的一种招标方式。

公开招标在国际上又分为国际竞争性招标和国内竞争性招标。国际竞争性招标，一般可以使买主以有利的价格采购到所需要的设备、材料。还可以引进国外先进的设备、技术和管理经验等。国内竞争性招标，适用于合同金额小，工程地点分散，且施工时间较长，劳动密集型生产或国内获得的货物的价格低于国际市场价格，行政与财务不适用于国际竞争性招标等情况。

公开招标时，招标人应当通过为全社会所熟悉的公共媒体公布其招标邀请、拟采购的具体设备或工程内容等信息，向不特定的人提出邀请。任何认为自己符合招标人要求的法人或其他组织、个人都有权向招标人索取招标文件并届时投标。采用公开招标的，招标人不得以任何借口拒绝向符合条件的投标人出售招标文件，依法必须进行招标的项目，招标人不得以地区或者部门不同等借口违法限制任何潜在投标人参加投标。

公开招标的优点在于能够在最大限度内选择投标商，竞争性更强，择优率更高，同时也可以在较大程度上避免招标活动中的贿标行为，因此，国际上政府采购通常采用这种方式。

（2）邀请招标

采购邀请招标是指由招标单位向具备设备，材料制造或供应能力的单位直接发出投标邀请书，向特定的人提出邀请，并且受邀参加投标的单位不得少于3家。这种方式是一种不需要公开发布招标公告而直接邀请供应商进行竞争性投标的采购方法。货物采购应用邀请招标可以简化程序，节省时间和费用，但可能遗漏合格的有竞争能力的供应商。货物采购的邀请招标适用于合同金额不大的，或所需特定货物的供应商数目有限，或需要尽早交货等情况。邀请招标主要适用于：

1）招标单位对拟采购货物在世界上或国内的制造商的分布情况比较清楚，并且货物技术复杂或有特殊要求，且只有少量几家潜在投标人可供选择。

2）已经掌握拟采购货物的供应商或制造商及其他代理的有关情况，对他们的履约能力，资信情况等已经了解。

3）项目工期较短，不允许拿出更多时间进行货物采购。

4）拟公开招标的费用与拟公开招标的节资相比，得不偿失。

5）还有一些不宜进行公开招标的项目，如涉及国家安全、国家秘密、军事技术、抢险救灾等情况。

6）相关法律法规，政策规定的不宜进行公开招标的项目。

4. 采购招标的适用范围

我国《招标投标法》规定，在境内进行下列工程建设项目包括项目考察、设计、施工、监理及工程建设有关的重要设备、材料等的采购，必须进行招标：

（1）大型基础设施、公用事业等关系社会公共利益、公众安全的项目

这是针对项目性质作出的规定。通常来说，所谓基础设施，是指为国民经济生产过程提供基本条件，可分为生产性基础设施和社会性基础设施。前者指直接为国民经济生产过程提供的设施，后者指间接为国民经济生产过程提供的设施。基础设施通常包括能源、交通运输、邮电通信、水利、城市设施、环境与资源保护设施等。所谓公用事业，是指为适应生产和生活需要而提供的具有公共用途的服务，如供水、供电、供热、供气、科技、教育、文化、体育、卫生、社会福利等。从世界各国的情况看，由于大型基础设施和公用事业项目投资金额大、建设周期长，基本上以国家投资为主，特别是公用事业项目，国家投资更是占了绝对比重。从项目性质上说，基础设施和公用事业项目大多关系社会公共利益和公众安全，为了保证项目质量，保护公民的生命财产安全，各国政府普遍要求制定了相关的法律。

（2）全部或部分使用国有资金投资或者国家融资的项目

这是针对资金来源做出的规定。国有资金，是指国家财政性资金（包括预算内资金和预算外资金），国家机关、国有企事业单位的自有资金。其中，国有企业是指人民所有制企业，国有独资公司及国有控股企业，国有控股企业包括国有资本占企业资本总额50％以上的企业以及虽不足50％，但国有资产投资者实质上拥有控制权的企业。全部使用国有资金投资的项目，是指一切使用国有资金（不论其在总投资中所占比例大小）进行的建设项目。国家融资的建设项目，是指使用国家通过对内履行政府债券或向外国政府及国际机构举借主权外债所筹资金进行的建设项目。这些以国家信用为担保筹集，由政府统一筹措、安排、使用、偿还的资金也应视为国有资金。

（3）使用国际组织或者外国政府贷款、援助资金的项目

如前所述，这类项目必须招标，是世界银行等国际多金融组织和外国政府所普遍要求的。我国在与这些国际组织或外国政府签订的双边协议中，也对这一要求给予了认可。另外，这些贷款大多属于国家的主权债务，由政府统借统还，在性质上应视同为国有资金投资。从我国目前的情况看，使用国际组织或外国政府贷款进行的项目主要有世界银行、亚洲开发银行，国家海外经济协力基金等，基本上用于基础设施和公用事业项目。基于上述原因，我国《招标投标法》将这类项目列入强制招标的范围。

（4）法律或者国务院规定的其他必须招标的项目

随着招标投标制度的逐步建立和推行，我国实行招投标的领域不断拓宽，强制招标的范围还将根据实际需要进行调整。

另外，《工程建设项目招标范围和规模标准规定》还规定包括项目的勘察、设计、施工、监理以及与工程建设有关的重要设备、材料等的采购，达到下列标准之一的，必须进行招标：

1）施工单项合同估算价在200万元人民币以上的。

2）重要设备、材料等货物的采购，单项合同估算价在 100 万元人民币以上的。

3）勘察、设计、监理等服务的采购，单项合同估算价在 50 万元人民币以上的。

4）单项合同估算价低于第 1）、2）、3）项规定的标准，但投资总金额在 3000 万元人民币以上的。

5. 采购招标的组织形式

招标的组织形式分为委托招标和自行招标 2 种。

（1）委托招标是指招标人自行选择招标代理机构，委托其办理相应的招标事宜。将在下节详细介绍。

（2）自行招标是指招标人具有编制招标文件和组织评标能力，自行办理相关的招标事宜。我国《招标投标法》规定，招标人自行办理招标事宜的，应当向有关行政监督部门备案。

6. 采购的招标与投标

工程采购的招标与投标程序，如图 6-1 所示。

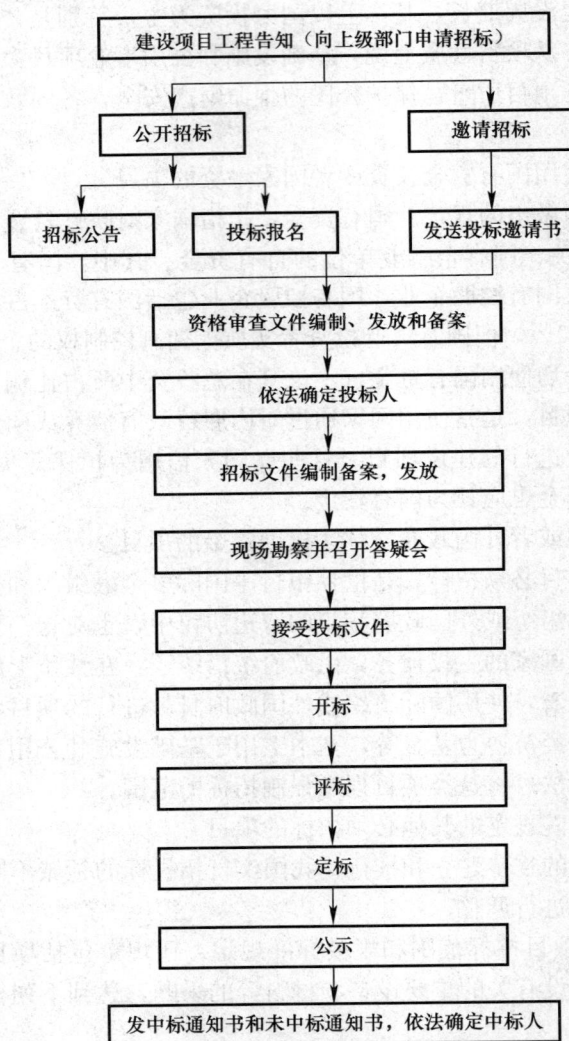

图 6-1　招投标程序图

工程采购的招标与投标程序与工程采购基本相同，一般不需要对施工现场踏勘，但对于特殊货物，如特种设备、材料等，也应实地考察。

在招标单位的招标申请获得批准之后，招标单位应该向社会发布资格预审文件，包括资格预审公告或招标公告，资格预审申请人须知，资格预审审查标准和方法等。

（1）资格预审公告中的资格要求根据招标的性质和类别不同，会有不同的要求，一般资质要求的内容包括：

1）企业营业执照（有年检的）和税务登记证及组织机构代码证。

2）企业注册资金（按照招标项目提出要求）。

3）如果是货物招标：要求相关工业产品生产许可证、安全生产许可证、质量管理体系认证书、职业健康安全管理体系认证书、环境管理体系认证书等。如果是工程施工招标：则要求企业有相关的施工承包资质（如施工总承包、专业承包、劳务承包等，专业承包资质按照行业还有不同的类别和等级）。

4）财务状况。

5）类似项目业绩（成功案例）。

6）企业信誉（近年发生的诉讼及仲裁情况）。

7）如果是工程招标，还要求有项目经理和技术负责人的资格，以及可以投入的设备能力。

8）其他要求（如联合体）。

（2）工程采购招标文件的内容

1）招标公告或招标邀请书。

2）投标人须知。

3）合同条件。

4）合同协议条款。

5）合同格式。

6）技术规范。

7）投标书。

8）报价表及工程预算书。

9）资质及相关资料。

10）图纸及工程量清单。

11）评标办法。

（3）货物采购招标文件的内容

货物采购招标文件与工程招标文件相似，但由于货物采购自身的特点又有不同之处。货物采购的招标文件主要由招标书、投标须知、招标货物清单、技术要求及图纸、主要合同条款和其他需要说明的事项等部分组成。招标文件中技术条款是举足轻重的，对货物的技术参数和性能要求应根据实际情况确定，过高要求就会增大费用。此外，还应该明确货物的质量要求、交货期限、交货方式、交货地点和验收标准等。专用、非标准设备应有设计技术资料说明及齐全的整套图纸，以及可提供的原材料清单、价格、供应时间、地点和交货方式。投标单位应提供的备品，配件数量和价格要求及相应的售前，售后服务要求等。

（4）货物采购应注意的问题

1）投标价。投标人的报价既包括货物生产制造的出厂价格，还包括投标人所报的安装、调试、协作等价格。

2）运输费。包括运费、保险费和其他费用。

3）交货期。以招标文件中规定的交货期为标准。如投标书中所提出的交货时间早于规定时间，一般不给予评标优惠，因为，当项目还不需要时会增加业主的仓储管理费和货物的保养费。

4）性能和质量。主要比较设备的生产效率和适应能力，还应考虑设备的运营费用，即设备的燃料、原材料消耗，维修费用和所需运行人员费等。

5）备件价格。对于各类备件，特别是易损备件，应将在 2 年内取得的价格和途径作为评标考虑因素。

6）支付要求。

7）售后服务。包括可否提供备件，进行维修服务，以及安装监督，调试人员培训等可能性和价格。

8）其他与招标文件偏离与不符的因素等。

（5）货物采购评标的主要方法

工程采购的评标方法在后面会有详细的阐述。

货物采购的评标方法，通常包括：最低投标报价法、综合评标价法，以及以寿命周期成本为基础的评标价法和打分法 4 种形式。

1）最低投标价法

在采购简单商品、半成品、原材料以及其他性能、质量相同或容易进行比较的货物时，投标价（应包括运杂费）可以作为评标时唯一的尺度，即将合同授予报价最低的单位。国内生产的货物报价应为出厂价。出厂价包括货物生产过程中所消耗的各种资源费用及各种税款，但不包括货物售出后所征收的销售税以及其他类似税款。如果所提供的货物是投标人早已从国外进口而目前已在国内的，则应报仓库交货价或展示价，该价格应包括进口货物时所交付的进口关税，但不包括销售税。

2）综合评标价法

综合评标价法是指以投标报价为基础，将评标时所应考虑的其他因素折算为相应的价格，并在投标报价的基础上增加或减少这些价格，形成综合评标价，然后再以各评标价中最低价者为中标人。采购机组，车辆等大型设备时，大多采用这种方法。评标时，除投标价格以外的其他因素折算为相应价格的方式是不尽相同的。

① 运费、保险及其他费用。

② 交货期（早交晚交的评价）。

③ 付款条件。

④ 零配件和售后服务。

⑤ 性能、生产能力。

3）以寿命周期成本为基础的评标价法

在采购生产线、成套设备、车辆等运行期内各种后续费用（零配件、油料及燃料、维修等）很高的货物时，可采用以寿命周期成本为基础的评标方法。评标时，应首先确定一个统一的设备评审寿命周期，然后根据各投标问价的实际情况，在投标报价的基础上加上该寿命周期内所发生的各项费用，再减去寿命期末的设备残值，在计算各项费用或残值时，都应按招标文件中规定的贴现率折算成现值。

4）打分法

打分法是预先对各评分因素按其重要性确定评分标准，按此标准对各投标人提供的投标报价和服务进行打分，得分最高者中标。

货物采购的评分因素一般主要包括投标价格、运输费、保险费和其他费用，投标所报交货期，偏离招标文件规定的付款条件，备件价格和售后服务，设备的性能和质量生产能力，技术服务和培训等几方面。

评分因素确定后，应依据采购货物的性质、特点、生产的通用程序以及各因素对采购方总投资的影响程度，具体确定各种因素所占的比例（权重）和评分标准。

例如世界银行贷款项目通常采用的权重分配比例，见表 6-2。

权重分配比例评分标准　　　　　　　　　　　　　表 6-2

评分因素	权重分配比例（分）
投标价	65～75
零配件价格	0～10
技术性能、维修、运行费	0～10
售后服务	0～5
标准备件等	0～5
总分	100

7. 咨询工程师在工程和货物采购咨询服务中应注意的问题

（1）必须熟悉工程和货物采购的相关法律法规、严格贯彻和执行法律法规规定的招标程序、内容和方法，根据招标项目的特点和需要编制招标文件，并协助客户做好评标和签约的各项关键工作，提示建设单位遵守国家的相关规定，避免发生违规现象。

（2）特别要注意设备先进性、适用性、经济性和安全性的统一。对于某些特种设备应要求生产供应单位提供有效的安全资质生产许可证及其他的相关的资质证书。

6.4　招标代理和招标代理机构概述

6.4.1　招标代理的定义和作用

招标代理一般是指具备相关资质的招标代理机构（公司）按照相关法律规定，受招标人的委托或授权办理招标事宜的行为。招标代理是咨询工程师的服务内容之一。

招标代理的作用是为了帮助不具有编制招标文件和组织评标能力的招标人选择能力强和资信好的投标人，以保证工程项目的顺利实施和建设目标的顺利实现。

6.4.2　招标代理机构

1. 定义

招标代理机构是依法设立、从事招标代理业务并提供相关服务的社会中介组织。

这里有几层含义：

（1）招标代理机构的性质既不是一级行政机关，也不是从事生产经营的企业，而是以自己的知识、智力为招标人提供服务的独立于任何行政机关的组织。招标代理机构可以以多种组织形式存在，如可以是有限责任公司，也可以是合伙等。从中国目前的情况看，自然人一般不能从事招标代理业务。

（2）招标代理机构需依法登记设立，招标代理机构的设立不需有关行政机关的审批，但其从事有关招标代理业务的资格需要有关行政主管部门审查认定。

（3）招标代理机构的业务范围包括：从事招标代理业务，即接受招标人委托，组织招标活动。具体业务活动包括帮助招标人或受其委托拟定招标文件，依据招标文件的规定，审查投标人的资质，组织评标、定标等等；提供与招标代理业务相关的服务即指提供与招标活动有关的咨询、代书及其他服务性工作。

2. 招标代理机构的简介

我国是从 20 世纪 80 年代初开始进行招标投标活动的，最初主要是利用世界贷款进行的项目招标。由于一些项目单位对招标投标知之甚少，缺乏专门人才和技能，一批专门从事招标业务的机构产生了。1984 年成立的中国技术进出口总公司国际金融组织和外国政府贷款项目招标公司（后改为中技国际招标公司）是中国第一家招标代理机构。

在《招标投标法》中规定，招标人可以自行招标，也可以委托招标代理机构办理招标事项。这两种方法并存是符合我国实际情况的，也适应了招标人实际需要，至于采用哪一种方法则由招标人依照法律上的要求自行决定，招标人有自主抉择的权利，但是又不是无条件地进行抉择。因此，在法律中明确，只有招标人具有编制招标文件和组织评标能力的，才可以自行办理招标事宜。在立法中还考虑到应当防止自行招标中可能有的弊病，保证招标质量，因此规定，依法必须进行招标的项目，招标人自行办理招标事宜的，应当向有关行政监督部门备案。

为充分发挥代理机构在招标投标中的作用，促进其健康快速发展，《招标投标法》规定："招标人有权自行选择招标代理机构，委托其办理招标事宜。"须要强调的是"自行选择"是指招标人在代理机构的选择问题上有绝对的自主权。不受其他组织或个人的影响。干预任何单位和个人以任何方式为招标人指定招标代理机构的，招标人有权拒绝。为此，《招标投标法》特别强调："任何单位和个人不得以任何方式为招标人指定招标代理机构"。

3. 招标代理机构必须具备的条件

《工程建设项目招标代理机构资格认定办法》（建设部 154 号令）规定，招标代理机构应具备以下条件：

（1）是依法设立的中介组织。

（2）与行政机关和其他国家机关没有行政隶属关系或者其他利益关系。

（3）有固定的营业场所和开展工程招标代理业务所需设施及办公条件。

（4）有健全的组织机构和内部管理的规章制度。

（5）有与其所代理的招标业务相适应的能够独立编制有关招标文件、有效组织评标活动的专业队伍和技术设施，包括有熟悉招标业务所在领域的专业人员，有提供行业技术信息的情报手段及有一定的从事招标代理业务的经验等等。

（6）应当备有依法可以作为评标委员会成员人选的技术、经济等方面的专家库，其中所储备的专家均应当从事相关领域工作 8 年以上并具有高级职称或者具有同等专业水平。

在以上 6 个条件中，作为业主，最关心的是该招标代理机构是否真正具备健全的组织机构和内部管理的规章制度、具备编制招标文件和组织评标的相应专业力量，因为这两点直接决定了一个具体招标工作的成败。

6.4.3　招标代理的意义

1. 招标代理机构作为专门从事招标投标工作的中介组织，必须具有与其所从事的招标代理业务相适应的专业代理资格，并须经有关行政主管部门的认定。在现行体制下，招标代理机构所从事代理业务的领域不同，其资格认定机关也有所不同。根据《招标投标法》的规定，招标代理机构的资格认定分为 2 个层次：

（1）从事工程建设项目招标代理业务的招标代理机构的代理资格按照管理权限划分，分别由国务院建设行政主管部门和省级人民政府建设行政主管部门认定。认定的办法应由国务院建设行政主管部门会同国务院有关部门制定，建设行政主管部门不应单独制定具体办法。

（2）从事其他招标代理业务包括货物采购及服务等的招标代理业务，按照国家规定需要进行资格认定的，其代理资格的认定由国务院规定的主管部门认定。这主要是考虑其他招标代理业务范围较广，情况比较复杂，不宜统一在法律中规定，因此授权国务院根据实际情况作出规定。

2. 招标代理机构一经法定程序设立，便成为独立从事招标代理业务及相关服务的中介组织，其依法开展业务活动不受任何行政单位的干涉。为了保证招标代理工作公正、客观、有效地进行，也为了依法纠正目前实际中存在的某些招标代理机构依附于行政机关，借用行政权力实行强制代理，损害招标人利益，有关行政机关也借此谋取不正当利益的现象，《招标投标法》明确规定："招标代理机构与行政机关和其他国家机关不得存在隶属关系或者其他利益关系。"

6.4.4　**工程招标代理机构资质等级标准**

1. 甲级资质标准

（1）是依法设立的中介组织，具有独立法人资格。

（2）与行政机关和其他国家机关没有行政隶属关系或者其他利益关系。

（3）有固定的营业场所和开展工程招标代理业务所需设施及办公条件。

（4）有健全的组织机构和内部管理的规章制度。

（5）具有编制招标文件和组织评标的相应专业力量。

（6）具有可以作为评标委员会成员人员的技术、经济等方面的专家库。

（7）法律、行政法规规定的其他条件。

（8）取得乙级工程招标代理资格满 3 年。

（9）近 3 年内累计工程招标代理中标金额在 16 亿元人民币以上（以中标通知书为依据，下同）。

（10）具有中级以上职称的工程招标代理机构专职人员不少于 20 人，其中具有工程建设类注册执业资格人员不少于 10 人（其中注册造价工程师不少于 5 人），从事工程招标代理业务 3 年以上的人员不少于 10 人。

（11）技术经济负责人为本机构专职人员，具有 10 年以上从事工程管理的经验，具有高级技术经济职称和工程建设类注册执业资格。

（12）注册资本金不少于 200 万元。

2. 乙级资质标准

（1）是依法设立的中介组织，具有独立法人资格。

（2）与行政机关和其他国家机关没有行政隶属关系或者其他利益关系。

（3）有固定的营业场所和开展工程招标代理业务所需设施及办公条件。

（4）有健全的组织机构和内部管理的规章制度。

（5）具有编制招标文件和组织评标的相应专业力量。

（6）具有可以作为评标委员会成员人员的技术、经济等方面的专家库。

（7）法律、行政法规规定的其他条件。

（8）取得暂定级工程招标代理资格满 1 年。

（9）近 3 年内累计工程招标代理中标金额在 8 亿元人民币以上。

（10）具有中级以上职称的工程招标代理机构专职人员不少于 10 人，其中具有工程建设类注册执业资格人员不少于 6 人（其中注册造价工程师不少于 3 人），从事工程招标代理业务 3 年以上的人员不少于 6 人。

（11）技术经济负责人为本机构专职人员，具有 8 年以上从事工程管理的经验，具有高级技术经济职称和工程建设类注册执业资格。

（12）注册资本金不少于 100 万元。

6.4.5　工程招标代理机构的选择

《招标投标法》对于代理招标：（1）规定招标代理机构必须依法设立。（2）其资格要由法定的部门认定。（3）招标人有权自行选择招标代理机构。（4）任何单位和个人不得以任何方式为招标人指定招标代理机构。（5）招标代理机构与行政机关和其他国家机关不得存在隶属关系或者其他利益关系。（6）招标代理机构应当在招标人委托的范围内办理招标事宜。这些规定的用意在于，保证代理招标的质量，形成规范的代理关系，维护招标人自主权。

在选择招标代理的过程中，除了招标代理资质等级这一硬性指标必须满足外，还有一些方面需要我们特别关注：

1. 招标代理机构与招标代理项目组

在选择招标代理的过程中，我们通常关注的是招标代理机构的资质应满足招标工程的要求，而忽略了真正代理该招标工作的是招标代理项目组。甲级招标代理机构通常具备较强的实力，但并不表示其派出的招标代理项目组具备同样的实力。

例如，作为项目负责人负责的一个项目，招标代理为一甲级招标代理机构，除此之外还具备工程监理综合资质、造价咨询甲级资质、工程咨询甲级资质。选择该代理机构时，主要考虑到其综合实力强，能依托其工程管理技术人员在该工程招标过程中就标段划分、设备材料技术要求、施工的重点难点等方面提出好的意见和建议。在招标过程中，该公司派出的招标代理人员并不具备一个合格的代理人员应具备的业务素质和能力，缺乏基本的工程常识，给招标工作带来了一定的困难。因此，在选择招标代理机构时，不能仅仅关注其代理资质和综合实力，还需对其拟派的从事具体招标代理工作的招标代理项目组或代理人员做出明确的要求。

2. 招标代理的地域性

《工程建设项目招标代理机构资格认定办法》规定："工程招标代理机构可以跨省、自治区、直辖市承担工程招标代理业务。任何单位和个人不得限制或者排斥工程招标代理机构依法开展工程招标代理业务。"该规定对排除地方保护主义，加强全国范围内的经验交流及合作具有重大意义。但是由于地区差异性，各地区结合本地区的实际情况对工程招标工作有具体规定和要求，不同地区其规定和要求不尽相同。招标代理代表业主进行招标工作，不仅要熟悉国家相关法律及法规，还必须熟悉招标地的相关规定和程序，否则，无法较好地完成招标代理业务。

例如作为项目负责人负责的一个项目，招标代理为异地招标代理机构，据了解，该招标代理机构在当地（该招标代理机构所在地 A 地区）完成了大量招标代理工作，且完成质量较好。由于该招标代理机构从未在 B 地区从事过招标代理工作，不了解 B 地区的有关工程建设招标投标法规及程序，导致招标过程中出现大量反复工作，影响了前期工程进度。另外，由于招标过程中多个环节都需要向建设主管部门提供业主和招标代理机构共同盖章的文件，如招标文件、招标答疑文件、开标承诺书、中标通知书等，在办理公章的程序中，异地招标代理机构相对于本地代理机构具有不可避免的劣势，特别是在时间要求比较紧迫的环节（如文件答疑环节）或工期要求紧迫的工程。

招标代理项目组人员的稳定性是异地招标代理机构的另一个较大的问题。不同于工程施工、监理，招标代理费用数额通常较小，代理机构如果从本部派出常驻人员从事代理工作，将增大其工作成本。同时，派出的工作人员常常不能安心在异地长时间工作，或者因工作需要，派驻人员经常更换。招标代理人员的不稳定给招标工作带来了很大的困难。

综上所述，业主在选择招标代理机构时，既要考虑其综合实力，也要对其拟派招标代理人员作出相关要求；对于选择异地招标代理机构需慎重考虑，特别是首次进入该地区从事招标代理工作的代理机构。

6.4.6 工程招标代理机构的工作程序及职责

中国的招标代理机构从无到有，业务从小到大，累计完成了无数个招标项目。这些机构经过长期的招标实践，总结和积累了丰富的招标经验。在编制招标文件、审查投标人资格、评估最佳投标商能力等操作方面，形成了较系统的规程和技巧，在代理招标活动中发挥着重要作用。从事招标代理工作应遵循公开、公平、公正和诚信的原则。

1. 获得招标人的合法授权

由于招标机构是受招标人委托，以招标人名义组织招标，因此，在开展招标活动之前，必须获得招标人的正式授权，这是招标机构开展招标业务的法律依据。授权的范围由招标人确定，招标机构也应根据工作的需要提出相应的要求。经过招标人和招标机构协商一致后，双方签订《委托招标合同》或协议。其主要内容包括：招标人和招标机构各自的责权利、委托招标采购的标的和要求、采购的周期、定标的程序和招标机构收费办法等。

这里特别强调的是定标程序问题,这关系到赋予招标机构权限范围和招标机构所承担的责任。

定标程序可分为以下几种主要程序:(1)委托招标机构评出优选方案,排出前三名的顺序,由招标人最终确定中标商。(2)招标人委托评标委员会负责定标。(3)招标人委托招标机构负责定标。(4)招标机构提出中标的意见,经采购人同意后报有关主管机关最终确定中标商。由于不同的定标程序授权的范围不同,有关各方承担责任的大小也不一样。因此,委托方和招标机构在开始招标前,就应商定定标程序。

2. 为招标人编制招标文件

招标文件(或称标书)是整个招标过程所遵循的法律性文件,是投标和评标的依据,而且是构成合同的重要组成部分。一般情况下,招标人和投标人之间不进行或进行有限的面对面交流。投标人只能根据招标文件的要求,编写投标文件。因此,招标文件是联系、沟通招标人与投标人的桥梁。能否编制出完整、严谨的招标文件,直接影响招标的质量,也是招标成败的关键。因此,有人把招标文件比做各方遵循的"宪法",由此可见招标文件的重要性。由于招标机构专门从事招标业务,他们拥有较丰富的经验和大量的投标商信息,可以编制更加完善的招标文件。为此,他们主要注重以下几个方面的工作:(1)对投标人做出严格的限制,在保证充分竞争的前提下,尽量使合格的供应商和承包商参加投标,以避免投标人过多,给各方面造成不必要的负担。这项工作建立在掌握投标商大量信息的基础上,而专职招标机构有条件做到这一点。(2)对招标文件的制作做出详细的规定,使投标人按照统一的要求和格式编写投标文件,达到准确响应招标文件要求的目的。(3)为采购人当好技术规格和要求的参谋,使采购者获得合乎要求和经济的采购品。(4)保证招标文件的科学、完整,防止漏洞,不给投标人以可乘之机。

3. 严格按程序组织评标

一般情况下,采购人与一些供应商和承包商有各种业务往来,难以组织者的身份组织评标,且容易被投标者误会。专职招标机构比较超脱,可以较好地避免问题的发生,并严格按招标文件要求和评标标准组织评标,以维护招标的公正性,保证招标的效果。

(1)评标原则是招标投标活动中相关各方应遵守的基本规则,可以概括为 4 个方面:

1)公平、公正、科学、择优。

2)严格保密。

3)独立评审。

4)严格遵守评标方法。

(2)评标委员会的组成

1)评标委员会依法组建,负责评标活动,向招标人推荐中标候选人或者根据招标人的授权直接确定中标人。

2)评标委员会由招标人负责组建。

评标委员会成员名单一般应于开标前确定。评标委员会成员名单在中标结果确定前应当保密。

3)评标委员会由招标人或其委托的招标代理机构熟悉相关业务的代表,以及有关技术、经济等方面的专家组成,成员人数为 5 人以上单数,其中技术、经济等方面的专家不得少于成员总数的三分之二。评标委员会设负责人的,评标委员会负责人由评标委员会成员推举产生或者由招标人确定。评标委员会负责人与评标委员会的其他成员有同等的表决权。

4）评标委员会的专家成员应当从省级以上人民政府有关部门提供的专家名册或者招标代理机构的专家库内的相关专家名单中确定。按前款规定确定评标专家，可以采取随机抽取或者直接确定的方式。一般项目，可以采取随机抽取的方式；技术特别复杂、专业性要求特别高或者国家有特殊要求的招标项目，采取随机抽取方式确定的专家难以胜任的，可以由招标人直接确定。

5）评标专家应符合下列条件：

A. 从事相关专业领域工作满 8 年并具有高级职称或者同等专业水平。

B. 熟悉有关招标投标的法律法规，并具有与招标项目相关的实践经验。

C. 能够认真、公正、诚实、廉洁地履行职责。

6）有下列情形之一的，不得担任评标委员会成员：

A. 投标人或者投标人主要负责人的近亲属。

B. 项目主管部门或者行政监督部门的人员。

C. 与投标人有经济利益关系，可能影响对投标公正评审的。

D. 曾因在招标、评标以及其他与招标投标有关活动中从事违法行为而受过行政处罚或刑事处罚的。

评标委员会成员有前款规定情形之一的，应当主动提出回避。

（3）为了获得最佳的招标效果，评标一般有以下 3 种方法：

1）最低评标价法

评标委员会根据评标标准确定的每一投标不同方面的货币数额，然后将那些数额与投标价格放在一起来比较。估值后价格（即"评标价"）最低的投标可作为中选投标。

2）打分法

评标委员会根据评标标准对各评分因素按其重要性确定评分标准，按此标准对各投标人提供的投标报价和服务进行打分，确定每一投标人不同方面的相对权重（即"得分"），得分最高的投标即为最佳的投标，可作为中选投标。

3）合理最低投标价法

即能够满足招标文件的各项要求，投标价格最低的投标即可作为中选投标。在这 3 种评标方法中，前两种可统称为"综合评标法"。

（4）评标的具体步骤

评标的目的是根据招标文件中确定的标准和方法，对每个投标商的标书进行评价和比较，以评出最低投标价的投标商。评标必须以招标文件为依据，不得采用招标文件规定以外的标准和方法进行评标，凡是评标中需要考虑的因素都必须写入招标文件之中。

1）初步评标

初步评标工作比较简单，但却是非常重要的一步。初步评标的内容包括供应商资格是否符合要求，投标文件是否完整，是否按规定方式提交投标保证金，投标文件是否基本上符合招标文件的要求，有无计算上的错误等。如果供应商资格不符合规定，或投标文件未做出实质性的反映，都应作为无效投标处理，不得允许投标供应商通过修改投标文件或撤销不合要求的部分而使其投标具有响应性。经初步评标，凡是确定为基本上符合要求的投标，下一步要核定投标中有没有计算和累计方面的错误。在修改计算错误时，要遵循2条原则：①如果数字表示的金额与文字表示的金额有出入，要以文字表示的金额为准。②如果单价和数量的乘积与总价不一致，要以单价为准。但是，如果采购单位认为有明显的小数点错误，此时要以标书的总价为准，并修改单价。如果投标商不接受根据上述修改方法而调整的投标价，可拒绝其投标并没收其投标保证金。

2）详细评标

在完成初步评标以后，下一步就进入到详细评定和比较阶段。只有在初评中确定为基本合格的投标，才有资格进入详细评定和比较阶段。具体的评标方法取决于招标文件中的规定，并按评标价的高低，由低到高，评定出各投标的排列次序。

3）编写并上报评标报告

评标委员会完成评标后，应当向招标人提出书面评标报告，并抄送有关行政监督部门。评标报告应当如实记载以下内容：

A. 基本情况和数据表。

B. 评标委员会成员名单。

C. 开标记录。

D. 符合要求的投标一览表。

E. 废标情况说明。

F. 评标标准、评标方法或者评标因素一览表。

G. 经评审的价格或者评分比较一览表。

H. 经评审的投标人排序。

I. 推荐的中标候选人名单与签订合同前要处理的事宜。

J. 澄清、说明、补正事项纪要。

4）资格后审

如果在投标前没有进行资格预审，在评标后则需要对最低评标价的投标商进行资格后审。如果审定结果认为他有资格、有能力承担合同任务，则应把合同授予他；如果认为他不符合要求，则应对下一个评标价最低的投标商进行类似的审查。

5）授标与合同签订

合同授予最低评标价投标商，并要求在投标有效期内进行。决标后，在向中标投标商发中标通知书时，也要通知其他没有中标的投标商，并及时退还其投标保证金。具体的合同签订方法有2种：①在发中标通知书的同时，将合同文本寄给中标单位，让其在规定的时间内签字退回。②中标单位收到中标通知书后，在规定的时间内派人前来签订合同。如果是采用第二种方法，合同签订前，允许相互澄清一些非实质性的技术性或商务性问题，但不得要求投标商承担招标文件中没有规定的义务，也不得有标后压价的行为。合同签字并在中标供应商按要求提交了履约保证金后，合同就正式生效，采购工作进入到合同实施阶段。

（5）评标需要考虑的因素

1）运输费及保险费用。

2）工程竣工期或货物交货期。

3）支付条件。

4）价格调整因素。

5）零部件价格及售后服务。

6）工程设备或加工厂的运行维护费。

7）本国或地区性优惠。

4. 做好招标人与中标人签订合同的协调工作

由于招标人处于主动的地位，容易将招标以外的一些条件强加给中标人，产生不平等的协议，使招标流于形式。有时中标者也找各种理由拒绝或拖延签订合同。上述问题如果没有一个中间人从中协调是很难解决的。由于招标机构是招标的组织者，承担此角色最为适宜。

5. 监督合同的执行，协调执行过程中的矛盾。

有些招标合同执行需要较长的时间，在执行合同过程中，当事人双方难免遇到一些纠纷，不愿意诉诸法律，希望有一个中间人从中协调解决。在实际工作中，招标机构组织签订合同后，可以说已完成了招标代理工作，但在执行合同过程中当双方出现矛盾时，往往需要求助于招标机构来解决。招标机构出于对双方负责和提高自身信誉的目的，应尽最大努力使矛盾得到解决。

6.4.7 工程招标代理机构的注意事项

招标代理机构不得无权代理、越权代理，不得明知委托事项违法而进行代理。

招标代理机构不得接受同一项目的招标代理和投标咨询业务，未经招标人允许，不得擅自转让招标代理业务。

思考与练习

1. 工程勘察的内容和目的是什么？

2. 工程设计分为哪几个阶段及各个阶段的设计依据各是什么？

3. 工程设计审查的内容及目的？

4. 工程项目的融资方式分类和融资渠道有哪些？

5. 融资咨询服务的主要内容是什么？

6. 在建设项目中，工程与货物采购的招投标程序是什么？

7. 工程采购招标文件的内容？

8. 利用世界银行贷款的某项目通过国内竞争性招标的方法采购部分设备，招标文件规定采用资格后审方式确定投标人资格，有 10 家厂商购买了投标文件，在距投标截止日期还有 10 多天的时候，某家外国公司代表前来要求购买招标文件，但是遭到拒绝，原因是所有的招标文件都已经售完，而且当地复制文件的能力有限，至少需要一周才能复制出来，考虑到外国公司的总部相距甚远，因而没有时间来准备招标文件。问：招标人应如何处理此问题？

9. 什么是招标代理？招标代理的作用？

10. 招标代理机构在运行时应该注意什么问题？

11. 2012 年 6 月，某铁艺公司 A 经理突然接到一个电话，对方说他们公司正在筹建的某生态园需要大量的铁秋千、铁栅栏等铁制品。他们正在举行招标活动，如有兴趣可以前去竞标。6 月中旬，A 经理前往指定地点，发现办事处有七八个公司正在报名，墙上挂着大幅的生态园规划图。接待人员要求他先交纳 1000 元的报名费，A 先生深感奇怪，但是仍然交了钱，工作人员许诺月底开标，不中标就退钱。但是好几个月过去了，毫无开标消息。期间 A 经理多次要求去实地现场勘察，均被对方以没时间为由拒绝，而且报名费也拒绝归还。后经查明，该公司以招标活动进行诈骗。

试问：（1）招标活动应如何发布？

（2）从事招标活动应遵循哪些原则？

12. 某招标代理机构在接受委托后根据工程的情况编写了招标文件，其中的招标日程安排，见表 6-3。

表 6-3

序　号	工作内容	日　期
1	发布公开招标信息	2012 年 4 月 30 日
2	提交资格预审文件	2012 年 5 月 4 日上午 9 点～11 点
3	发放招标文件	2012 年 5 月 10 日上午 9 点整
4	答疑会	2012 年 5 月 10 日上午 9 点～11 点
5	现场勘察	2012 年 5 月 11 日下午 1 点整
6	投标截止	2012 年 5 月 16 日
7	开标	2012 年 5 月 17 日
8	评标	2012 年 5 月 18～21 日
9	定标	2012 年 5 月 24 日下午 2 点整
10	发中标通知书	2012 年 5 月 24 日下午 2 点
11	签订施工合同	2012 年 5 月 25 日下午 2 点
12	进场施工	2012 年 5 月 26 日上午 8 点
13	领取标书编制补偿费和保证金	2012 年 6 月 8 日

试指出上述招标代理机构编制的招投标日程安排的不妥之处，并简述理由。

进一步阅读文献推荐

1. 中华人民共和国招标投标法.

2. 中华人民共和国合同法.

3. 李永福. 建设工程法规 [M]. 北京：中国建筑工业出版社，2011.

4. 齐宝库，黄如宝. 工程造价案例分析 [M]. 北京：中国城市出版社，2013.

5. 顾永才. 招投标与合同管理 [M]. 北京：科学出版社，2009.

第7章　工程项目建设阶段咨询

关键词：代建制；监理；造价；竣工验收

[**案例导读**]某建筑公司与某房地产开发公司签订施工合同书一份。双方约定：由某建筑公司承建某房地产开发公司的 A 小区一标段工程，建筑面积为 29000m²，工程造价暂估为人民币 3200 万元，以决算审定后为准。签约后，建筑公司按时竣工验收。期间，房地产开发公司共向某建筑公司支付工程款 3000 万元。2012 年 5 月 10 日，某房地产开发公司收到某建筑公司提供的竣工结算书。随后，某房地产开发公司委托某工程造价咨询公司对该结算进行审定，因工程造价咨询公司原因迟迟未出具审定报告，建筑公司遂于 2013 年 5 月向法院提起诉讼，要求某房地产开发公司支付拖欠的工程款 1596 万元，逾期利息 135 万元。

分析：为什么需要请工程造价咨询公司对项目竣工结算书进行审定？工程造价咨询公司可帮助建设单位完成哪些专业咨询服务？

7.1　政府投资项目的代建

7.1.1　代建制的产生与发展

2004 年 7 月国务院发布《关于投资体制改革的决定》（国发〔2004〕20 号），其中明确指出："对非经营性政府投资项目加快推行'代建制'，即通过招标等方式，选择专业化的项目管理单位负责建设实施，严格控制项目投资、质量和工期，竣工验收后移交给使用单位。"

政府投资项目的代建制管理模式产生于 20 世纪 90 年代，福建省厦门市率先对工程项目管理体制进行创新，将政府投资项目中社会公益性强的项目和一些基础设施委托给专业的公司，这些公司扮演了原来由业主承担的工程项目建设的角色，这种委托代理方式在试行中得到不断改善，逐步形成了如今的代建制。代建制管理模式一定程度上解决了政府由于"建、管、用"多角色集于一身而产生的责任紊乱、执行力弱、贪污腐败和效率低下等问题。

代建制在厦门的试行取得了积极的效果，之后我国其他地区也作为试点实践代建制，1997 年，青岛市政府下发关于对市财力投资项目实施代建制的通知，其中对项目建设过程中的代建制做了较为规范的说明。2000 年，深圳市人民代表大会常务委员会通过并公布了《深圳市政府投资项目管理条例》（2000 年第 105 号公告），其中对政府投资项目的各个阶段的执行程序做了较为明确的规定。2001 年厦门市建设委员会颁布《厦门市重点工程建设项目代建管理暂行办法》（厦建法〔2001〕6 号），文件确定了代建制的定义，对代建制的适用范围、代建单位的资质管理、代建单位招投标和代建的管理监督做了明确规定。2002 年，深圳市借鉴香港的经验，成立了深圳市建筑工务局——我国最早的代建行政机构。之后，上海、重庆、北京、贵州、广西等地也相继发布了代建制的规范性文件。

尽管国家层面上关于代建制的法律文件还未出台，对于代建制的定义及相关概念也是众说纷纭，在不同的试点也发展出多种不同的模式，但基本指导思想是一致的，即政府作为业主与具有代建资质的专业工程管理公司建立一种委托——代理关系，代建制衍生出来的是一种服务性商品的交换，代建公司提供的服务是项目实施建设的全过程，政府为此付出相应的代建费用。

代建制与其他项目管理模式，如 PMC、EPC、DB、工程项目总承包模式等虽有相似之处，但也有诸多差别，其特征主要有以下几点：项目类型为政府投资的公益性项目，代建管理的主体是代建公司，政府主要通过招投标的市场竞争方式选择代建企业，代建关系的建立依靠的是特殊的委托合同。

7.1.2　代建制的模式分析

代建制的模式划分标准有很多，可根据实践地域、项目管理方式、工程项目委托管理受托人地位和投融资等不同视角对代建制的模式进行划分。目前，较为通用的是根据实践地域划分，较为典型的代建制地方模式有北京模式、上海模式和深圳模式。

1. 北京模式

（1）模式的形成

起源于厦门，以厦门和北京为代表的政府投资代建制模式，简称为北京模式。

1993 年，福建省厦门市率先对工程项目管理体制进行创新，将政府投资项目中社会公益性强的项目和一些基础设施委托给专业的公司，这些公司扮演了原来由业主承担的工程项目建设的角色。2001 年 7 月，厦门市颁布了《厦门市重点工程建设项目代建管理暂行办法》（厦建法〔2001〕6 号）（以下简称《暂行办法》），对重点工程建设项目全面实施代建。2002 年 3 月开始在土建投资总额 1500 万元以上的市级财政性投融资建设的社会公益性工程项目中实施项目代建制度，并且对代建单位的资质提出了一定要求，必须是具有一、二级房地产开发，甲、乙级监理，甲级工程咨询，特级、一级施工总承包其中之一资质的单位。

自 2002 年开始，北京市发改委借鉴厦门的经验，根据实际情况先后在回龙观医院、残疾人职业培训和体育锻炼中心、疾病预防控制中心等项目中实行了试点工程，效果令人满意。2004 年 3 月 1 日，《北京市政府投资建设项目代建制管理办法（试行）》（京发改〔2004〕298 号）发布并实施。明确提出代建企业必须具有相应资质。2004 年 11 月，《北京市政府投资建设项目委托代建合同（示范文本）》印发，在代建制度的具体实施和执行上有了标准模式。之后，贵州、江苏、浙江、山东等省市也陆续在当地政府投资项目中推行代建。

（2）模式的主要做法

1）代建制的适用范围。《北京市政府投资建设项目代建制管理办法（试行）》明确提出对政府投资占到总投资额 60% 及以上的公益性政府投资项目试行代建。并对具体的公益性投资项目做了界定和划分。

2）代建制的实施形式。北京结合项目的实际需求，灵活地选择代建制的执行形式，主要有2种方式：全过程代建和两阶段代建。全过程代建即项目建设的流程全部由中标的代建单位管理实施，这种形式主要针对投资规模较小，结构功能较单一，技术难度较小，其他辅助措施较为充分的工程项目。两阶段代建是指在第一个阶段，即项目建议书获批到初步设计概算审定期间，由北京市发改委选择一个工程项目咨询机构协助项目使用单位做好工程前期准备工作，主要有勘察、设计等任务，待项目初步设计概算审计通过，北京发改委再对代建单位组织招标，代建单位将完成自此之后到竣工验收即第二个阶段的项目建设工作，这种形式适用于投资规模较大，结构设计较复杂，功能性较多元化，技术难度大，配套辅助措施不足以及涉及征地拆迁的项目。

3）代建单位的选择。主要采用招投标的方式，招标组织单位是北京市发改委，招标方式根据代建制实施的全过程和两阶段方式的不同而有相应的安排。

4）代建项目的主要参与方。业主、北京市发改委和代建单位是代建项目的主要参与方，其中北京市发改委起到组织代建工作的中介作用，对项目的一些关键环节作出审批和决策；业主是项目的投资主体，对项目的设计、质量监督和竣工验收负责；代建单位承担代建项目的实施建设工作。三方共同签订《工程项目委托代建合同》。

5）代建管理费取费标准。依照《财政部关于切实加强政府投资项目代建制财政财务管理有关问题的指导意见》（财建［2004］300号）："代建管理费的标底由同级财政部门比照基建财务制度规定的建设单位管理费标准编制。"对于全过程代建，项目代建管理费以审批通过的项目初步设计概算为基数，乘以一定的费率得出参考数值，具体数值以代建合同中规定为准。对于两阶段代建，代建管理费用以代建合同中规定为准，项目前期工作的代理费用和第二阶段的代建管理费用比例一般为3：7。

6）代建管理的奖惩规则。在厦门的《暂行办法》中，明确规定了代建管理奖惩制度："对代建单位经济上的报酬包括代建费用以及投资节余，可在工程余款的5%以内给代建单位奖励；突破投资的，代建单位则要支付投资突破额的2%作为罚金。"

（3）模式的特点

1）明确界定了代建项目的适用范围，并根据政府投资的公益性项目不同性质，对代建项目进行了归纳和分类。

2）规定了2种代建形式，在代建制执行上可灵活运用，在不同项目上都具有适用性。

3）项目三方职责划分明确，形成三方相互合作、相互监督的稳固架构，有效减少了责任推脱和投机行为。

（4）制定详细的奖惩制度，对投资起到一定的控制作用。

2. 上海模式

（1）模式的形成

上海市市政工程管理局2001年10月1日颁布的《上海市市政工程建设管理推行代建制试行规定》（沪市政法［2001］930号）标志着上海市政府投资工程管理体制的改革正式启动。同年12月，上海市建设行政主管部门重点对于上海市政府投资的交通建设项目的投资体制改革提出了具体方案，将政府的投资职能，投资管理职能和管理职能明确地分离，这不仅提高了项目建设和管理水平，并且有效降低了项目风险，增加了投资的效益。

上海模式中作为投资主体的投资公司，可以选择"总承包"和"代建制"2种建设方式，在"代建制"建设方式中，作为代建方的工程管理公司对政府投资项目进行专业化管理。

（2）模式的主要做法

1）代建制主要参与方职责划分。政府所属投资公司作为委托方，履行政府的投资职能，主要是项目的前期工作、管理方式的制定和决策、项目建设过程中监督和控制，项目竣工阶段的验收等工作。工程管理公司作为代理方，履行项目工程管理职能，主要负责项目的可行性研究、初步设计、项目管理和监理等工作。上海市市政工程管理局作为第三方，履行政府的投资管理职能，主要工作有工程的立项审批、市场规范、监督管理等工作。

2）代建单位的选择。项目法人应在工程前期通过市场竞争方式选择工程管理公司，参与比选的工程管理公司不得少于3家；对工程规模小且技术难度不高的项目，可以通过其他方式直接选择工程管理公司，但必须经市市政局同意。

3）代建单位的法律地位。代建单位只担任工程管理型角色，对设计、施工等单位无合同签订权，也无资金管理权，这些都只属于政府所属投资公司。

4）代建管理费取费标准。代建制费用按照建设单位管理费的标准收取，政府所属投资公司按照委托合同的约定及时向工程管理公司核付代建管理费（含工程管理费、工程招标代理费和工程监理费等）。

（3）模式的特点

1）借鉴新加坡政府投资项目管理模式，采用"政府——政府所属投资公司——工程管理公司"三级管理模式，有效地实现了政府投资职能、政府投资管理职能和工程管理职能三权的分离。

2）在代建单位的选择上，工程管理公司多是建设单位的子公司或下设部门，层级管理手段得以运用，从而不可避免地削弱了市场竞争为代建制带来的优势。

3）将工程建设组织实施方式的改革和政府工程投资体制的改革两个问题放在一起解决有利有弊。虽然这种综合考虑的方式有利于政府投资项目问题的解决，但是两个问题在各自内部标准的界定不明确时，会产生相互制约。

3.深圳模式

（1）模式的形成

与上海模式相反，深圳在政府投资项目的工程管理方面的总体思路是将工程建设组织实施方式的改革和政府工程投资体制的改革分开来考虑。20世纪80年代末，深圳市政府借鉴香港工务局的经验，设立建筑工务局，后在此基础上成立深圳市城市建设投资发展公司（简称"城投公司"）。但后来受客观条件制约，改革未能坚持。1996年，城投公司改组，其管理职能收归市建设局。1999年，深圳市政府决定再次借鉴香港的经验，重组建筑工务局，并于2001年正式组建完成。2004年6月，深圳市原建筑工务局升格为正局级事业单位建筑工务署，统一负责当地除公路、水务以外由政府投资的所有项目的建设，并建立了政府投资管理责任制，彻底打破了传统经济模式下"投资、建设、管理、使用"四位一体的职责模式，将权力分散的同时改变了以往的利益格局，大大降低了违法违纪现象的发生率。建筑工务署负责对所有代建项目行使工程管理职能，同时代替政府行使业主职能，但没有筹集资金、拨付资金和还贷的职责。相比于北京模式采用市场化解决专业化问题，深圳模式采用的是统一化的方式，虽然有效地提高了委托代理的效率，但长期的行政性垄断也会带来一系列的问题。

（2）模式的主要做法

1）代建单位的性质。建筑工务署为正局级事业单位，负责市内所有代建项目的工程管理工作，内设办公室、政工人事处、合同预算处、财务处、前期处、建筑处、市政处、机电设备处、工程技术处。实行政府投资管理责任制，建立内部制约机制有效行使政府工程的廉政监督。

2）代建制的法律环境。《深圳市政府投资项目管理条例》对深圳市实行代建制度提供了有力的法律保障。

3）代建单位的主要职能。建筑工务署除负责对部分适合的建设项目组织实施代建制之外，还有以下职能：负责除水务、公路以外的市政府投资建设工程项目的组织实施和监督管理工作；负责市政府经济适用房及其他政策性住房建设的组织实施和监督管理工作；负责政府公共房屋本体结构性维修工程的组织实施和监督管理。

（3）模式的特点

1）采用"相对集中、区别对待"的原则，统一管理政府代建项目，协调与监管工作更容易实现，管理成本和代建费用大大降低。

2）政府行政机构担任代建方，虽提高了监管效率，节约了管理成本，但代建市场结构单一，竞争模式无法建立，激励效果不显著。

3）拥有良好的法律环境和较为完善的内外部监督制约机制，但无法忽视政府的角色混淆问题。

近年来，各地试点纷纷探索代建制度在本地区的发展模式和路径，除上述 3 个典型代表性模式外，重庆模式、贵州模式、广西模式、江苏模式也都取得了不同程度的可喜效果，项目代建制成为继项目总承包模式、项目融资模式之后又一项普及的工程管理模式。

7.1.3 代建单位的选择与代建取费

1. 代建单位的选择

如果代建人仅仅承担项目管理服务，代建人的选择是政府服务采购的一种形式；如果代建人代替项目使用人直接与施工等单位签订合同，代建人的选择就是相当于政府的工程采购。政府采购应遵循招标投标法的规定，秉行公平公正公开的原则，一般情况下，政府在选择代建单位时应采用公开招标的方式。但在涉及国家机密等特殊情况下，政府可以选择针对具有相应资质的实力雄厚的代价公司实行邀请招标，或者直接指定代建单位。

（1）代建制的招标组织

一般的政府主管部门不具有招标代理的能力，在通过公开招标的方式选择代建单位之后，政府主管部门可以委托具有相应资质条件的招标代理机构，由招标代理机构担当组织招标的责任。我国《招标投标法》和《工程建设项目招标投标代理机构资格认定办法》（中华人民共和国建设部令第 79 号）中详细规定了招标代理机制。

（2）代建制的招标范围

在招标代建过程中，一般项目可执行全过程代建招标，但对于投资规模较大、技术难度高、专业性强的项目有时需要采用分阶段招标的代建形式。如何合理地划分代建的范围是招标准备工作的重点，这不仅需要综合考虑到项目在建过程中的时间和空间因素，还要对招标项目的专业要求和管理要求做具体分析。

（3）代建制的招标文件

招标文件既是投标单位编制投标文件的依据，也是代建合同订立的基础，招标文件中提出的各项要求，对整个代建过程都有约束力。代建制招标文件是由政府主管部门与其委托的咨询机构编制并且发布的。按照《招标投标法》的规定，招标文件应当包括招标项目的技术要求，对投标人资格审查的标准、投标报价要求和评价标准等所有实质性要求和条件以及拟签合同的主要条款。主要包括以下内容：总则、代建管理的要求、招标文件的组成、投标文件的编制、投标文件的递交、开标和评标和授予合同的相关标准与程序。

（4）代建招标的评标方法

评标方法包括经评审的最低投标价法、综合评标法或者法律、行政法规允许的其他评标方法。代建招标一般采用综合评标法，最为常用的是百分法。原因有：

1）对于招标单位而言，投标单位的项目管理方案重要性要远高于报价，因为投资项目的保质、保期完成是政府主管部门最看重的，而且招标组织很难确定投标单位的报价是否合理。

2）综合评分法可以充分考虑各种定性和定量的影响因素，可以根据投资人对项目的不同需求确定评价指标，评选结果更加合理。

（5）代建招标公告和投标邀请书的编制和发布

按照《招标投标法》的规定，招标公告和投标邀请书应该载明同样的事项，包括：招标人的名称和地址，招标项目的性质、数量、实施地点和时间，获取招标文件的办法。

2000 年 7 月 1 日实施的《招标公告发布暂行办法》中对强制招标项目招标公告的发布做了明确规定。提出了对招标公告发布的监督机制，并且对招标人、指定媒介、公告内容的相互要求做了详细阐述。

（6）代建制的资格预审

在代建制招标过程中，政府可建立代建企业名录库，其好处是代建企业在政府主管部门备案后可不通过资格审查程序，直接参加投标。郑州市政府主管部门就建立了代建人名录，向社会公开并及时更新。

（7）代建制的投标

代建单位的投标书必须根据招标文件来编写，对招标的各项要求作出实质性回应。代建单位的投标书中商务标一般要包括投标承诺书和授权委托书，技术标部分主要是项目管理计划书，证明文件主要作用是针对招标文件当中对代建单位资质条件、业绩、经济实力、技术、资金等要求的一个回应。

（8）代建合同的签订

政府主管部门通过公开招标选定中标人之后，与代建单位进行谈判，签订代建合同，以明确各方之间的权利义务关系。

2. 代建管理费的确定

（1）代建管理费的法律依据

《财政部关于切实加强政府投资项目代建制财政财务管理有关问题的指导意见》（财建

〔2004〕300号）中对政府投资项目代建管理费的标准和核算办法有如下规定："项目代建单位的代建管理费用由项目主管部门报同级财政部门审核，财政部门根据代建项目实际情况商有关部门核定。

1）建设单位自行确定项目代建单位和政府设立（或授权）产生的代建单位，其代建管理费由同级财政部门根据代建内容和要求，按不高于基建财务制度规定的项目建设单位管理费标准严格核定，并计入项目建设成本。

2）政府招标产生的项目代建单位，其代建管理费标底由同级财政部门比照基建财务制度规定的建设单位管理费标准编制，实际发生的代建管理费计入项目建设成本。

3）代建管理费要与代建单位的代建内容、代建绩效挂钩。财政部门要制定专门的办法加强对项目代建单位建设管理工作的考核，实行奖优罚劣，奖励资金可从项目结余资金中开支。代建管理费的拨付要与工程进度、建设质量等结合起来，原则上可预留20%的代建管理费，待项目竣工一年后再支付。

4）建设项目实行代建制，除使用单位前期工作发生必要的费用经批准可列支外，任何单位不得再列支建设单位管理费。

本意见未尽事项，仍按现行基本建设财务管理规定执行。"

（2）代建管理费的计价方法

代建单位在对投标报价进行计价时，应按照国家的有关规定并结合自身实际情况，作出合理的报价。依照国家计委《建设项目前期工作咨询收费暂行规定》（计价格〔1999〕1283号文件）、《财政部关于切实加强政府投资项目代建制财政财务管理有关问题的指导意见》，代建管理费的标底由同级财政部门比照基建财务制度规定的建设单位管理费标准编制。

代建人也可以代建项目的投资总额为基数，再乘以一定的系数，同时考虑市场竞争和企业自身情况，依照主管部门审批通过的项目可行性研究报告的投资总额做出报价。一般来说，代建费的取费比率占总投资额的1%～3%。

由于目前国家对于代建制没有统一的取费标准，代建单位在计价时的计价依据主要是《财政部关于切实加强政府投资项目代建制财政财务管理有关问题的指导意见》、《建设项目前期工作咨询收费暂行规定》和《建设工程监理与相关服务收费管理规定》的取费限额，并结合企业实际情况做出报价。代建单位的报价一般超过上述规定的标准。

（3）代建管理费的确定

招标人在与代建方进行合同谈判时，代建管理费的确定是一个关键环节，但这个环节是建立在代建方可以保证工程项目的管理水平的基础上，尽量降低代建管理费的数额。在政府投资项目的招标过程中，相对于只占投资总额的1%～3%的代建费用，招标人更看重的是代建方设计的项目管理方案是否能保证项目能保质保期地完成，甚至带来投资的节余，招标方对此也会制定一定的奖惩制度作为激励机制。

1）代建管理费的构成。全过程代建费按费用构成划分可以分为前期咨询及设计管理、投资管理、合同管理、进度管理、质量管理、安全管理、财务管理、资料管理、施工现场等费用，根据国家有关规定的取费办法，由代建交易双方协议出最终的代建服务费用。

2）代建管理费取费方式。代建管理合同属于服务合同，其合同形式主要有总价合同、单价合同和成本＋固定酬金＋风险相关的奖励或罚款，不同的合同形式决定了代建管理费用的取费方式。总价合同是比较普遍的方式，代建人根据投资总额的一定比例计提代建管理费，这样既有利于招标方投资总额的确定也使代建方成本固定在一个水平。单价合同适用于有较多不确定因素的特定情况下，固定单价，代建人可根据提供服务数量的变化计算代建费用。招标人在制定代建管理合同时通常会制定一些奖惩措施来激励代建方。例如，在投资总额内若有一定数量的节余，会以一定的系数计提分红来奖励代建方的管理绩效；若代建方实际投资总额超过预算，也会以一定的系数计提风险分担或者罚款来惩罚代建方的管理失当，在这个层面上说，代建管理合同也可以认为是成本＋固定酬金＋风险相关的奖励或罚款的合同。

7.2　工程监理

7.2.1　工程监理的产生与发展

20 世纪 80 年代在积极探索体制改革的大背景下，工程建设领域原有的体制也越来越制约着项目的发展，施工企业投机行为发生率上升，建筑市场的道德风险越来越高，市场秩序的紊乱必须得到有力的控制和监管。1983 年，我国开始实行工程质量监督制度。1984 年 9 月，国务院颁布《关于改革建筑业和基本建设管理体制若干问题的暂行规定》明确指出了我国改变工程质量监督制度，建立有权威的工程质量监督机构势在必行。这意味着我国的监督体制要从传统的单向行政监督向政府专业质量监督转变。此后随着改革开放进程的不断推进和社会主业市场经济的发展，工程监理制度作为一种更加公正、有效和全面的专业工程管理模式得到社会的重视并开始在我国建立，其发展历程可以分为 3 个阶段：

1. 试点阶段（1988～1992 年）

1988 年，国家建设部成立建设监理司，指导和管理全国监理工作。同年 7 月 25 日，建设部颁发《关于开展建设监理工作的通知》，提出建立具有中国特色的建设监理制度。同年 11 月 28 日，建设部又发出了《关于开展建设监理试点工作的若干意见》，决定建设监理制先在北京、上海、南京、天津、宁波、沈阳、哈尔滨、深圳 8 市和能源、交通的水电与公路系统进行试点。1989 年 7 月 28 日，建设部颁发了《建设监理试行规定》，这是我国开展建设监理工作的第一个政策性文件。到 1991 年末，建设监理试点工作已在全国 25 个省、自治区、直辖市和 15 个工业、交通部门开展，监理制度使得建设工程在质量、工期、造价等方面取得了可喜的效果。

2. 稳步发展阶段（1993～1995 年）

自 1992 年开始，我国陆续出台了《工程建设监理单位资质管理试行办法》、《监理工程师资格考试和注册试行办法》、《关于发布建设工程监理费有关规定的通知》等一系列规章制度。1993 年 7 月 27 日，中国建设监理协会在北京成立，标志着我国工程建筑领域内监理行业的诞生。1995 年 10 月，建设部、国家工商行政管理局印发了《工程建设监理合同》（示范文本）。同年 12 月，建设部、国家计委正式颁布了《工程建设监理规定》，同时宣布废止建设部 1989 年 7 月颁布的《建设监理试行规定》。到 1995 年底，全国 29 个省、市、自治区和国务院 39 个部门推行了建设监理制度。1995 年 12 月 19 日，建设部原部长侯捷在第六次全国建设监理工作会议上发表题为《以党的十四届五中全会精神为指针全面推进工程建设监理制》的讲话，要求"从实现两个根本性转变的高度，深刻认识全面推进建设监理制的重大战略意义。"表明我国的建设监理已由发展阶段转入全面推行阶段。

3. 全面推行阶段（1996年至今）

1996年开始，建设工程监理制度在全国全面推行。1997年颁布的《中华人民共和国建筑法》第三条规定："国家推行建筑工程监理制度。"这是我国第一次以法律的形式对工程监理作出规定。2000年1月30日发布施行的《建设工程质量管理条例》（国务院令第279号），对工程监理单位的质量责任和义务作出了具体的规定。2000年，国家技术监督局和建设部联合发布了国家标准《建设工程监理规范》（GB50319-2000）。2001年，建设部发布第86号令《建设工程监理范围和规模标准规定》和102号令《工程监理企业资质管理规定》。2002年，建设部下发《房屋建设工程施工旁站管理办法（试行）》（建设〔2002〕189号），标志着我国的建设监理正从推广阶段逐步进入制度化、规范化、科学化运行阶段。2003年，建设部《关于培育发展工程总承包和工程项目管理企业的指导意见》（建设〔2003〕30号）出台，鼓励大型设计、施工、监理等企业与国际大型工程公司以合资或合作的方式，组建国际性工程公司或项目管理公司，参加国际竞争。2004年11月16日，建设部颁布了《建设工程项目管理试行办法》，为全面推行建设工程项目管理铺平了道路。2004年2月1日起施行的《建设工程安全生产管理条例》（国务院令第393号），对工程监理承担建设工程安全生产的监理责任作出了规定。

7.2.2 工程监理的选择与取费

1. 我国工程监理的选择

2000年起正式实施《中华人民共和国招标投标法》规定："在中华人民共和国境内进行的大型基础设施、公用事业等关系社会公共利益、公共安全的项目；全部或部分使用国有资金投资或者国家融资的项目；以及使用国际组织或者外国政府贷款、援助资金的项目的勘察设计、施工、监理以及与工程建设有关的重要设备材料采购等必须进行招标。"这从法律层面上，将工程监理纳入了强制招标范畴。由于我国大部分项目的监理只停留在工程施工阶段，所以我国的监理招标多参照施工方案实行招标。

（1）选择监理单位时的影响因素

选择一支具有相应资质，技术能力强，管理水平高的监理队伍，这对工程项目的管理起着至关重要的作用。通过招标方式选择监理单位时，应综合考虑以下几点因素：

1）监理单位的资质条件。依法成立的监理单位按照专业资质划分为甲、乙、丙三级，每个资质对应不同的业务范围，项目法人会根据项目实际情况，选择最合适的监理单位。

2）监理单位的人才队伍。监理单位不仅要拥有管理、技术、法律等方面的专业人员，更要尽量提高监理人员的专业素质，扩展知识覆盖面，尤其是作为监理总监的人员还要具备丰富的经验。

3）监理单位的业绩和声誉。监理单位在以往工程项目中的绩效有重要的参考价值。由于我国还没有完善的信用制度，故项目法人判断监理单位声誉时主要考虑其在诚实、守法等方面的记录。

4）监理单位的经济和技术实力。监理单位经济实力决定了其能承担的风险有多大，而技术实力会直接影响项目的管理水平。

5）监理单位的费用。监理取费是监理合同的核心组成部分，合理的监理费用也是项目法人不可不考虑的重要因素。

（2）监理单位的选择流程

建设监理招标方式分为公开招标和邀请招标。在公开招标时，要求在招标程序中列入资质预审阶段，邀请招标则先进行资质调查后，将招标文件发给指定的几家监理单位。项目法人在选择监理单位时的一般流程为：

1）确定监理服务的要求和范围。监理范围包括工程范围、时限范围和服务范围，哪些工程、工程的哪些阶段需要监理，需要监理单位做哪些工作，这些工作的要求是怎样的，这是项目法人在招标前需要考虑的首要问题。

2）成立招标组织机构。项目法人若有招标资质可自行成立招标机构，若没有相应资质应委托招标代理机构组织招标，招标组织应既熟悉项目的基本情况，又了解监理服务的基本知识，同时本着公正的原则选择合适的监理单位。

3）监理单位的资格预审。资格预审是由招标人对申请参加投标的潜在投标人的资质条件、业绩、信誉、技术、资金等多方面情况进行资格审查。只有通过审查合格的潜在投标人才可以参加投标。资格预审后确定参选名单，名单不宜过长，国际上的普遍做法是选择 3～6 家参选单位。

4）发布招标公告和投标邀请书。邀请信应包括的主要内容有：①工程项目简介。②拟委托服务的范围、内容、职责、合同条件以及其他补充资料等。③监理费用计价基础方式。④监理投标书编制格式、要求、内容。⑤监理投标书编制的时间要求。⑥监理投标书有效期规定，即在此期间不允许改变监理人员配置方案和监理报价等。⑦提交投标书的地点、方式、日期。⑧开始监理的时间。⑨项目法人可提供的人员、设施、交通、通信以及生活设施等。⑩其他，如有关纳税规定，当地有关法律，其他被邀请监理单位名单，被邀方接受邀请的回复办法等。

5）确定评审方式。选择监理单位的评审方式有 2 种：①是先进行单纯技术评审，技术评审合格者再进行监理费用的评审。②是综合评审，既考虑技术评审内容，又考虑监理费用报价。项目法人根据具体建设项目的复杂性和难易程度，以及项目法人对社会监理单位期望的大小来选择使用哪种评审方式。

6）评标。评审委员会应有不少于三分之二的专家，专家根据监理单位监理大纲的质量，配备监理人员的素质和工程监理经验和业绩来选择。监理单位的取费不作为主要的考虑因素，因为选择一个理想的监理单位，配备一支高素质的监理队伍是提升项目总体质量的重要条件，其创造的经济效益和带来的好处要远远超过支出的监理费用。

7）中标并签订委托合同。项目法人与中标的监理单位谈判，签订监理委托合同。在招标文件中给出的合同文本的基础上，再对具体问题作协商，最后签订合同。

2. 我国工程监理的取费

（1）监理取费依据和构成

工程监理作为一种服务型商品出售，项目法人购买时必须要支付相应的费用。监理服务费的构成与一般工程咨询服务费相同，包括：1）直接费：即直接从事该建设项目工作的人员工资、奖金、附加工资（保险、福利、补助等）及津贴等。2）间接费：除直接工作人员之外的管理和业务人员工资，以及办公、水电、交通、设施设备折旧，通信等不能作为直接费支出的费用。通常按直接费的百分率考虑。3）技术费：获得项目咨询技术知识必须支出的费用，如购买专利、试验费、计算机软件开发或购买、培训费等。4）非经常费。诸如出国准备费、差旅费、住宿费等。5）利润与税金。

（2）监理取费的计价方法

《建设工程监理与相关服务收费管理规定》第五条规定："实行政府指导价的建设工程施工阶段监理收费，其基准价根据《建设工程监理与相关服务收费标准》计算，浮动幅度为上下20％。发包人和监理人应当根据建设工程的实际情况在规定的浮动幅度内协商确定收费额。实行市场调节价的建设工程监理与相关服务收费，由发包人和监理人协商确定收费额。"

监理取费一般包括2部分：1）建设工程施工阶段的工程监理（以下简称"施工监理"）服务收费。2）勘察、设计、保修等阶段的相关服务（以下简称"其他阶段的相关服务"）收费。下面分别介绍这两种费用的计价方法。

1）施工监理服务收费

铁路、水运、公路、水电、水库工程的施工监理服务收费（式7-1）按建筑安装工程费分档定额计费方式计算收费，其计费额为工程概算中的建筑安装工程费。其他工程的施工监理服务收费按照建设项目工程概算投资额分档定额计费方式计算收费，其计费额为工程概算中的建筑安装工程费、设备购置费和联合试运转费之和，即工程概算投资额。

施工监理服务收费＝施工监理服务收费基准价×（1±浮动幅度值）　　　　（式7-1）

施工监理服务收费基准价＝施工监理服务收费基价×专业调整系数×工程复杂程度调整系数×高程调整系数

（式7-2）

其中，施工监理服务收费基准价（式7-2）为完成国家法律法规、规范规定的施工阶段监理基本服务内容的价格，发包人与监理人根据项目的实际情况，在规定的浮动幅度范围内协商确定施工监理服务收费合同额。施工监理服务收费基价按（发改价格［2007］670号）规定执行，见表7-1。计费额处于两个数值区间的，采用直线内插法确定施工监理服务收费基价。

工程建设监理收费标准（发改价格［2007］670号）（万元）　　表7-1

序　号	计费额	收费基价
1	500	16.5
2	1000	30.1
3	3000	78.1
4	5000	120.8
5	8000	181.0
6	10000	218.6
7	20000	393.4
8	40000	708.2
9	60000	991.4
10	80000	1255.8
11	100000	1507.0

续表

序　号	计费额	收费基价
12	200000	2712.5
13	400000	4882.6
14	600000	6835.6
15	800000	8658.4
16	1000000	10390.1

注：本表为施工监理收费基价，监理费按内插法计算，如工程造价为 6000 万元工程监理费计算方法如下：120.8 ＋(181.0－120.8)/(8000-5000)×(6000－5000)＝140.87 万元。

施工监理服务收费调整系数包括：专业调整系数、工程复杂程度调整系数和高程调整系数。

① 专业调整系数。对不同专业建设工程的施工监理工作复杂程度和工作量差异进行调整的系数。计算施工监理服务收费时，专业调整系数在"施工监理服务收费专业调整系数表"表 7-2 中查找确定。

施工监理服务收费专业调整系数表　　　　　表 7-2

工程类型	专业调整系数
A. 矿山采选工程	
黑色、有色、黄金、化学、非金属及其他矿采选工程 选煤及其他煤炭工程 矿井工程，铀矿采选工程	0.9 1.0 1.1
B. 加工冶炼工程	
冶炼工程 船舶水工工程 各类加工 核加工工程	0.9 1.0 1.0 1.2
C. 石油化工工程	
石油工程 化工、石化、化纤、医药工程 核化工工程	0.9 1.0 1.2
D. 水利电力工程	
风力发电、其他水利工程 火电工程、送变电工程 核能、水电、水库工程	0.9 1.0 1.2
E. 交通运输工程	
机场场道、助航灯光工程 铁路、公路、城市道路、轻轨及机场空管工程 水运、地铁、桥梁、隧道、索道工程	0.9 1.0 1.1
F. 建筑市政工程	
园林绿化工程 建筑、人防、市政公用工程 邮政、电信、广播电视工程	0.8 1.0 1.0
G. 农业林业工程	
农业工程 林业工程	0.9 0.9

② 工程复杂程度调整系数。对同一专业不同建设工程项目的施工监理复杂程度和工作量差异进行调整的系数。工程复杂程度分为一般、较复杂和复杂三个等级，其调整系数分别为：一般（Ⅰ级）0.85；较复杂（Ⅱ级）1.0；复杂（Ⅲ级）1.15。计算施工监理服务收费时，工程复杂程度在《建设工程监理与相关服务收费标准》相应章节的"工程复杂程度表"中查找确定。本书只列举出建筑、人防工程复杂程度表，见表7-3。

建筑、人防工程复杂程度表 表 7-3

等　级	工程特征
Ⅰ级	1. 高度<24m 的公共建筑和住宅工程； 2. 跨度<24m 厂房和仓储建筑工程； 3. 室外工程及简单的配套用房； 4. 高度<70m 的高耸构筑物
Ⅱ级	1.24m≤高度<50m 的公共建筑工程； 2.24m≤跨度<36m 厂房和仓储建筑工程； 3. 高度≥24m 的住宅工程； 4. 仿古建筑，一般标准的古建筑、保护性建筑以及地下建筑工程； 5. 装饰、装修工程； 6. 防护级别为四级及以下的人防工程； 7.70m≤高度<120m 的高耸构筑物
Ⅲ级	1. 高度≥50m 或跨度≥36m 的厂房和仓储建筑工程； 2. 高标准的古建筑、保护性建筑； 3. 防护级别为四级以上的人防工程； 4. 高度≥120m 的高耸构筑物

③ 高程调整系数：

海拔高程 2001m 以下的为 1；

海拔高程 2001～3000m 为 1.1；

海拔高程 3001～3500m 为 1.2；

海拔高程 3501～4000m 为 1.3；

海拔高程 4001m 以上的，高程调整系数由发包人和监理人协商确定。

2）其他阶段的相关服务收费

一般按相关服务工作所需工日和《建设工程监理与相关服务人员人工日费用标准》收费。

7.3　工程项目造价咨询

7.3.1　工程造价咨询的内容

工程造价咨询是指工程造价企业接受委托，运用工程造价的专业技能，为建设项目决策、设计、交易、实施、结算等各个阶段工程计价和工程造价管理提供的有偿服务。

建设部 2002 年颁布的《建设工程造价咨询合同（示范文本）》在第三部分专用条件第四条列举了工程造价咨询 5 类服务范围：

（1）建设项目可行性研究投资估算的编制、审核及项目经济评价。

（2）建设工程概况、预算、结算、竣工结（决）算的编制、审核。

（3）建设工程招标标底、投标报价的编制、审核。

（4）工程洽商、变更及合同争议的鉴定与索赔。

（5）编制工程造价计价依据及对工程造价进行监控和提供有关工程造价信息资料等。

根据《建设项目全过程造价咨询规程》中的标准，工程造价咨询的内容可以按照项目建设的不同阶段划分为 6 个部分。

1. 项目决策阶段

（1）投资估算的编制、审核与调整。主要是依据现有资料和一定的方法对建设项目的投资额进行的估计。除规定外，一般包括从筹建至竣工验收的全部建设工程费用，包括建安工程费、设备和工器具及生产家具购置费及建设有关的其他费用，并应列入预备费。投资估算作为建设前期所确定的投资额，其准确程度较低，误差率一般在 10%～30%。

（2）建设项目经济评价。建设项目经济评价在预测、选址、技术方案等多项研究的基础上，对项目投入产出的各种经济因素进行调查研究，通过多项指标的计算，对项目的经济合理性、财务可行性及抗风险能力作出全面的分析与评价，为项目决策提供主要依据。

（3）协助建设单位进行投资分析、风险控制，提出融资方案的建议。

2. 设计阶段

（1）设计概算的编制、审核与调整。在投资估算控制下设计单位在初步设计或扩大初步设计阶段，根据设计图样及说明书、设备清单、概算定额或概算指标、各项费用取费标准等资料、类似工程预（决）算文件等资料，用科学方法计算和确定建安工程全部建设费用文件。设计概算分单位工程概算、单项工程概算和建设项目总概算三级。

（2）施工图预算的编制或审核。一般采用"单位估价法"编制施工图预算，先根据施工图计算出来分部分项工程量，再结合事先编好的分部分项工程量单价表得出预算的估价方法。施工图预算可分单位工程预算，单项工程预算和建设项目总预算三级。

（3）提出工程设计、施工方案的优化建议，各方案工程造价的编制与比选。

3. 招投标阶段

（1）参与工程招标文件的编制。造价咨询人员拟定商务标中主要条款，参与制定商务标及价格标的评标办法。

（2）施工合同的相关造价条款的拟定。施工合同的类型有总价合同、单价合同和成本加酬金合同，造价咨询人员应根据项目的实际情况选择适合的合同类型。合同类型选定之后，造价咨询人员还要对合同中涉及工程价款支付、调整、变更、竣工、结算及索赔条款的相应内容进行详细审查，尽量减少合同风险。

（3）招标工程工程量清单的编制。按照招标要求和施工设计图纸要求，将拟建招标工程的全部项目和内容依据统一的工程量计算规则和子目分项要求，计算分部分项工程实物量，列在清单上作为招标文件的组成部分，供投标单位逐项填写单价用于投标报价。这是招标人编制标底、招标控制价和投标方报价的依据，也是竣工结算调整的依据。

（4）招标工程招标控制价的编制或审核。招标人根据国家或省级、行业建设主管部门颁发的有关计价依据和办法，按设计施工图纸计算的，对招标工程限定最高工程造价。

（5）投标报价的编制和投标策略的选择。投标人根据招标书和相关计价依据得出的工程造价，是投标书的核心内容。标价是招标单位在评审时考虑的重要指标，也是投标企业的自主定价，因此，对投标单位的投标成败和未来实施项目的盈亏起着至关重要的作用。在确定标价之后，运用合理的投标技巧也会让投标人取得事半功倍的效果。我国目前常用的投标策略有不平衡报价法、多方案报价法、增加建议方案、突然降价法等。

（6）招标项目投标价合理性的分析和承包合同价的确定。在评审投标文件时，投标报价是评审需要考虑的重要因素，报价的合理性分析是其中的关键环节，对投标质量的评价起着决定性作用。承包合同价是业主和承包商在签订承发包合同时讨论的核心内容，合同中确定的承包价有固定合同价、可调合同价和成本加酬金确定的合同价，造价咨询人员应结合项目的实际情况选择合适的合同价形式。

4. 施工阶段

（1）建设项目工程造价相关合同履行过程的管理。造价咨询人员在工程项目施工阶段为有效控制工程造价，同时确保工程建设质量以及施工进度，需要根据项目、业主和施工单位的实际情况选择合理的施工管理方法，尽量避免各种不确定因素对工程造价产生影响，尤其是要有效控制施工过程中的工程变更问题，做好记录，保管好相关的文件资料。

（2）工程计量支付的确定，审核工程款支付申请，提出资金使用计划建议。工程价款的结算方式分为按月结算、竣工后一次结算和分段结算。造价咨询人员在确定结算方式之后，应提出合理的工程预付款、工程进度款和工程保留金的支付方式和支付金额。在接到承包商提交的已完工程量报告时，需审核工程量完成情况，认可审批后支付工程量进度款，并提出合理的资金使用计划建议。

（3）施工过程的设计变更、工程签证和工程索赔的处理。施工过程中设计变更和工程签证是经常性的情况，变更的出现通常会引起工程造价的浮动，有时甚至会超过概算，这时就需要造价咨询人员谨慎核查后再给出具体的建议。工程签证是记录施工现场发生特殊费用的书面形式，是工程结算的重要依据，通过对现场签证的分析、审核，可为索赔事件的处理提供依据，并正确地计算索赔费用。

5. 竣工阶段

（1）竣工结算审核。施工企业按照合同规定的内容全部完成所承包的工程，经验收质量合格，并符合合同要求之后，向发包单位进行的最终工程款结算。工程价款竣工结算的一般公式为（式 7-3）所示。

竣工结算工程价款＝预算（或概算）＋施工过程中预算或合同价款调整数额－预付及已结工程价款－工程保修金

(式 7-3)

（2）竣工决算的编制与审核。竣工决算的内容包括从项目策划到竣工投产全过程的全部实际费用，即建安工程费用、设备及工器具购置费用、工程建设其他费用、预备费以及投资方向调节税支出费用等。竣工决算是由建设单位编制的反映建设项目实际造价和投资效果的文件，是竣工验收报告的主要组成部分。

7.3.2 工程造价咨询成果

由中国建设工程造价管理协会组织编制的《建设工程造价咨询成果文件质量标准》（CECA/GC7—2012）中定义工程造价咨询的成果文件是工程造价咨询企业在承担工程造价咨询业务时，为委托方出具的具有法律责任、反应各阶段工程造价确定与控制成果的文件，包括投资估算书、设计概算书、施工图预算书、竣工结算审查书、工程量清单、招标控制价、工程计量与支付、工程索赔、工程造价经济纠纷鉴定书等文件。

工程造价咨询企业承担造价咨询业务时，根据与相关单位签订的造价咨询合同，编制相应的造价咨询成果文件，成果文件的编制应符合国家、行业或中国建设工程造价管理协会的相关规定。成果文件的保存期为 10 年。根据造价咨询服务的业务分类，工程造价咨询的成果文件的组成和要求主要包括：

1. 投资估算编制的成果文件

应包括投资估算书封面、签署页、目录、编制说明、投资估算汇总表、单项工程投资估算表等，与项目建议书或可行性研究一起装订的成果文件，可不单设封面、目录和签署页。相关表式可依据行业特点参考《建设项目投资估算编审规程》（CECA/GC1—2007）附录编制或自行设计。

（1）封面。包括项目名称、编制单位名称和编制日期，并应加盖有企业名称、资质等级、证书编号的工程造价咨询企业执业印章。成果文件名称应为××工程投资估算。

（2）签署页。包括工程名称及编制人、审核人、审定人和法定代表人或其授权人的姓名。编制人、审核人、审定人应在签署页签署执业（或从业）资格专用印章，法定代表人或其授权人应在签署页签字或盖章。

（3）编制说明。应阐述工程概况、编制范围、编制方法、编制依据、不包括的范围、主要技术经济指标、有关参数和率值选定、投资分析，以及特殊问题的说明等。

（4）投资估算汇总表。纵向分解到单项工程费用，并应包括工程建设其他费用、预备费、建设期贷款利息。生产经营性项目需要估算流动资金的，还应包括流动资金。汇总表横向应分解到建筑工程费、设备及工器具购置费、安装工程费和其他费用。编制人、审核人、审定人应在投资估算汇总表加盖具有编号的执业或从业印章，见表 7-4。

投资估算汇总表

表 7-4

工程名称：××××住宅区 2 号住宅楼

序　号	工程费用名称	工程量单位	工程量数量	估算造价单价（元）	估算造价金额（万元）
1. 建安工程费					
（1）	住宅楼	m²	4000	1500	600
（2）	配套商业用房	m²	300	1500	45
	小计		—		645
2. 市政设施与景观					
（1）	市政管网				20
（2）	市政景观				10
3. 其他费用					
……					
4. 预备费					
……					
5. 贷款利息					
……					
	总计		—		800

（5）单项工程投资估算表。可行性研究阶段的投资估算应编制单项工程投资估算表，纵向应分解到建筑工程费、设备及工器具购置费、安装工程费。单项工程投资估算表应有编制人、审核人、审定人的署名。

2. 设计概算编制的成果文件

设计概算编制的成果文件应包括设计概算书封面、签署页、目录、编制说明、总概算表、综合概算表、单位工程设计概算表、补充单位估价表等。相关表式可依据行业特点参考《建设项目设计概算编审规程》（CECA/GC2—2007）附录编制或自行设计。

（1）封面。包括工程名称、编制单位名称和编制日期，并应加盖有企业名称、资质等级、证书编号的工程造价咨询企业执业印章。成果文件名称应为××设计概算书。

（2）签署页。包括工程名称及编制人、审核人、审定人和法定代表人或其授权人的姓名。编制人、审核人、审定人应在签署页签署执业（或从业）资格专用印章，法定代表人或其授权人应在签署页签字或盖章。

（3）编制说明。应阐述工程概况、编制范围、编制方法和形式、主要技术经济指标、重大事项说明、主要暂估项目说明、与投资估算的对比分析以及投资分析的说明等。

（4）设计概算总概算表。纵向分解和横向分解参见投资估算汇总表。编制人、审核人、审定人应在设计概算总概算表、综合概算表上签署执业（或从业）资格专用印章。

（5）综合概算表。2个以上单项工程的建设项目应编制设计概算综合概算表，纵向应分解到单项工程，横向应分解到建筑工程费、设备及工器具购置费、安装工程费和其他费用。编制人、审核人、审定人应在设计概算综合概算表上署名。

（6）单项工程设计概算表。同单项工程投资估算表。

3. 施工图预算编制的成果文件

通常表现形式为施工图预算书，建设单位有要求的还应编制施工图预算汇总表、单项工程施工图预算汇总表。施工图预算编制的成果文件应包括施工图预算书封面、签署页、目录、编制说明、施工图预算汇总表、单项工程施工图预算汇总表、单位工程施工图预算书、措施费用计算表、人工材料机械用量分析表及价差计算表、其他基本建设费用计算表等。相关表式可依据行业特点参考《建设项目施工图预算编审规程》（CECA/GC5—2007）附录编制或自行设计。

（1）施工图预算书封面。包括项目名称、编制单位名称和编制日期，并应加盖有企业名称、资质等级、证书编号的工程造价咨询企业执业印章。成果文件名称应为××工程施工图预算书。

（2）签署页。包括项目名称、预算总额、编制人、审核人、审定人和法定代表人或其授权人的签名。预算总额处应加盖工程造价咨询企业执业印章。编制人、审核人、审定人应在签署页签署执业（或从业）资格专用印章，法定代表人或其授权人应在签署页签字或盖章。

（3）编制说明。应阐述工程概况、编制范围、编制方法、编制依据、不包括的范围、主要技术经济指标、有关参数和率值选定、主要技术经济指标、主要施工方案以及特殊问题的说明等。

（4）施工图预算汇总表。纵向分解和横向分解参见投资估算汇总表。编制人、审核人、审定人应在施工图预算汇总表签署执业（或从业）资格专用印章。

（5）单项工程施工图预算汇总表。纵向应分解到单位工程，横向应分解到建筑工程费、设备及工器具购置费、安装工程费。单项工程施工图预算汇总表应有编制人、审核人的签名。

（6）单位工程施工图预算书。可采用工料单价法或实物量法编制，其纵向应依据相应预算定额的项目划分分解到分项工程。采用单价法编制，横向应分解到人工、材料、机械费用，然后按单位工程汇总定额直接费，最后调整价差，并计取有关税费；采用实物法编制，横向应分解到人工、材料、机械消耗量，然后汇总人工、材料、机械消耗量，并依据人工、材料、机械单价计算并汇总定额直接费，最后计算有关税费。单位工程施工图预算书表应有编制人、审核人的署名。

4. 工程量清单编制的成果文件

工程量清单编制的成果文件应包括招标工程量清单封面、扉页总说明、建设项目汇总表、单项工程汇总表、单位工程汇总表、分部分项工程和单价措施项目清单表、总价措施项目清单表、其他项目清单表、规费/税金项目清单表等。相关表式应按照现行国家标准《建设工程工程量清单计价规范》（GB 50500—2013）规定的格式编制。

《计价规范》GB 50500—2013中对封面的要求比较简单，主要内容放在"扉页"中。

（1）扉页应按规定的内容填字、签字、盖章，由造价员编制的工程量清单应有负责审核的造价工程师签字、盖章。受委托编制的工程量清单，应有造价工程师签字、盖章以及工程造价咨询人盖章，见表7-5。

招标工程量清单扉页　　　　　　　　表7-5

＿＿＿＿＿＿＿＿＿＿＿＿＿＿＿＿＿＿＿工程
招标工程量清单
招　标　人：＿＿＿＿＿＿＿　　　　造价咨询人：＿＿＿＿＿＿＿   　　　　　（单位盖章）　　　　　　　　　　（单位资质用专章）
法定代表人   或其授权人：＿＿＿＿＿＿＿　　　法定代表人   　　　　　（签字或盖章）　　　或其授权人：＿＿＿＿＿＿＿   　　　　　　　　　　　　　　　　　　　　　（签字或盖章）
编　制　人：＿＿＿＿＿＿＿　　　　复　核　人：＿＿＿＿＿＿＿   　　（造价人员签字盖专用章）　　　　（造价工程师签字盖专用章）
编制时间：　年 月 日　　　　　复核时间：　年 月 日

（2）总说明。应阐述工程概况、编制范围、编制依据和其他相关说明等，见表7-6。

总说明

表 7-6

工程名称：××××住宅区 2 号住宅楼

第 页 共 页

1）工程概况：
① 项目名称：××××住宅区 2 号住宅楼
② 建设单位：××××公司
③ 地点：××××
④ 招标代理：××××工程咨询公司
⑤ 设计单位：××××
⑥ 工程规模：占地 1001.76m²，建筑面积 4196.25m²。
⑦ 资金来源：企业投资及自筹。
2）招标范围：土建部分、装饰部分。
3）工程质量要求：国家验收合格标准
4）工期：计划开工时间：20××年×月××日；计划竣工时间：20××年×月××日。
5）工程说明：建筑物地上 6 层。一～二层砖混结构为商业网点，三～六层为住宅。建筑结构形式为部分砖混，部分框架结构，基础形式是为独立基础和条形基础；建筑物装饰部分（具体详见施工图纸）。
6）现场自然条件：地基土为Ⅲ类，场地内无液化地层。第一层为杂填土，主要由碎石，砖块，炉灰黏性土组成。第二层为粉质黏土，地基承载力标准值 150kPa 第三层为粉质黏土；地基承载力标准值 110kPa。第四层粉质黏土，地基承载力标准值 110kPa。
7）清单编制依据：
① ××××设计单位的施工图纸及说明，
②《建设工程工程量清单计价规范》GB 50500—2013
③《××省建设工程工程量清单计价监督管理方法》。
8）金额（价格）均应以人民币表示。

分部分项工程和单价措施项目清单

表 7-7

工程名称：××××住宅区 2 号住宅楼

序 号	项目编码	项目名称	项目特征	计量单位	工程量
		A.1	土方工程		
1	010101001001	平整场地	1. 三类土 2. 运距 20m 以内	m²	1001.76
2	……	……	……	……	……
		D.	砖砌体		
5	010401008001	填充墙	1. 煤矸石空心砌块 2. 墙厚 200mm	m³	167.42
……	……	……	……	……	……

措施项目清单

表 7-8

工程名称：××××住宅区 2 号住宅楼　　　　　　　标段：

序 号	项目编辑	项目名称	计算基础	费率（%）	金额（元）	备 注
1		安全文明施工费				
2		夜间施工增加费				
3		二次搬运费				
4		冬雨季施工增加费				
5		已完工程及设备保护				
					1	
		合计			1	

编制人（造价人员）：　　　　　　复核人（造价工程师）：

5. 招标控制价编制的成果文件

招标控制价成果文件应包括招标控制价封面、扉页、编制（总）说明、建设项目招标控制价汇总表、单项工程招标控制价汇总表、单位工程招标控制价汇总表，见表 7-9。分部分项工程和单价措施项目计价表、综合单价分析表，见表 7-10 等。招标控制价计价表应按照现行国家标准《建设工程工程量清单计价规范》（GB 50500—2013）规定的计价表格式编制。

（1）招标控制价扉页。应包括工程名称、招标控制价：（小字，大字）数目、招标人名称、编制单位名称和编制日期，并应加盖招标人公章及由法定代表人或其授权人签字或盖章，加盖工程造价咨询企业单位资质专用章，并由招标控制价编制人员及复核人员签署执业（或从业）资格专用印章。成果文件名称应为××工程招标控制价。

（2）编制说明。应阐述工程概况、编制范围、编制依据、编制方法、招标控制价组价原则及相关费用计取说明和其他说明等。其中招标控制价组价原则及相关费用计取说明应包括人工费、主要材料设备费、管理费、利润和风险费的计取原则说明，其他说明应包括由于招标工程存在的特殊施工条件或招标文件对本工程提出的特殊要求、而应当增减的措施费等相关费用的计取说明等。

单位工程招标控制价/投标报价汇总表

表 7-9

工程名称：　　　　　　　　　　　　　　标段：　　　　　　　　　　　　　　第　页　共　页

序　号	汇总内容	金额（元）	其中，暂估价（元）
1	分部分项工程		
1.1			
1.2			
1.3			
1.4			
1.5			
2	措施项目		—
2.1	其中：安全文明施工费		—
3	其他项目		—
3.1	其中：暂列金额		—
3.2	其中：暂估价		—
3.3	其中：计日工		—
3.4	其中：总承包服务费		—
4	规费		—
5	税金		—
招标控制价合计=1+2+3+4+5			

注：本表适用于单位工程招标控制价或投标报价的汇总，如无单位工程划分，单项工程也使用本表汇总。

综合单价分析表   表 7-10

工程名称：   标段：   第 页 共 页

| 项目编码 | | 项目名称 | | 计量单价 | | 工程量 | |

清单综合单价组成明细

定额编号	定额项目名称	定额单位	数量	单价				合价			
				人工费	材料费	机械费	管理费和利润	人工费	材料费	机械费	管理费和利润
人工单价			小计								
元/工日			未计价材料费								
清单项目综合单价											

材料费明细	主要材料名称、规格、型号	单位	数量	单价（元）	合价（元）	暂估单价（元）	暂估合价（元）
	其他材料费			—		—	
	材料费小计			—		—	

注：1. 如不使用省级或行业建设主管部门发布的计价依据，可不填定额编号、名称等。

2. 招标文件提供了暂估单价的材料，按暂估的单价填入表内"暂估单价"栏及"暂估合价"栏。

6. 竣工结算审查的成果文件

竣工结算审查的成果文件应包括竣工结算审查报告书封面、签署页、竣工结算审查报告书正文、竣工结算审定签署表、竣工结算审查汇总对比表、单项工程竣工结算审查汇总对比表、单位工程结算审查汇总对比表、分部分项（措施、其他、零星）工程审查对比表等。相关表式可依据行业特点参考《建设项目工程结算编审规程》（CECA/GC3—2007）附录编制或自行设计。

（1）封面。应包括项目名称、档案号、编制单位名称和编制日期，并应加盖工程造价咨询企业执业印章。成果文件名称应为××工程竣工结算审查书。

（2）签署页。应包括项目名称及编制人、审核人、审定人和法定代表人或其授权人的姓名。编制人、审核人、审定人应在签署页签署执业（或从业）资格专用印章，法定代表人或其授权人应在签署页签字或盖章。

（3）竣工结算审查报告书正文。应阐述工程概况、审查范围、审查原则、审查依据、审查方法、审查程序、审查结果、主要问题、有关建议等。

（4）竣工结算审定签署表。应包括工程名称、工程地址、发包人单位、承包人单位、报审结算造价、调整金额、审定结算造价等内容。发包单位、承包单位、审查单位的法定代表人均必须在本表中签字并盖章，审查单位应加盖工程造价咨询企业执业印章。

（5）竣工结算审查报告书。应包括竣工结算审查汇总对比表、单项工程竣工结算审查汇总对比表、单位工程结算审查汇总对比表。上述各表均应有编制人、审核人、审定人的署名。

7. 全过程造价管理咨询的成果文件

全过程造价管理咨询业务的工程造价咨询企业除应出具投资估算编制、设计概算编制、施工图预算编制、工程量清单编制、招标控制价编制和竣工结算审查的成果文件之外，还应编制清标报告、工程计量与支付审核报告、合同价款调整审核报告等成果文件。成果文件相关表式可依据相关标准或项目情况及行业特点自行设计。

（1）清标报告

清标报告是承担全过程造价管理咨询业务的工程造价咨询企业在开标后、评标前，通过对招标报价进行分析编制的成果文件。清标报告应包括清标报告封面、清标报告的签署页、清标报告编制说明、清标报告正文及相关附件。

1）封面。应包括项目名称、编制单位名称和编制日期，并应加盖工程造价咨询企业执业印章，成果文件名称应为××工程清标报告。

2）签署页。应有编制、审核、审定人员的署名，编审人员在签署页签署执业（或从业）资格专用印章。

3）编制说明。应包括各投标人投标报价情况的整体介绍、清标工作的内容、清标工作的方法及招标文件中涉及工程造价的要求和规定等。

4）正文。应阐述清标的内容、清标的范围、清标的方法、清标的结果和主要问题等，一般应主要包括算术性错误的复核与整理，不平衡报价的分析与整理，错项、漏项、多项的核查与整理；综合单价、取费标准合理性分析和整理；投标报价的合理性和全面性分析和整理，投标文件中含义不明确、对同一问题表述不一致、明显的文字错误的核查与整理等。

（2）工程计量与支付审核报告

在项目的实施过程中，承担全过程造价管理咨询业务的工程造价咨询企业应按照工程计量与工程价款支付的要求出具工程计量与支付成果文件，其中应包括工程计量与支付审核报告封面、签署页、编制说明、汇总表、分项工程付款组成清单、相关附件。

1）封面。应包括项目名称、承包人名称、编制单位名称和编制日期，并应加盖工程造价咨询企业执业印章。成果文件名称应为××工程计量与支付审核报告。

2）签署页。应有编制、审核、审定人员的署名，编审人员在签署页签署执业（或从业）资格专用印章。

3）编制说明。应包括审核付款依据的合同条款和合同摘要、相关技术文件、往来函件名称等、承包人申请的付款金额、抵扣的项目工程款（包括预付款）、工程造价咨询单位审核的付款金额。合同摘要主要内容包括合同总价、合同工期、合同形式、支付方式、预付款额度、预付款抵扣方式、保留金比例、保留金返还方式、误期损害赔偿、变更价款及支付方式、其他与支付相关情况的说明。

4) 工程计量与支付审核汇总表。应包括本周期累计已完成的工程价款、至本周期累计已实际支付的工程价款、本周期已完成的工程价款、本周期完成的计日工金额、本周期应增加和扣减的变更金额、本周期应增加和扣减的索赔金额、本周期应抵扣的预付款、本周期应扣减的质量保证金、本周期应增加或扣减的其他金额、本周期实际应支付的工程价款，见表 7-11。

工程计量支付汇总表　　　　　　　　表 7-11

工程名称：××××住宅区 2 号住宅楼　　　　　　　　　　上报时间：　　年　月　日

单位人民币：万元

合同总价（1）	其中		上月末累计支付工程款（2）	本月末累计支付工程款（3）	本月实际支付金额（4＝8－10－11＋12）
	工程合同总价	暂定金额			
365	340	25	0	90	90
本月计量支付					
计量工程款（5）	占合同总价比（%）（6）		扣除保证金（10%）（7）		本月支付工程款（8＝5-7）
100	30%		10		90
上月末借款余额（9）	本月扣除借款额（10）		本月扣除的其他款项（11）		本月结算的其他款项（12）
0	0		0		0

制　　表：　　　　　　　　　计量监理：　　　　　　　分管合同副总经理：
项目经理：　　　　　　　　　总　　监：　　　　　　　分管项目顾总经理：
业主总经理：

（3）合同价款调整审核报告

承担全过程造价管理咨询业务的工程造价咨询企业应依据建设工程施工合同要求，适时出具合同价款调整成果文件。合同价款调整成果文件主要针对法律法规变化、工程变更、项目特征描述与实际不符、工程量清单缺项、工程量偏差、物价变化、暂估价、计日工、现场签证、不可抗力、提前竣工、工程索赔、暂列金额等事项发生进行合同价款调整。

8. 工程造价经济纠纷鉴定的成果文件

工程造价经济纠纷鉴定成果文件应包括鉴定报告书封面、签署页、目录、鉴定人员声明、鉴定报告书正文、有关附件等。成果文件相关表式可根据项目特点自行设计编制。

（1）鉴定报告书封面。应包括项目名称、鉴定报告书文号、鉴定企业名称和完成鉴定日期，并应加盖工程造价咨询企业执业印章。成果文件名称应为××工程造价鉴定报告书。

（2）签署页。应包括项目名称及鉴定编制人、审核人、审定人和企业法定负责人（或技术负责人）的姓名。编制人、审核人、审定人应在签署页签署执业（或从业）资格专用印章。法定负责人（或技术负责人）应在签署页签字或盖章。

（3）鉴定人员声明。应表明对报告中所陈述事实的真实性和准确性、计算机分析意见和结论的公正性负责，对哪些问题不承担责任，与当事人没有利害关系或偏见等。

（4）鉴定报告书正文。应包括项目名称、鉴定报告书文号、前言（含委托人名称、委托日期、委托内容、送检材料）、鉴定依据、鉴定过程及分析、鉴定结论、特殊说明等。

（5）有关附件。应包括鉴定委托书，鉴定计算书，鉴定机构的营业执照、资质证书、项目备案书、鉴定经办人员和辅助人员的注册证书或资质证书等，鉴定过程中使用过的项目特有资料等。

7.4　工程项目竣工咨询

7.4.1　竣工咨询目的

《建设工程质量管理条例》规定："建设单位收到建设工程竣工报告后，应当组织设计、施工、工程监理等有关单位进行竣工验收。"国家实行竣工验收制度，可全面考核工程项目决策、设计、施工及设备制造安装质量，总结项目建设经验，提高工程项目管理水平。建设单位和施工单位可通过竣工验收全面考核基本建设成果、检验设计和工程质量，总结经验教训，从而加强固定资产投资管理，促进工程项目达到设计能力和使用要求，提高项目的运营效果。

1. 竣工验收工作的特性

竣工验收是工程建设程序中的最后环节，也是工程项目管理的最后一项工作。标志着建设投资成果转入生产或使用，故竣工验收工作具有项目建设其他阶段所不具有的一些特性。

（1）综合性强

竣工验收阶段涉及项目所有的利益相关者，工作内容具有很强的综合性，需要复核和对比分析从项目筹划到工程竣工的所有相关资料，包括：项目决策资料、设计基础资料、设计文件、项目管理合同和文件、施工合同和文件、设备供货合同和技术资料、生产准备资料和文件、财务管理和器材资料、科研和技术开发资料、工程竣工文件和资料等。

（2）复杂程度高

竣工验收阶段，从施工单位提出竣工验收申请报告开始，到建设单位正式接收整个项目为止。这段时间，项目各利益相关者信息往来和文件传递的数量增加，这对竣工验收团队的持续的协调和管理工作提出了更高的要求。在验收过程中，对各个专业、各个类型的承包商和分包商提交的已完工程需要一系列系统性的标准，审核工作极具难度和复杂性。

（3）精准等级高

在项目验收阶段，随着施工活动的结束和移交工作的即将开始，项目进入了精准的细节完善时期，而这些细节的深化常常影响着整个工程项目的全生命周期。尤其在项目的收尾时期，管理团队常常容易出现麻痹松懈和急于求成的思想，这对需要做大量精细工作的竣工验收任务来说都是极其不利的因素。

2. 验收咨询的目的

由于工程项目竣工验收的综合性强、复杂程度和精准程度高，单靠建设单位是很难完成的，这就需要建设单位组织成立专门的工程验收团队。

视工程的规模和性质，项目验收组织有三种模式：（1）业主＋项目管理团队模式，即以业主为主体独立或邀请专业顾问人员参与的验收检测组织模式，这种模式可以降低验收成本，适合于单一中小型建筑工程。（2）业主独立验收部分工程，而将剩余的专业性要求较强的部分委托验收商来完成，对于既想控制验收成本又想尽量做到专业化的业主，这是个不错的验收组织模式。（3）将项目全部委托给专业的验收商，对于大型复合类工程项目，这种验收组织模式几乎是唯一的选择。

现阶段我国大多采用第一种模式，即业主＋项目管理团队来执行项目的竣工验收工作，这样虽可降低成本，但既不公开透明，也不具有专业性，并不是最优的管理模式。现在国际上普遍采用第三种，即将项目验收全权委托给专业的验收商的管理模式。

建设单位进行竣工咨询的目的主要是：

（1）就国家而言，竣工咨询可以全面考核工程建设质量，检查项目的设计，工程的施工是否符合国家相关规定，并检验项目决策、设计、施工和管理水平，在总结各类工程建设经验的基础上进一步提高国内工程项目建设水平。

（2）就项目管理团队而言，竣工咨询可以综合地、全面地检验项目从筹划到竣工全过程的工程管理水平，对后来项目的管理方法的改进和措施的实施都有指导性的作用。

（3）就业主单位而言，竣工咨询全面地检验工程质量是否达到预期要求，通过对项目各项技术经济指标的考核，可以检测投资使用的合理性。在办理固定资产移交手续的同时，标志着工程项目正式投入使用，工程竣工验收咨询的质量也将直接影响着项目在运营阶段的效益。

（4）就承包商而言，竣工咨询是对工程施工质量的整体检验，间接反映了施工单位的技术、管理等方面的水平，同时可以帮助施工单位总结经验教训，对承包商实力的提升起着重要作用。

（5）就项目本身而言，竣工咨询是项目的收尾工作，俗话说"编筐编篓，贵在收口。"项目竣工咨询对工程整体建设质量和水平起着画龙点睛的作用，应该引起项目管理人员的充分重视。

7.4.2 竣工咨询的内容

1. 竣工咨询的法律规范

（1）竣工验收的主体

《建设工程质量管理条例》规定："建设单位收到建设工程竣工报告后，应当组织设计、施工、工程监理等有关单位进行竣工验收。"

（2）竣工验收的法定条件

《建筑法》规定："交付竣工验收的建筑工程，必须符合规定的建筑工程质量标准，有完整的工程技术经济资料和经签署的工程保修书，并具备国家规定的其他竣工条件。建筑工程竣工经验收合格后，方可交付使用；未经验收或者验收不合格的，不得交付使用。"

《建设工程质量管理条例》进一步规定："建设工程竣工验收应当具备下列条件：1）完成建设工程设计和合同约定的各项内容。2）有完整的技术档案和施工管理资料。3）有工程使用的主要建筑材料、建筑构（配）件和设备的进场试验报告。4）有勘察、设计、施工、工程监理等单位分别签署的质量合格文件。5）有施工单位签署的工程保修书。建设工程经验收合格的，方可交付使用。"

（3）施工单位应提交的档案资料

《建设工程质量管理条例》规定："建设单位应当严格按照国家有关档案管理的规定，及时收集、整理建设项目各环节的文件资料，建立健全建设项目档案，并在建设工程竣工验收后，及时向建设行政主管部门或者其他有关部门移交建设项目档案。"

施工单位应当按照归档要求制定统一目录，有专业分包工程的，分包单位要按照总承包单位的总体安排做好各项资料整理工作，最后再由总承包单位进行审核、汇总。施工单位一般应当提交的档案资料是：1）工程技术档案资料。2）工程质量保证资料。3）工程检验评定资料。4）竣工图等。

2. 竣工验收的程序

2000 年 6 月 30 日，建设部发布《房屋建筑工程和市政基础设施工程竣工验收暂行规定》进一步明确规定房屋建筑工程和市政基础设施工程竣工验收应当按以下程序进行：

（1）工程完工后，施工单位向建设单位提交工程竣工报告，申请工程竣工验收。实行监理的工程竣工报告须经总监理工程师签署意见。

（2）建设单位收到工程竣工报告后，对符合竣工验收要求的工程，组织勘察、设计、施工、监理等单位和其他有关方面的专家组成验收组，制定验收方案。

（3）建设单位应当在工程竣工验收 7 个工作日前将验收的时间、地点及验收组名单书面通知负责监督该工程的工程质量监督机构。

（4）建设单位组织工程竣工验收。

首先，建设、勘察、设计、施工、监理单位分别汇报工程合同履约情况和在工程建设各个环节执行法律、法规和工程建设强制性标准的情况。

其次，审阅建设、勘察、设计、施工、监理单位的工程档案资料。

再次，实地查验工程质量。

然后，对工程勘察、设计、施工、设备安装质量和各管理环节等方面作出全面评价，形成经验收组人员签署的工程竣工验收意见。

参与工程竣工验收的建设、勘察、设计、施工、监理等各方不能形成一致意见时，应当协商提出解决的方法，等意见一致后，重新组织工程竣工验收。

3. 竣工咨询的工作内容

项目竣工验收的工作内容主要有 3 个：编制项目竣工报告、项目的竣工验收和项目的竣工验收备案。

（1）编制项目竣工报告

项目竣工报告是项目经理提交给项目管理委员会的报告，是对项目质量、进度和成本控制的总结性文件。编制项目竣工报告需要完成以下几项工作内容：

1）对项目施工和供货商的预验收。在项目业主的领导下，项目承包商和供货商要对工程和设备质量进行检查。对照设计技术指标检查各单项工程的质量，填报各种竣工报表，提供验收资料。对设备及其安装工程要进行调试单机运转和联动试车，考核设备的生产负荷能力。对其他辅助和民用工程也要认真检查。

2）编制竣工决算书。项目竣工决算的主要内容包括：竣工工程概况、竣工财务决算和交付使用资产等。决算的主要报表有：工程概况表、财务决算表、交付使用资产总表及明细表，并按统一的格式填报。小型项目可只填报财务决算总表。

3）竣工资料准备。项目竣工验收应准备的主要资料包括：项目决策资料、设计基础资料、设计文件、项目管理合同和文件、财务管理和器械材料、科研和技术开发资料、工程竣工文件和资料等。

4）项目竣工报告。项目竣工验收报告应全面总结工程实施的过程，确定项目的工程质量、工期和投资决算。

（2）项目的竣工验收

竣工验收就是项目竣工后开发建设单位会同设计、施工、设备供应单位及工程质量监督部门，对该项目是否符合规划设计要求以及建筑施工和设备安装质量进行全面检验。竣工验收是建立在分阶段验收的基础之上，建设单位、施工单位和项目验收委员会，以项目批准的设计任务书和设计文件，以及国家颁发的施工验收规范和质量检验标准为依据，按照一定的程序和手续，在项目建成并试生产合格后，对工程项目的总体进行检查和认证，分为单位工程竣工验收、单项工程竣工验收和全部工程竣工验收。

（3）项目的竣工验收备案

《建设工程质量管理条例》（中华人民共和国国务院令第 279 号）第二章第十七条规定："建设单位应当严格按照国家有关档案管理的规定，及时收集、整理建设项目各环节的文件资料，建立、健全建设项目档案，并在建设工程竣工验收后，及时向建设行政主管部门或者其他有关部门移交建设项目档案。"第七章第四十九条规定："建设单位应当自建设工程竣工验收合格之日起 15 日内，将建设工程竣工验收报告和规划、公安消防、环保等部门出具的认可文件或者准许使用文件报建设行政主管部门或者其他有关部门备案。"

思考与练习

1. 代建制在我国形成的典型模式有哪些？这些模式的特点是什么？

2. 我国代建招标中的评标方法是什么？这种方法具有哪些优点？

3. 我国代建管理费的取费依据和取费方式是什么？

4. 我国工程监理咨询的发展阶段有哪些？

5. 我国监理取费的构成？

6. 我国建立哪些取费的计价方法？

7. 谈谈对工程监理的认识，对我国现行工程监理制度有哪些建议？

8. 工程造价咨询的服务内容？

9. 招标控制价、招标标底和投标报价的区别？

10. 工程造价咨询的成果文件有哪些？

11. 竣工验收的法定条件是什么？

12. 项目竣工咨询的内容是什么？

13. 编制竣工报告的内容是什么？

进一步阅读文献推荐

1. 尹贻林，阎孝砚. 政府投资项目代建制理论与实务 ［M］. 天津：天津大学出版社，2006，165-165.

2. 咨询工程师教育丛书编写组. 建设项目咨询工程师实务知识手册 ［M］. 北京：中国计划出版社，2003，239-239.

3. 杨枫. 代建制项目风险及取费标准研究 ［D］. 中南大学，2010.

4. 白俊峰. 代建项目过程绩效评价及管理绩效改善研究 ［D］. 天津大学，2010.

5. 张明东. 政府投资工程项目代建制管理模式研究 ［D］. 北京交通大学，2012.

6. 兰定筠. 政府投资项目代建制制度设计研究 ［D］. 重庆大学，2008.

7. 徐海东，顾智钢. 工程监理发展方向 ［J］. 科技向导，2012，（18）：153.

8. 左松. 工程建设监理的选择与激励研究 ［D］. 西安理工大学，2010.

9. 刘媛媛. 全过程造价咨询业务研究：以威宁谢工程咨询公司工料测量及工程造价管理业务为例 ［D］. 天津理工大学，2012.

10. 贾丽霞. 工程造价咨询企业服务质量控制方案设计——基于卓越绩效准则关联性的分析 ［D］. 天津理工大学，2012.

11. 陈艳文. 浅谈建筑工程造价中各个阶段的合理控制 ［J］. 民营科技，2012，（1）：167.

12. 吕维锋，吴佳颖. 工程项目验收管理研究 ［J］. 项目管理技术，2011，9（3）：66-70.

13. 唐培文. 浅谈工程竣工验收管理 ［J］. 中国有色建设，2009（4）：33-36.

14. 胡团结. 工程项目竣工结算审计的研究与探讨 ［D］. 同济大学，2007-5.

第8章　工程项目运营阶段咨询

关键词：运营；后评价；指标；绩效；前后对比法

［案例导读］某市为了满足不断扩大的医疗需求，经过相关部门的批准，用财政资金对某三甲医院进行改扩建。经过一年多的施工建设，重建后的医院营业收入大幅增长。在该医院改扩建完成3年后，一家咨询公司接受相关部门的委托，对该医院项目投入运行后的实际效果——投资产生的技术、经济、社会、生态效益和影响等方面进行综合评价，即项目后评价。

　　分析：什么样的项目在运营阶段需要做项目后评价？后评价报告撰写应该包括哪些内容？

8.1　项目后评价的概念及意义

　　工程项目进入运营期后，要完成项目的后评价咨询工作，因此，工程项目运营阶段咨询主要是项目后评价咨询。

8.1.1　项目后评价的概念

　　项目后评价是指对已经完成的项目（或规划）的目的、执行过程、效益、作用和影响所进行的系统的、客观的分析；通过项目活动实践的检查总结，确定项目预期的目标是否达到，项目或规划是否合理有效，项目的主要效益指标是否实现；通过分析评价找出成败的原因，总结经验教训；并通过及时有效的信息反馈，为未来新项目的决策和提高提出建议，同时也为后评价项目实施运营中出现的问题提出改进建议，从而达到提高投资效益的目的。

8.1.2　项目后评价的意义

　　1. 总结项目的管理经验教训，提高项目管理水平

　　投资项目管理是一项庞大的系统工程。它涉及银行、主管部门、企业、施工单位等诸多部门，涉及从项目选定、评价论证、项目的准备计划、组织实施、竣工验收、生产运营与管理等诸多环节。只有各个部门密切合作，各个环节紧密衔接，才能保证项目的顺利完成。如何协调各部门、各环节间的关系，各部门、各方面应采取什么样的具体协作形式仍在不断摸索中。项目后评价通过对已经投入运营的项目实际情况与项目预期目标的对比分析，总结管理经验教训，以指导未来同类项目的投资与管理，有利于减少浪费和最大限度地提高建设工程的回报，有利于项目管理水平的提高。

2. 提高项目决策科学化水平

项目前评价是项目投资决策的重要依据，但是由于受到诸如国家宏观经济政策、技术因素以及社会环境因素的交叉影响，特别是市场因素的复杂性与多变性的影响，前评价中的预测往往会存在一定的不确定性，存在着误差甚至错误，进而会给项目的建设运营带来一定的风险，这就需要后评价进行检验和监督。这种检验和监督一方面能够增强前评价人员的责任感，敦促评价人员努力做好项目前期工作，有利于提高项目预测的准确性；另一方面通过对项目从决策、设计、建设到投入经营各阶段进行后评价，并及时将评价结果进行反馈，有利于对项目决策中存在的问题进行及时纠正，从而提高项目决策的科学化水平。

3. 为国家工程项目计划和政策的优化提供依据

当前，我国处于转型的关键时期，经济结构性调整任务仍然非常繁重，投资盲目扩张、泡沫经济的风险仍然在一定范围内存在。通过开展项目后评价，总结项目建设的经验教训，有利于及时发现宏观投资管理中的不足，并对某些不适合经济发展的技术经济政策、已经过时的指标与参数等进行修正或修订。同时，还可根据后评价成果的反馈信息，调整投资规模和投资流向，并对各产业、各部门之间及其内部的各种比例关系进行协调。后评价的反馈信息也是建立工程项目管理的法令、法规、制度和机构的重要参考。

4. 为银行等金融机构调整信贷政策提供依据

我国工程项目建设的投资主体正在市场化和多元化，但项目投资资金的绝大部分仍来自于工、农、中、建国有 4 大商业银行，银行部门还承担着国家工程投资基金的供应和投资的监督管理，并担负着国家工程投资基金回收的职责。项目后评价的开展，有利于及时发现项目建设资金使用过程中存在的问题，有利于对贷款项目成功或失败进行分析研究。尽量将效益低或负效益的项目进行排出，从而降低投资风险，为信贷部门信贷投资政策的调整提供依据。

5. 对项目开展进行监督，督促项目运营状态的正常化

项目后评价的监督功能与项目的前期评价、项目实施过程的监督结合在一起，构成了对建设过程全面、系统的监督机制。项目后评价是在项目运营阶段进行的，具有透明性和公开性的特点，把项目后评价纳入基本建设程序。通过对投资活动成功经验和失败教训的主、客观原因分析，可以客观有效地查找投资决策者、管理者和建设者存在的实际问题，后评价是增强决策者和执行者责任心的重要手段。如果决策者和执行者提前知道自己的行为和后果将要受到事后的评价、检查，将促使他们在主观上认真努力的履行职责、做好工作，避免决策和执行失误，从这一点上说，后评价对项目建设具有监督和检查的作用。

6. 保证项目预定目标的实现

由于项目后评价具有如前所述 5 个方面的重要作用。能够针对项目出现的问题提出切实可行的对策措施，为投资决策部门重新制定或优选方案提供决策依据，为项目执行部门改进项目建设运营提供思路和参考。因此，项目后评价是保证预定目标实现的重要举措。

8.1.3　我国对于后评价工作的相关规定

为了加强和改进政府投资项目的监督管理，提高政府投资决策水平和投资效益，我国对后评价工作进行了相关规定。下面以北京市发改委《政府投资建设项目后评价试行办法》为例加以说明。

第一条　为加强政府投资建设项目监管，提高投资决策的科学化水平和投资效益，依据《国务院关于投资体制改革的决定》（国发〔2004〕20 号）和《北京市人民政府贯彻实施国务院关于投资体制改革决定的意见》（京政发〔2005〕11 号），结合北京市政府投资建设项目的实际情况，制定本办法。

第二条　本办法所称后评价，是指对政府投资建设项目竣工验收或投入使用后一段时间，运用科学、系统、规范的评价方法，对项目投入运行后的实际效果，投资产生的技术、经济、社会、生态效益和影响等方面进行综合评价。

本办法所称政府投资，按（京政发〔2005〕11 号）文件有关规定执行。

第三条　采用直接投资、资本金注入方式且市级政府投资在 5000 万元以上的建设项目，以及市级政府投资补助资金在 1000 万元以上的补助、贴息项目，应按本办法的要求实行后评价管理。

对上述限额以下的政府投资建设项目，北京市发展和改革委员会（以下简称北京市发改委）认为有必要进行后评价管理的，也应按本办法执行。

第四条　符合上述第三条规定的项目，申报单位应按时向北京市发改委报送《北京市发展和改革委员会政府投资建设项目后评价自评报告》。其中，区县项目由区县发展改革部门负责申报，市属项目由其主管单位负责申报，代建制项目由代建人负责申报。

第五条　北京市发改委应在上报《北京市发展和改革委员会政府投资建设项目后评价自评报告》的项目中选定后评价项目，直接组织或委托中介机构实施后评价工作。

第六条　项目后评价应遵循"客观、独立、科学、实用"的原则。

第七条　对项目进行后评价的主要依据：（1）国家及本市对政府投资建设项目管理的相关法律、法规、规章及规定。（2）北京城市总体规划、各项事业行业发展规划和专项建设规划。（3）项目建议书、可行性研究报告、初步设计文件、资金申请报告、评估报告、招投标文件、主要合同、工程概算调整报告、监理报告、竣工验收报告、审计或稽查的结论性资料、财务决算资料及其相关的批复文件。（4）政府投资建设项目自评报告。（5）其他相关资料。

第八条　项目后评价的主要内容包括：对项目审批管理、项目实施内容、项目功能技术、资金管理效率、经济效益、公共效益方面进行全面、综合评价。

第九条　项目后评价重点是对项目决策预期效果和项目实施后实际效果进行对比考核，分析变化原因，及时总结和反馈经验教训。

第十条　对经济、社会和环境有重大影响的项目，北京市发改委可以对项目竣工验收或投入使用一定时间后的效益情况分阶段进行后评价。

第十一条　项目后评价应制定科学、系统、规范的评价指标，指标的设置应遵循以下原则：（1）适用性原则。应根据不同的政府投资方式，不同的项目类型以及政府投资管理要求，分别设置不同的指标。

（2）可操作性原则。后评价指标的设计力求简便易行，便于理解和运用；同时又要具有可操作性。

（3）定性和定量相结合原则。既要考虑设计定量指标，反映政府投资建设项目的绩效水平；又要设计定性指标，反映政府投资建设项目的管理水平。

第十二条　项目后评价指标分为一般性指标和特殊性指标。

　　一般性指标包括：项目审批管理后评价指标、项目实施内容后评价指标、项目功能技术后评价指标、资金管理后评价指标、经济效益后评价指标、公共效益后评价指标以及根据需要采用的其他后评价指标。

　　特殊性指标，需根据政府投资的不同方式、项目的不同类型、后评价的重点和管理要求，设置不同的指标。

　　具体项目后评价的指标和方案，由后评价工作组或受托后评价机构，在现场调研的基础上，根据本办法另行制定。

　　第十三条　项目后评价指标的分值及其权重根据政府投资的不同方式、不同的项目特点以及后评价工作的具体要求确定。

　　第十四条　项目后评价的形式包括现场考评和非现场考评。

　　(1) 现场考评是指后评价工作组到现场采取勘察、问询、复核等方式，对后评价项目的有关情况进行核实，并对所掌握的相关信息资料进行分类、整理、归纳、分析和评价。

　　(2) 非现场考评是指后评价工作组根据项目单位提交的项目后评价自评报告和其他相关资料进行综合分析，提出评价意见。

　　第十五条　项目后评价采用定性和定量相结合的方法，主要方法有：有无对比法、层次分析法、因果分析法、综合评价法等。

　　第十六条　项目后评价的具体方法可根据项目特点和后评价的要求，选择上述一种或多种方法对项目进行综合后评价。

　　第十七条　项目单位在项目竣工验收或投入使用后 6～18 个月内应将《北京市发展和改革委员会政府投资建设项目后评价自评报告》通过申报单位报送北京市发改委，对投资效益显现较慢的项目，可适当放宽其自评报告申报期限。

　　如果项目实际绩效目标与预期绩效目标存在偏差，项目单位应在自评报告中做出明确的说明。项目单位对自评报告中资料信息的准确性、报告的客观性和真实性负责。

　　项目单位应积极配合后评价工作组或中介机构开展后评价工作。

　　第十八条　北京市发改委负责直接组织或者委托中介机构实施后评价，指导、监督、检查后评价工作，验收后评价报告，建立后评价信息库。

　　第十九条　北京市发改委组织项目后评价时，后评价工作组或受托后评价机构要根据后评价项目的特点，制定具体的后评价方案，包括：工作步骤、程序、方法、指标体系和现场调研方式、方法等。

　　第二十条　项目后评价工作完成后，具体实施后评价的中介机构或后评价工作组要及时撰写《北京市发展和改革委员会政府投资建设项目后评价报告》，并在后评价工作完成后一周内提交市发展改革委。

8.2　项目后评价的指标体系

　　项目后评价指标是评价项目的尺度。项目后评价指标通常是指在评价工程项目的投资效果时，所确定的评价依据和标准。项目后评价的开展不仅需要反映社会现象数量方面的指标，还需要一些反映社会现象中难以定量须用定性的语言加以说明的指标。不论是定量指标，还是定性指标都不能凭空想象，需要根据项目所要实现的目标和项目实际产生的各种影响，并在深入调查研究的基础上来设定。

8.2.1 项目决策评价

项目决策评价主要从决策依据、投资方向、技术水平、引进效果、协作条件、土地使用状况、决策程序和方法、社会和经济效益等方面，将项目实际现状进行比较，如果项目实施结果偏离预测目标较远，要分析产生偏差的原因，提出相应的补救措施。

项目决策评价的指标体系包括：项目决策周期和项目决策周期变化率。

（1）项目决策周期是指项目从提出《项目建议书》起，至《项目可行性研究报告》被批准为止所经历的时间。该指标反映了投资者与有关部门投资决策的效率。将拟建项目的实际决策周期与当地同类项目的决策周期或计划决策周期进行比较，以便考察项目的决策效率。

（2）项目决策周期变化率是指项目实际决策周期减去项目计划决策周期的差与项目计划决策周期的比率。该指标大于零，表明项目的实际决策周期超过了预计的决策周期；反之，则小于预计的决策周期。

8.2.2 建设过程评价

项目建设阶段是指项目开工建设起至竣工交付使用为止所经历的全过程。项目建设过程评价包括：项目开工评价；项目施工组织与管理评价；项目建设资金供应与使用情况的评价；项目建设工期的评价；项目建设成本的评价；项目工程质量和安全的评价；项目变更情况的评价；项目竣工验收的评价；项目生产能力和单位生产能力投资的评价等。

项目建设过程评价指标主要包括：实际建设工期与建设工期变化率，实际投资总额和实际投资总额变化率，实际单位生产能力投资，工程质量指标。

1. 实际建设工期与建设工期变化率

（1）实际建设工期指已建项目从开工之日起到竣工验收之日止所实际经历的有效天数，它不包括开工后停建、缓建所间隔的时间。是反应项目实际建设速度的指标。

（2）建设工期变化率是指项目实际建设工期减去项目计划建设工期的差与项目计划建设工期的比率。该指标大于零，表明项目的实际建设工期超过预期的建设工期，说明工期拖延。反之，则说明工期提前。

2. 实际投资总额和实际投资总额变化率

（1）实际投资总额是指项目竣工投产后重新核定的实际完成投资额，包括固定资产投资和流动资金投资。

（2）实际投资总额变化率是反应实际投资总额与项目前评估中预期的投资总额变差大小的指标，有静态实际投资总额变化率和动态实际投资总额变化率之分。该指标大于零，表明项目的实际投资额超过预期或估算的投资额；反之，则小于预期或估算的投资额。

3. 实际单位生产能力投资

实际单位生产能力投资反映竣工项目实际投资效果。实际单位生产能力投资越少，项目实际投资效果越好；反之，投资效果越差。

4. 工程质量指标

反应工程质量的指标主要有两项：项目实际工程合格率和项目实际工程停工返工损

失率。

（1）项目实际工程合格率是指项目单位工程合格数量与项目实际单位工程总数之比。该比值越大，说明项目质量控制做得越好。

（2）项目实际工程停工返工损失率是指项目因质量事故停工返工增加的投资额与项目总投资额之比。该比值越小，说明项目管理水平越高，项目管理水平与质量管理水平越高。

8.2.3　经济效益评价

项目经济效益评价主要分析评价项目对所在地区、所处行业产业的经济方面的影响。评价的内容主要包括分配、就业、国内资源成本、技术进步等。由于经济影响后评价的部分因素难以量化，一般只能作定性分析，一些国家和组织把这部分内容并入社会效益评价的范畴。项目后评价的经济效益评价主要是指项目的财务评价和经济评价（或称国民经济评价）。

1. 项目后评价的财务分析

项目后评价的财务分析包括盈利能力分析、清偿能力分析和敏感性分析。

（1）盈利能力分析

盈利能力的主要指标为财务内部收益率（$FIRR$）和财务净现值。项目后评价测算项目财务（包括国民经济）内部收益率的目的是要用测算结果与项目前评估的收益率进行对比，并与行业基准收益率或项目贷款利息（加权综合利息）对比，还要与社会折现率或中央银行的同期贴现率对比，用以评价项目的效益好坏。经济学成本—效益分析的基本原则是在计算上述收益率时一般不考虑同期的物价上涨因素的。因此，这种对比必须建立在相同的取值原则上，即必须都不考虑物价的变化，使比较各方的结果具有可比性。

（2）清偿能力分析

清偿能力分析在后评价阶段主要用于鉴别项目是否具有财务上的持续能力。评价者可从项目的损益与利润分配和资产负债表中考察以下指标：负债资产比、流动比率和速动比率。这里的一项重要工作就是按项目的实际偿还能力来计算借款的偿还期。这可根据偿还项目长期借款本金（包括融资租赁的扣除利息后的租赁费）的有税后利润、折旧和摊销等数据来计算。这些数据可以根据后评价时点的实际值并考虑适当的预测加以确定。

（3）敏感性分析

项目财务后评价的敏感性分析是指在后评价时点以后的敏感性分析，主要用来评价项目的持续性。后评价时项目的投资、开工时间和建设期已经确定，因此，敏感性分析主要是对成本和销售收入 2 个因素的分析。

2. 项目后评价的经济分析

后评价中的国民经济评价是从国家或地区的整体角度考察项目的费用和效益，采用国际市场价格（少数国家用影子价格、影子汇率、影子工资等）、价格转换系数、实际汇率和贴现率（或社会折现率）等参数对后评价时点以前各年度项目实际发生的效益和费用加以核实，并对后评价时点以后的效益和费用进行重新预测，计算出主要评价指标，即经济内部收益率 $EIRR$。经济后评价的作用在于：与前评估的结论相比较，分析项目的决策质量；以实际的数据和更现实的预测数据对项目的效益作出评价，以指明项目的持续性和重复的可能性。

3. 经济效益评价的对比指标

（1）项目经济效益对比分析指标

项目后评价效益的分析一般应对比项目前后和有无项目的主要指标，用以分析原因。采用该分析方法可以分析项目后评价效益指标与前评估效益指标的偏离程度并找出原因。一般表述主要影响因素的变化及其影响程度的指标有：项目实施周期变化率；投资总额变化率；产品（或服务）产量和价格变化率；主要原材料或动力价格变化率；项目财务内部收益率的变化；项目经济内部收益率和净现值的变化。除了作以上对比外，应将项目的财务收益率与行业基准收益率或银行同期贷款的平均利率相比较，分析其财务效益；还应将项目的经济收益率与社会折现率或银行同期的贴现率相比较，分析其经济效益。

（2）企业经济效益指标

由于有些项目后评价时点处于项目投产达产以后，项目的固定资产已经移交，此时项目的效益测算比较复杂。在可能的情况下，后评价不仅要分析项目的效益指标，而且应分析企业的效益状况。此外，不少后评价项目属于改造和扩建工程，这些项目的后评价不仅分析其增量效益，而且分析和评价工程项目对企业整体效益的作用和影响显得更为重要。根据国家有关部门的规定，考核企业经济效益主要包括以下几项指标：销售利润率、总资产报酬率、资本收益率、资本保值增值率、资产负债率、流动比率（或称速动比率）、应收账款周转率、存货周转率、社会贡献率、社会积累率等。

8.2.4 社会效益评价

社会效益评价是对项目在社会经济发展方面有形和无形的效益与结果的分析，重点评价项目对国家（或地区）社会发展目标的贡献和影响。包括项目本身和对周围地区的影响，即就业影响、居民生活条件和生活质量影响、地区收入分配影响、项目受益范围及受益程度、对地方社区发展的影响、当地政府和居民的参与度等。

社会效益评价的方法是定性和定量相结合，以定性为主。评价的调查提纲和分析方法的选择非常重要。在诸要素评价分析的基础上，社会效益评价要作综合评价。综合评价可以采用2种方法，即多目标评价法和矩阵分析法。

8.3 项目后评价的方法

8.3.1 有无对比法

"有无对比"（With and Without Comparsion）是指将项目实际发生的情况与若无项目可能发生的情况进行对比，以度量项目的真实效益、影响和作用。对比的重点是要分清项目作用的影响与项目以外作用的影响。这种对比用于项目的效益评价和影响评价，是后项目评价的一个重要方法论原则。这里说的"有"与"无"指的是评价的对象，即计划、规划或项目。评价是通过项目的实施所付出的资源代价与项目实施后产生的效果进行对比得出的项目好坏。方法论的关键是要求投入的代价与产出的效果口径一致。也就是说，所度量的效果要真正归因于项目。但是，很多项目，特别是大型社会经济项目，实施后的效果不仅仅是项目的效果和作用，还有项目以外多种因素的影响。因此，简单的前后对比不能得出真正的项目效果的结论。

综上所述，效益评价任务就是利用有无对比的方法剔除那些非项目因素，对归因于项目的效果加以正确的定义和度量。由于无项目时可能发生的情况往往无法确定地描述，项目后评价中只能用一些方法去近似地度量项目的作用。理想的做法是在该受益范围之外找一个类似的"对照区"（Control Area），进行比较和评价，如图 8-1 所示。

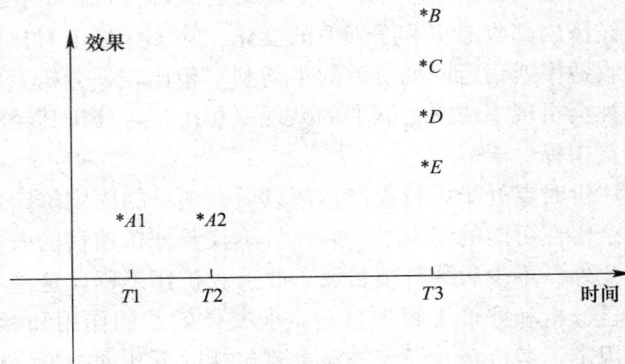

图 8-1　项目有无对比示意图

*A*1—项目开工；*A*2—项目完工；*B*—项目实际效果；*C*—项目前的预测效果；

D—无项目实际效果；*E*—无项目，外部条件与项目开工时间相同；*T*1—项目开工时间；

*T*2—项目完工时间；*T*3—项目后评价时间

项目有无对比不是前后对比（*B*/*A*1 或 *B*/*E*）也不是项目实际效果与项目前预测效果之比（*B*/*C*），而是项目实际效果与若无项目实际或可能产生的效果的对比（*B*/*D*）。有无对比需要大量可靠的数据，最好有系统的项目监测资料，也可引用当地有效的统计资料。在进行对比时，先要确定评价内容和主要指标，选择可比的对象，通过建立比较指标的对比表用科学的方法收集资料。

8.3.2　成本—收益比较法

项目评价就是要对项目收益和成本的比较评价。要正确地评价项目，就要对项目的成本与收益，予以正确得识别和计量。在做建设项目经济评价特别是财务分析时，我们经常用到成本效益的分析方法，其原理和过程也是在国内外得到普遍认同和广泛采用的。该方法的基本思想是：对耗费类指标与效益类指标进行对比分析，考虑在投资增加与经营费用节制的情况下，以盈亏平衡点为基础，对不同方案进行费用和效益的比较，从而得到项目的最适生产量（规模），为企业的经营策略提供决策依据。

1. 成本—效益分析的基本原理

成本与效益是相对于目标而言的，效益是目标的贡献，成本是为实现目标所付出的代价。因此，明确项目的基本目标，是识别成本与效益的基本前提。项目的成本与效益的发生具有时间性和空间性，在考察项目的成本与效益时，需遵循成本与效益在空间分布和时间分布上的一致性原则，否则就会多估或少估收益与成本，使项目的成本与效益失去可比性。

成本效益分析法是把方案的指标体系分为 2 大类：（1）消耗费用。（2）效益价值。为了便于分析，把效益指标又分成可计量的和不可计量的 2 种。对耗费类指标要求越小越好，对效益类指标要求越大越好。成本是指劳动消耗的费用，效益是以价值形式表现的劳动成果或指使用价值和收益，分析计算中要求使用净效益和净费用。效益不仅与成本有关，而且还与产品数量有关，它们之间可表示为函数关系。

设费用目标为 $f_1(x)$，则希望 $f_1(x)$ 最小，即求 $\min f_1(x)$；效益目标为 $f_2(x)$，则希望 $f_2(x)$ 最大，即求 $\max f(x)$。当 $f_1(x) = f^*(x)$，求 $\max f_2(x)$；当 $f_2(x) = f^*(x)$，求 $\min f_1(x)$。当 $U(x) = \dfrac{f_2(x)}{f_1(x)}$ 时，求目标函数 $U(x)$ 最大，即 $\max U(x)$。式中 $f_1^*(x)$，$f_2^*(x)$ 为最优函数。

用成本效益分析法进行多方案比较的标准有 2 个：（1）侧重于效益比较，即最有效准则。（2）侧重于成本比较，即最经济准则。

（1）成本固定，比较效益大小

此时以效益作为变量，取效益最大的方案，如图 8-2 所示。当成本固定于 C_0 时，则第Ⅰ与第Ⅱ方案的成本曲线交于 x，此时 2 个方案的效益值相等，均为 U_0，故 2 个方案的效果相同。如果成本固定于 C_1，则第Ⅰ方案的效益大于第Ⅱ方案的效益，即 $U_1 > U_2$，故第Ⅰ方案为最佳。如果成本固定于 C_2，则第Ⅱ方案的效益大于第Ⅰ方案的效益，即 $U_2 > U_1$，故第Ⅰ方案为最佳。

（2）效益固定，比较成本高低

此时以成本作为变量，取成本最低的方案，如图 8-3 所示。当效益固定于 U_0 时，则第Ⅰ方案与第Ⅱ方案的成本曲线交于 x，此时 2 个方案的成本相等（均为 C_0），故 2 个方案的效果相同。如果效益固定于 U_2 时，则第Ⅰ方案的成本低于第Ⅱ方案，即 $C_1 < C_2$，故第Ⅱ方案为最佳。如果效益固定于 U_1，则第Ⅰ方案的成本高于第Ⅱ方案，即 $C_1 > C_2$，故第Ⅰ方案为最佳。

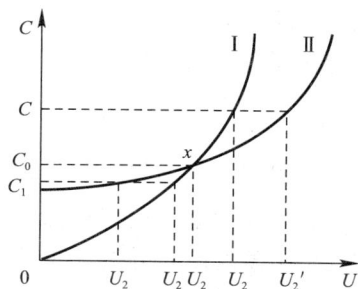

图 8-2 成本固定比较收益大小图　　图 8-3 效益固定比较成本高低图

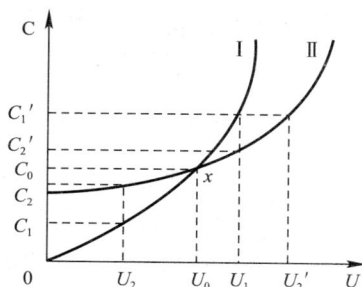

当成本与效益都不固定，即两者都是变量时，则可比较单位成本所取得效益的大小，按两者的比值来决定方案的优劣，比值大者为优。

2. 成本效益分析的步骤

（1）根据承办者确定的项目，提出若干实现该项目目标可供选择的方案。

（2）测算各备选项目或备选方案的成本和收益。在这一步骤中：

1）明确成本和收益的含义。项目的成本和收益是指该项目的实际成本和实际收益。实际成本是指该项目实际耗用的资源价值。例如，修筑公路，不仅投入构成其成本，而且由此产生的交通运输的污染造成农业产量的损失也构成其成本。实际收益则是指该项目的最终消费者获得的收益总和，即社会成员福利的实际增加情况。

2）明确实际成本和实际收益的范围。项目的成本和收益的范围要广泛，这和市场机制领域的范围不同。因为后者只考虑投资者的成本和收益，前者则要考虑所有社会成员的成本和收益。实际成本和实际收益有许多类型，包括直接的和间接的、有形的和无形的、中间的和最终的、内部的和外部的等等。

对工程项目进行后评价所要考虑的成本和收益是多方面的，包括了与该项目无直接关联的一切可用货币计量的成本和收益，以及与该项目直接或间接关联的一切无法用货币计量的成本和收益等，因而对其进行测算十分复杂，尤其是难以用货币计算的无形的成本和收益。为了解决这一难题，通常是用一些替代的办法求得其近似值。具体而言，一是成本有效性分析法，即对各种备选项目或备选方案对社会的贡献，如果没有市场价格，可通过相互比较推导出人们从该项目中获得的收益。二是影子价格法，即对一些并不存在完全竞争市场价格情况下的公共产品或劳务，可用影子价格来估算成本与收益。所谓影子价格，简言之，即针对无价可循或有价不当的产品劳务所规定的较合理的替代价格。此外，项目进行成本和收益分析时，还应注意：如果现阶段投资需在若干年后才能获得收益，还要考虑时间成本价值和收益。

3）计算各备选方案的收益－成本比率。这是决定项目是否经济合理的常用方法，其计算公式为（式 8-1）。

$$收益成本比率 = \frac{社会群众的受益收入}{政府支出的成本} \qquad （式 8-1）$$

这里的受益收入和成本都是按相同时间价值计算的现值或等年值。因此，如果比率是 1，这表明支出的成本正好等于受益收入，既不盈也不亏，是经济合理的最低界限。式中的受益收入是指对使用者的受益扣除了一切受损后的净额。同样，成本则是指承办者发生的全部成本扣除了一切节约后的净额，这个节约额不是指使用者的收入，而是指承办者支出的减少。

4）加总各个项目的所有成本和收益，据以估计投资项目的获利能力。

8.3.3　使用价值评价法

主要用于评价公共管理部门投资项目（如技术某市规划、土地规划等）的目标实现程度。主要步骤为：（1）确定与项目有关的评价目标。（2）设计达到这些目标的具体实现步骤，即方案。（3）结合客观实际，判断这些目标的轻重缓急程度，并按其重要性分别赋予不同的权重（总和是 1）。（4）判断各方案对各项目标的实现程度（10 分制）；用各目标的实际实现程度乘以各自的权重，得出各方案的目标实现程度。（5）各方案的目标实现程度与各方案的成本进行比较，价值系数最大的方案就是最佳方案。

价值系数是功能系数与成本系数的比值；成本系数是以项目概、预算为基础，根据施工企业自身技术情况及管理水平，结合施工定额进行调整，并计算各分项工程的施工成本与总成本的比值，可用 $C_i^* = C_i / \Sigma C_i$，$\Sigma C_i^* = 1$ 表示；功能系数是技术经济专家，对多个类似项目的成果资料进行分析的基础上，计算各分项工程的综合经济技术指标，并根据特定工程项目的技术特点、目标市场客户及建设单位的需求和偏好进行调整，最终确定各分项工程的功能系数为 F_i^*。价值系数 $V_i = F_i^* / C_i^*$，若 $V_i \geqslant 1$，说明功能与成本相当，或功能高于成本，可不作为改进重点，若$V_i<1$，则表明成本过高，应重点考虑降低成本的途径。

功能分析是价值工程的核心和精髓，一般应根据项目的具体情况，从以下几方面来考虑：（1）设计方面：在施工前期，通过图纸会审，查找设计中存在的问题，如设计标准是否过高，设计内容中有无不必要的功能等。（2）施工方面：主要是寻找实现设计要求的最佳施工方案，分析施工方法、流水作业、机械设备有无不必要的功能，减少附加值小或无附加值的施工程序。（3）成本方面：着重于寻求满足质量要求前提下降低成本的途径，选择价值量大的工程及消耗进行重点分析，减少附加值小或无附加值的程序。

8.3.4　目标评价法

项目后评价的目标评价主要是将项目目标的实际实现情况与项目可行性研究和评估中制定的项目目标进行对照，讨论项目目标的确定正确与否。找出变化、差距并分析目标偏离的主要原因。判断项目目标是否符合项目进一步发展的要求。

（1）目标评价的层次

包括宏观目标分析和直接建设目标分析2个层次。宏观目标层次，即对国家、地区、行业产生影响，或对技术、经济、社会、环境的重大影响。具体来说包含以下内容：满足国民经济发展或当地经济发展对项目产生的产品或服务的需要；项目能推动国家经济或地区经济产业结构的调整，增加外出口产品的国民经济效益；增加人民收入，改善居民生活质量，提高人民健康、教育和生活水平等。直接的建设目标，即项目产生的直接作用和效果。通常评价的内容包括：提高企业产品和服务的数量和质量，增加产品品种，改善企业的产品或服务结构，扩大企业规模，降低原材料和能源的消耗，降低产品成本，为企业降低产品或服务价格创造条件。

（2）目标评价的内容

1）分析目标实施中或实施后是否达到项目前评估中的目标，达到预定目标的程度，与预定目标产生偏离的主观和客观原因。

2）在项目实施或运行中，有哪些变化，应采取哪些措施和对策，以保证达到或接近达到预定目标和目的。

3）必要时对项目的目标和目的进行分析和评价，确定其合理性、明确性和可操作性，提出调整修改目标和目的的意见和建议，见表8-1。

项目预定目标和目的达到程度分析表　　　　　　　　　　　表8-1

目标/目的 内容名称	预定值	建设可能 达到的值	目标/目的的 实现程度（%）	偏离的 原因分析	拟采取的 对策和措施

（3）目标评价的方法

目标评价的常用分析方法包括目标树法、层次分析法和逻辑框架法等，国际上通常采用逻辑框架法，见表 8-2。

项目后评价的逻辑框架

表 8-2

目标层次	验证对比指标	原因分析	可持续性（风险）
宏观目标（影响）			
项目目标（作用）			
项目产出（实施结果）			
项目投入（建设条件）			

（4）项目目标适应性分析

项目目标适应性是指项目原定目标是否正确，是否符合全局和宏观利益，是否得到政府政策的支持，是否符合项目的性质，是否符合项目当地的条件。

8.4　项目后评价的报告撰写

8.4.1　项目后评价报告的主要内容

项目后评价报告的内容一般包括项目背景、实施评价、效果评价和结论建议 4 部分。

1. 项目背景

（1）项目的目标和目的。简单描述立项的必要性、项目的宏观目标、项目的具体目标和目的、市场前景预测以及与国家、部门或地方规划布局、产业政策和发展战略之间的相关性等。

（2）项目建设内容。项目可行性研究报告中提出的主要产品、运营或服务的内容、品种、规模、项目的投资总额、主要投入和产出情况、效益测算情况和风险分析等。

（3）项目工期。项目原计划工期、项目立项、开工、施工、完工、竣工验收、投产、达到设计能力等实际发生的时间。

（4）资金来源安排。项目批复时对主要资金来源、贷款条件、贷款利率以及资本金比例等资金方面进行的安排。

（5）项目评价的要求。项目自我评价报告的完成时间，项目评价执行者，评价时点，评价程序以及评价的依据、方法。

2. 项目实施评价

项目实施评价要求对项目实施的基本特点进行简单说明，对照可行性研究评估找出实际发生的主要变化，并分析这些变化产生的原因，讨论和评价这些变化对项目实施和效益的影响。此外，世界银行、亚洲银行项目还要求评价分析这些变化对机构主要政策可能产生的影响，如扶贫、环保、妇女等方向。

（1）设计。对项目的设计水平、选用的技术装备水平以及设计规模的合理性等进行评价。对照可行性研究和评估，找出项目设计重大变更的原因并分析其影响，在此基础上提出预防这些变更的对策措施。

（2）合同。对项目的招投标以及合同签订、合同执行和合同管理等方面的实施情况进行评价分析，工程承包商、设备材料供应商、工程咨询专家和监理工程师的选择等也是合同评价的重要内容。要对照合同条款，对项目实施中的变化和违约情况及其对项目的影响进行分析和评价。

（3）组织管理。组织管理评价主要是指对项目执行机构、借款方和投资者在项目实施过程中的表现和作用进行的评价。在对组织管理进行评价的过程中，要对相关的组织机构、运作机制、监督检查机制、管理人员能力、决策程序、管理信息系统等因素进行认真分析。

（4）投资和融资。分析项目总投资的变化及其原因，分清外部原因与内部原因，即分清项目总投资是由于汇率变化、通货膨胀等因素，还是由于项目管理方面的问题，并评价投资变化对项目效益的影响程度；对项目主要资金来源和融资成本的变化要认真分析评价，讨论变化的原因及影响，对项目的全投资加权综合利率进行重新测算，并作为项目实际财务效益的对比指标。判断何种因素起主导作用，并有针对性地提出对策措施，为今后其他项目提供参考借鉴。

（5）项目进度。将包括准备期、施工建设期、投产达产期在内的项目实际工期与计划工期进行对比，找出差别，并分析工期提前或延期的原出，以及工期变化对项目总投资、财务效益、产品市场占有率和国民经济效益等方面的影响，有针对地提出措施建议。为今后其他项目避免延误提供参考借鉴。

（6）其他。主要包括借款人和担保者的资信，贷款资金的到位和使用，贷款协议的承诺和违约以及世界银行、亚洲银行安排的技术援助等。

3. 效果评价

效果评价是对项目的成果和作用进行的评价，包括 2 大部分的内容：（1）对项目所达到和实现的实际效果和作用进行分析评价。（2）根据项目运营和有关情况，预测评价项目未来发展以及可能实现的效益、作用和影响。

（1）项目运营和管理评价。根据项目评价时点以前的运营情况。对照可行性研究评估时确定的目标，找出实际运营与预期的差别，分析原因并对项目的未来发展进行预测。

（2）财务状况评价。根据上述项目运营的实际情况及其预测，按照财务分析程序和相关标准的规范，对项目的财务状况进行分析。主要应对项目的债务偿还能力和维持日常运营的财务能力等进行评价。

（3）财务和经济效益的重新评价。一般来说，在项目的评价阶段需要对项目的财务效益和经济效益进行重新测算。要用重新测算得出的相关指标与项目可行性研究评估时的预期值进行对比分析，找出差别并分析其原因。

（4）环境和社会效果评价。对环境和社会效果及影响进行评价的关键是项目相关利益者，重点要分析评价项目相关利益者产生了怎样的影响。具体来说，主要有就业机会、人均收入、环境质量、生态平衡、污染治理等内容。

（5）可持续性评价。项目可持续性评价主要对项目人力资源、组织机构和固定资产等在外部投入结束以后持续发展的可能性进行评价。

4. 结论和经验教训

项目后评价报告的最后部分主要包括项目的综合评价、评价结论、经验教训以及建议对策等内容。

（1）项目的综合评价和评价结论。综合评价应对前面几个方面的报告内容进行汇总，从而得出项目实施和成果的定性结论。通常情况下，综合评价需要做出项目的逻辑框架，见表 8-3，对项目的目标合理性、实现程度及其外部条件进行分析评价。同时，还要求列出项目主要效益指标，对项目的投入、产出和结果等内容进行评价，即成功度评价法，一般项目成功度评价的打分，见表 8-4。

项目逻辑框架　　　　　　　　　　　　　　　　　　　　　表 8-3

目标层次	验证对比指标			原因分析		可持续性（风险）
	项目原定指标	实际实现指标	差别或变化	主要内部原因	主要外部条件	
宏观目标（影响）						
项目目标（作用）						
项目产出（实施结果）						
项目投入（建设条件）						

项目评价综合打分表　　　　　　　　　　　　　　　　　　　表 8-4

评定项目指标	相关重要性	评定等级	备　注
1. 宏观目标和产业政策			
2. 决策及其程序			
3. 布局与规模			
4. 项目目标及市场			
5. 设计与技术装备水平			
6. 资源和建设水平			
7. 资金来源和融资			
8. 项目进度及其控制			
9. 项目质量及其控制			
10. 项目投资及其控制			
11. 项目经营			
12. 机构和管理			
13. 项目财务效益			
14. 项目经济效益和影响			
15. 社会和环境影响			
16. 项目可持续性			
项目总评价			

项目评价的定性结论一般以上述 2 张表格为依据，分为：完全成功、成功、部分成功、不成功和失败 5 个等级。

（2）经验教训主要包括两个方面：1）就项目本身而言，所得到的具有该项目特点的重要的收获和教训。2）可供参考的经验教训，这类经验教训可供项目决策者、投资者、借款者和执行者在新项目的决策和实施中提供服务。

（3）建议和措施。根据项目评价报告对问题的分析，提出相应的建议和措施。

8.4.2 项目后评价报告实例——××医院改扩建工程后评价

1. 工程背景、决策及实施情况

（1）工程概况

某市××医院改扩建外科住院楼工程于 2009 年 2 月批准立项，进行工程的前期工作，2009 年 11 月开始施工。该工程的实施内容主要包括 2 类：1）对原有危房的拆除。2）新建外科住院部大楼。该院妇产科楼（约 3440m²）和行政楼（约 1059m²）组成"L"形连体楼，其中妇产科楼已经被鉴定为危楼，行政楼为 20 世纪 50 年代建筑，也近似危楼，此次改扩建全部被拆除，为不影响新楼建设，妇产科楼与门诊楼的连接楼（约 835m²）和储物房（约 97m²）也需相应拆除，共计拆除 5431m²。本项目选址在原妇产科楼和行政楼所占地段，新建一幢建筑面积 14650m² 的"一"字形外科住院部大楼。计划总投资为 2740 万元，总建筑面积为 14650m²。改扩建工程于 2009 年 11 月开工建设，于 2010 年 12 月竣工。

（2）工程背景

××医院于 1954 年建设，现除一栋 8 层内科大楼落成于 20 世纪 90 年代初外，其余建筑均有 40 年房龄。该院总建筑面积 23674m²，其中住院楼建筑面积 3440m²。编制床位 500 张，年平均门诊量 37.3 万人次，年平均收治住院病人约 6867 人次，根据综合医院床位建筑面积标准，××医院这样的业务量应该需要至少 31500m² 的建筑面积，由此可见，该院处于严重超负荷运转状态。同时，由于建筑年久失修，并经历了多次自然灾害及地震影响，主体结构损坏严重。经房屋鉴定勘察设计院于 2008 年 4 月鉴定该院的住院楼已属破旧危陋房屋，并且已经没有修复加固价值。在此背景下，医院的改扩建项目被提上议事日程，并最终付诸实施。

（3）工程的决策及实施过程

2008 年，市房屋鉴定勘测设计院鉴定，××医院住院楼已属破旧危陋房屋。

2009 年 2 月，该市发展计划委员会在 77 号文《关于××医院改扩建住院楼项目建议书的批复》中同意该项目立项；建设规模为此次改扩建拆除危旧房屋 4275m²，新建一幢住院楼，建筑面积为 14650m²，改扩建后医院总建筑面积达到 29400m²，该项目总投资 2740 万元。该市政府专项拨款 2000 万元，其余部分通过申请国家补助及医院自筹解决。

2009 年 6 月，××医院根据医院建设项目的特点，就改扩建项目的设计方案进行了方案邀标，并经评标委员会评议确定该市某建筑设计院中标。

2009 年 10 月，××医院同××国际工程咨询公司共同编写了《××医院改扩建项目可行性研究报告》。报告中投资估算为 2740 万元。

2009 年 11 月，该市建筑设计院完成初步设计及总概算。设计规模为：该项目建筑面积为 14146m²，占地面积为 1500m²。该项目建设总投资为 3237 万元，资金来源为该市财政专项资金 2000 万元，中央预算内拨款 100 万元，医院自筹资金 1137 万元，并于 11 月上旬开工。

2010 年 3 月，市××医院与××建工集团总公司正式签订了总承包合同。

2010 年 12 月，项目竣工。截至 2012 年 10 月 10 日，该项目已完成建设和财务竣工决算工作。

通过上述可知，××医院在改扩建工程过程中严格遵守我国建设程序，保证了该项目良好的建设条件。

2. 项目实施的评价

（1）项目建设管理方式评价

××医院改扩建项目的建设管理方式，如图 8-4 所示。

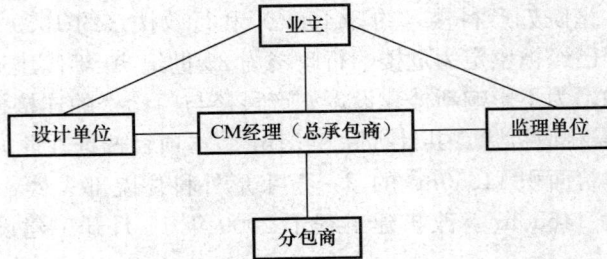

图 8-4　××医院项目管理方式图

从图可以看出，××医院的建设管理方式是由业主分别与设计单位、总承包商和监理单位签订合同，总承包商再与各个分包商签订合同。设计单位负责工程的设计方案及施工图的设计工作，由总承包商兼 CM 经理负责项目的主体施工，分包商负责装修等有关辅助性工作的完成。监理单位来负责全面监理任务。

（2）工程施工评价

1）施工工期

该项目 2009 年 11 月开始施工，2010 年 12 月竣工，总工期 13 个月。项目在实施过程中，合理安排施工进度，在保证基建工作取得圆满成功的同时，医院医疗工作基本没有受到影响，病人没有减少，收入没有减少。在完成改造后由于医院面貌发生了巨变，各项设施先进，就医条件优越，吸引了越来越多的病人。

2）工程质量

监理规划中的目标为达到国家质量验收标准"优良"等级。该工程目前已经通过政府有关部门的正式验收，各项指标都达到了有关标准，为优质工程。在施工过程中，各施工单位都有相应的质量保证措施。各施工单位的质量管理制度全面执行 ISO9002 质量标准。质量管理制度如下：

① 技术质量责任制

由项目经理对工程质量全面负责，班组要保证分部分项工程质量，施工每道工序都要认真把关，以保证施工质量。

② 质量岗位制度

严格执行"三检制"，即自检、预检和交接检。班组在分项工程完工后，必须进行自检和预检，工长和专职质量员在下道工序施工前，必须进行交接检，未经质量员核检的工序，不准进行下道工序施工。

③ 质量预控制

认真进行图纸会审，提前发现和纠正图纸中的问题。每个分部分项工程开始前，必须进行技术交底。对工程的关键工序从技术上制定出质量控制点，确保关键部位工程质量。项目经理部根据工程项目合同中的有关内容，依据质量手册、程序文件和作业文件编制质量计划，对项目工程质量实施管理控制。

④ 样板引路制度

在重要分部分项工程大面积施工前要做出样板，经甲方、监理和施工单位确认后，才可以大面积施工，并组织和培训施工人员，让施工人员了解质量标准，做到心中有数。

⑤ 材料进场检验和试验制度

凡进入现场的原材料，必须先检查合格证，再按有关要求进行取样复试，合格后方可使用。严禁不合格的原材料进场。

⑥ 工程数据管理制度

为了充分满足工程质量的可塑性，项目应设专人对施工过程中产生的与施工有关的工程技术资料加以整理汇总，以确保工程在有效受控状态。

在保证工程质量方面，外部的监督起着非常重要的作用，在该项目中，主要采取了以下措施，依照《中华人民共和国建筑法》和基本程序的规定，请专业的工程监理公司进行工程全过程监理，同时工程完工后，还要请质量监督部门进行终结验收。从开始使用到目前的状况来看，该工程的质量是比较过关的。

3）施工安全

为确保安全，各施工单位都采取了相应的措施，安全管理措施执行××建工集团施工现场安全管理标准，建立现场项目的各级安全岗位责任制。除此之外，还相应的采取了以下安全措施：①设备管理措施。②脚手架措施。③防火措施。④施工用电措施。⑤机具使用措施。⑥高凳使用措施等。

工程在施工过程中，在不影响患者就医的情况下，未发生施工安全责任事故，因此安全工作完成比较好。

（3）工程监理工作

该工程的监理单位是××工程建设监理公司，在正式接受工程监理任务后，制定了监理规划。在监理规划中，对工程项目建设的监理内容进行了细化，组建了监理组织并明确了职责分工及岗位责任，对监理目标进行了分解并制定了详细的实施计划和工作制度。在施工期间，监理组所做的工作主要包括以下几项内容：

1）在质量控制方面，严格按照公司下发的 ISO9002 贯标文件去执行，切实做到每一个分部、分项施工以前先审核，有关的隐检质评等技术资料经审核无误后再进行现场实际验收，做到施工和资料同步进行。

2）在进度控制方面，督促施工单位排出合理的进度计划，且按计划组织劳动力及各种材料的进场情况，首先让施工单位将施工中的进度计划报上来，经过审核无误后方允许其进行施工。在施工中随时注意各部分情况，遇到问题及时提出加以纠正。

3）在投资控制方面，根据合同约定的付款周期，对施工单位实际完成的部位及质量、工程量进行审核，审核无误后方才签字盖章通过。

在整个施工过程中，监理单位对一些重点部位做好质量预控以及跟踪检查工作，对进场材料严格按照有关规定进行抽检，及时对分项、分部工程进行检验评级，对工程中出现的质量问题及工程质量事故认真分析处理，使分项工程的优良率始终保持在规定范围内。

监理组分项工程优良率控制图，如图 8-5 所示。

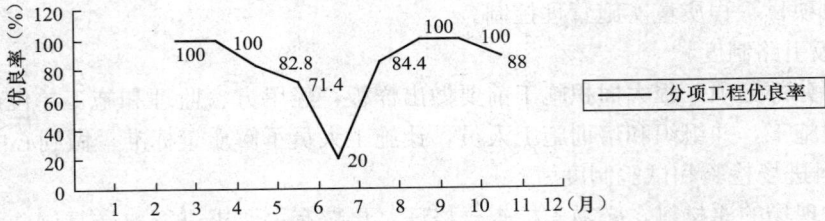

图 8-5 医院分项工程的优良率控制图

3. 项目投资过程评价

（1）项目投资变化情况

2009 年 2 月，××医院改扩建住院楼项目建议书被批准，同意该医院改扩建住院楼项目立项，此次改扩建拆除危旧房屋 5431m²，新建一幢住院楼，建筑面积为 14650m²，改扩建后医院总建筑面积达到 29400m²，该项目总投资 2740 万元，其中：市财政专项拨款 2000 万元，其余不足部分通过申请国家补助及医院自筹解决。

2009 年 11 月，××市建筑设计院完成初步设计及总概算。设计规模为：该项目建筑面积为 14146m²，占地面积为 1500m²，该项目建设总投资为 3237 万元。资金来源：市财政专项资金 2000 万元，中央预算内拨款 100 万元，医院自筹资金 1137 万元，并于 2009 年 11 月上旬开工。在项目实施过程中，个别项目的投资数目发生变化，但是由于财政投资包干，项目的总投资并没有变化。

（2）投资构成分析

1）××医院概预算投资构成，见表 8-5。

××医院分项投资构成 　　　　　　　　　　　　　　　表 8-5

项目名称	概算投资		预算投资	
	金额（万元）	比例（万元）	金额（万元）	比例（%）
土建项目	1174.24	59.49	1283.15	54.59
给排水工程	133.31	6.75	97.31	4.14
消防工程	83.09	4.21	110.64	4.71
空调系统	219.61	11.13	274.98	11.70
通风	51.61	2.61	68.86	2.93
电气	122.21	6.19	104.52	4.45
电梯	63	3.19	102	4.34
手术室系统	0	0	180	7.66
医用管理	20.26	1.03	30.4	1.30
室外工程	106.49	5.40	98.559	4.19
合计	1973.82	100	2350.419	100

从上表分析可知，在工程预算投资中除土建项目外，占总投资比例较大的是空调系统，其次是给排水、消防系统、电气及电梯等系统。而空调系统由于在初步设计中涉及比

较粗略，施工过程中又发现原有空调系统不符合实际需要，因此做了较大调整。另外，从概预算对比分析可知，预算增项主要有 2 类：一类是甲方为提高标准新增的项目，主要是净化手术室工程；另一类属于概算偏低，无法满足医院使用要求的项目，主要有：电梯、空调系统。

2）按照投资费用划分总投资构成，见表 8-6、图 8-6。

预、决算投资对比表

表 8-6

序 号	项目名称	预算投资		决算投资		差额	
		金额（万元）	比例（%）	金额（万元）	比例（%）	金额（万元）	比例（%）
1	一类费用	2565.5000	79.26	3107.0276	95.98	541.5276	16.73
1.1	建安投资	1914.2300	59.14	2262.5979	69.90	348.3679	10.76
1.1.1	住院楼工程	1623.1100	50.14	1937	59.84	313.89	9.7
1.1.2	空调及排水工程	151.9000	4.70	220.6695	6.82	68.7695	2.12
1.1.3	室外工程	139.2200	4.30	104.9284	3.24	−34.2916	−1.06
1.2	设备投资	651.2700	20.12	844.4430	26.09	193.173	5.97
2	二类费用	671.5000	20.74	129.9724	4.02	−541.5276	−16.73

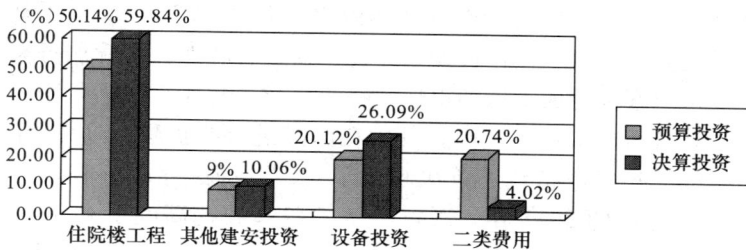

图 8-6 预、决算投资构成对比图

由表 8-6 和图 8-6 可知，从总体上看，决算投资与预算投资的投资额都是 3237 万元，决算投资并没有超过预算投资，但是投资的变动非常大。一类费用超支了约 542 万元（占总预算的 16.73%），二类费用节约约 542 万元。在一类费用中，建安工程超支 348 万元（占总预算的 10.76%），其中住院楼工程超支 313 万元（占总预算的 9.7%），空调及排水工程超支 69 万元（占总预算的 2.12%），室外工程减少投资 34 万元（占总预算的 1.06%）。设备投资超支 193 万元（占总预算的 5.97%）。建安工程超支的主要原因有：一方面，建设单位提高建设标准，新增加一些项目，导致投资增加；另一方面，工程设计变更也是增加投资的一个原因。二类费用节约的主要原因是：在工程建设过程中，财政部门积极同有关部门协调，减免二类费用 540 多万元。

4. 项目的效益评价

（1）经济效益评价

1）收入分析，如图 8-7 所示。

××医院在改扩建期间，由于组织措施得力，业务收入非但没有下降，反而有了较大幅度的上升。在工程完全投入使用的 2011 年，收入更是达到了 7214.70 万元，比改造前

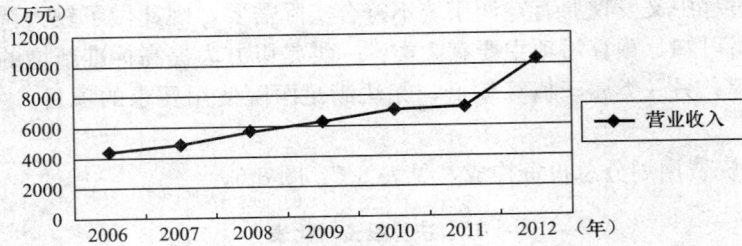

图 8-7　营业收入变化图

的 2009 年增加了接近 1000 万元。由此可见，此次的改扩建工程，改善了××医院的就医环境，医院业务量大幅增长，为该院带来了相当可观的经济效益，为××医院的经济发展起到了推动作用。

2）医疗经济效果分析

医疗经济效果可用（式 8-2）表示。

$$医疗经济效果 = \frac{医疗服务总收入}{医疗服务总成本} \qquad (式 8-2)$$

式中：医疗服务总收入＝门诊收入＋入院收入＋药品收入＋其他收入

医疗服务总成本＝工资＋管理费＋业务费＋药品材料费＋折旧基金

由图 8-8 可以看出，××医院的医疗经济效果指数从 2006～2008 年基本上是处于递减状态，其原因是医院硬件水平差，长期处于超负荷运转状态，医疗服务总收入虽然在逐年增加，却远不及医疗服务总成本增加得快。在改扩建工程完工以后，由于医疗条件得到很大提高，医疗效果自然也得到了提高，其中在医院进行改扩建的 2010 年，由于组织措施得力，医院当年的医疗经济指数还首次超过了"1"，即医疗服务收入大于医疗服务成本。在改扩建工程完工后的 2011 年，医疗经济效益指数提高到了 0.97，比改扩建前的 2007、2008、2009 年分别提高了 0.032、0.061、0.001。可见改扩建工程后××医院的经济效果得到了一定程度的改善。

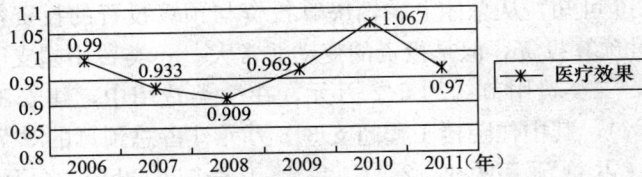

图 8-8　××医院医疗效果变化趋势图

3）医疗消耗亏损率

医疗消耗亏损率可用（式 8-3）表示。

$$医疗消耗亏损率 = \frac{医疗收入}{1 - 医疗消耗} \times 100\% \qquad (式 8-3)$$

式中：医疗收入＝门诊收入＋住院收入；医疗消耗＝药品材料费＋折旧基金

分析表 8-7、图 8-9 得知，××医院的医疗消耗亏损率近几年一直呈下降趋势，说明该院的医疗收入可以覆盖大部分的医疗消耗费用，其中 2010 年的医疗消耗亏损率上升是受该年医院的改扩建工程的影响。但在工程竣工后的 2011 年，医院的医疗消耗亏损率已经为负数，说明医院当年的医疗收入不但可以覆盖医疗消耗费用，而且已经超过了医疗消耗，说明改扩建工程改善了医院的医疗消耗亏损状况，是非常有效的。

改扩建前后××医院医疗收入及医疗消耗数据表　　　　　表 8-7

年份（年）	2006	2007	2008	2009	2010	2011
医疗收入（万元）	1904.79	2168.42	2639.43	2964.98	2970.13	3402.99
医疗消耗（万元）	2478.55	2663.97	2991.88	3028.97	3261.17	3309.01
医疗消耗亏损率（%）	23.15	18.6	11.78	2.11	8.92	−2.84

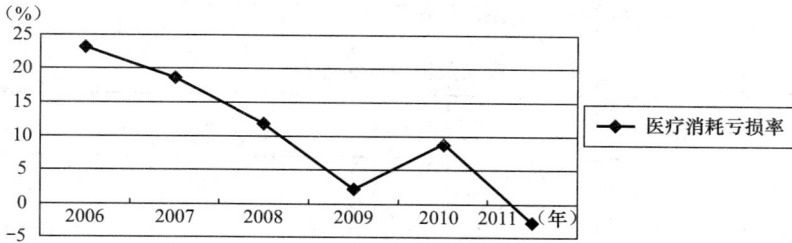

图 8-9　　××医院医疗消耗趋势图

（2）社会效益评价

1）工作效率指标

××医院 2006～2011 年医疗业务统计情况，见表 8-8。

××医院 2006～2011 年医疗业务统计表　　　　　表 8-8

指标（年）	2006	2007	2008	2009	2010	2011
全年诊治人次（人次）	518417	617591	356389	270167	232359	240634
日平均诊治人次（人次）	1781.50	2072.45	1212.21	882.90	870	795
入院人数（人）	7546	7537	7002	6606	6184	6325
出院人数（人）	7490	7619	7047	6631	6198	6273
平均住院日（日）	15.5	13.9	12.6	11.8	11.1	10.3
病床周转次数（次）	16.1	16.4	15.2	15.6	20.3	18.9
病床使用率（%）	73.6	70.3	57.8	54.5	66.2	59.0

① 诊疗人次的变化

根据统计资料做××医院的年诊疗人次的变化，如图 8-10 所示。

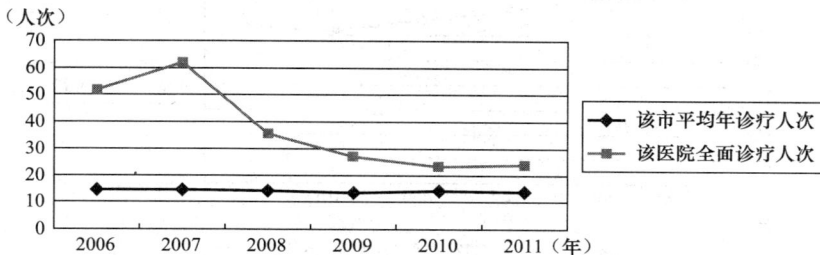

图 8-10　　该医院与该市平均门诊量变化趋势对比图

通过上图可清晰地看出，除了 2007 年和 2011 年分别比前一年的全年诊治人次有所提高外，其他各年均是下降的趋势。各年的具体变化情况为：2007 年比 2006 年增加了 19.13%，2008 年比 2007 年减少了 42.29%，2009 年比 2008 年减少了 24.19%，2010 年比 2009 年减少了 13.99%，2011 年比 2010 年增加了 3.56%。

那么究竟是什么原因导致该医院近几年来的诊疗人次持续处于下降趋势呢？后评价对诊疗人次造成影响的相关指标进行了分析。

首先是病人的负担指标。病人的医疗费用负担指标可以反映医院的社会效益，能促进医院合理用药，合理作检查项目和加强管理，提高医疗质量，努力减轻病人负担。该医院 2006～2011 年的各项病人负担指标，见表 8-9。

病人负担数据统计表

表 8-9

年份（年） 项目（元）	2006	2007	2008	2009	2010	2011
门诊每人次费用	27.83	26.39	52.71	78.71	90.76	115.18
门诊药费	20.84	19.11	39.54	51.55	58.47	73.05
每病床日收费用	193.72	227.31	341.70	444.55	501.78	584.64
每病床药费	83.55	96.45	135.41	173.49	203.81	222.29

由此表看出，在 2006～2011 年间，该医院不管是门诊每人次费用（药费）还是每病床日收费用（药费）都呈明显的上升趋势，那么医疗费用的增加会不会是导致该医院在这几年里门诊人次和入院人次减少的主要原因呢？通过问卷调查，了解到病人选择医院人们在选择医院时，第一考虑因素中排名首位的是医疗设施因素，占了 54.55%，其次是医院的知名度，约占 36.36%。可见，医疗设施和医院的知名度是人们选择医院时着重考虑的两个因素。在第三考虑的因素中，最主要的要数服务态度了，占了 72.73%。在第四考虑的因素中，医疗环境无疑是主导因素了，约占 72.73%。在最后考虑的因素中，依次为费用和医疗环境。可见，在所有因素中，医疗设施、医院的知名度和医疗环境为主要因素，费用和服务态度为次要因素，但并不等于可以忽略不计。

因此，人们在选择医院时，普遍不会把医疗费用作为重点因素来考虑，几年来医疗费用的增加虽然在一定程度上会影响医院的门诊人次和入院人次，但它并不是主要原因。

② 入院人数的变化

改扩建前后××医院住院人数变化趋势，如图 8-11 所示。

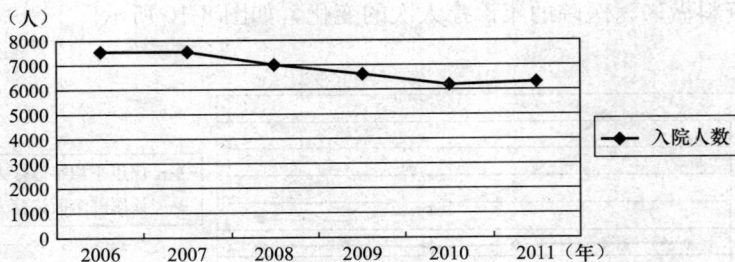

图 8-11　××医院住院人数变化趋势图

由××医院住院人数变化趋势图可知，医院的入院人数从 2006～2009 年是逐年下降的，其主要原因分析为该院的病房破旧，医疗配置简陋，医疗环境差，病人不愿到该院进行住院治疗。而 2010 年的"谷底"现象则和医院当年因为施工改造而大规模减少病床数量有关（2010 年医院的病床由 464 张减少到了 305 张）。但是在该院新住院楼交付使用后，入院人数开始上升，说明该院改建后的住院条件和环境得到了越来越多的病人的认可。也说明医院的改扩建工程还是十分必要的，它适应了市场上不断增长的医疗服务需求。

③ 病床周转次数和病床使用率

把该医院的这两项指标和该市的平均水平作了对比，具体数据，如图 8-12、图 8-13 所示。

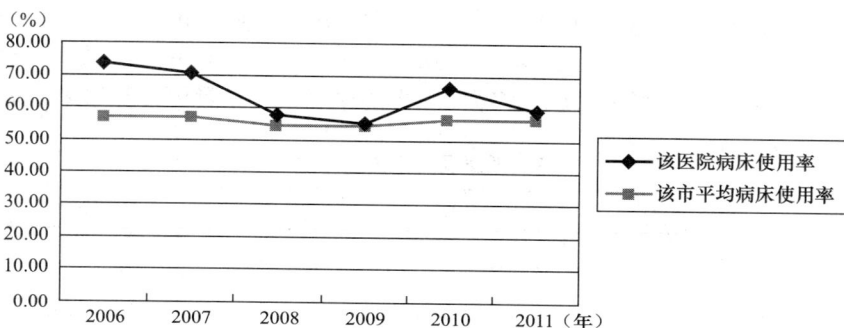

图 8-12　该医院病床使用率与该市平均水平对比图

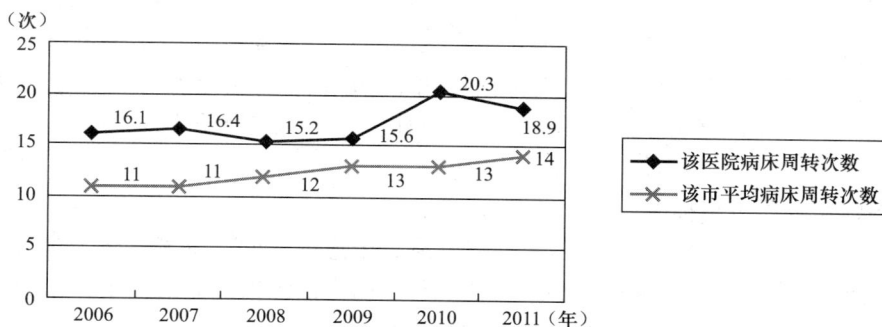

图 8-13　该医院病床周转次数和该市平均水平对比图

由以上两图可知，该医院的病床周转次数和病床使用率这两项指标符合××市的总体趋势，即从 2006～2009 年持续下降，2010 年上升，而后在 2011 年又再度下降。而且该院的指标水平要高于该市平均水平，说明社会对该医院医疗服务的需求比较高，而该院的"硬件"水平较差，一直处于超负荷运转状态，可见改扩建工程的必要性。

④ 住院日数

医院的病床周转次数的变化，除了与医院的管理水平有关以外，还与平均住院日数有关，该医院近几年来的住院日数具体数据变化，如图 8-14 所示。

从 2006～2011 年，××医院平均住院日数逐渐下降，尤其在 2008 年下降幅度较大。这一方面是因为医院的管理水平在不断上升，住院的病人可以得到优质的治疗服务，从而缩短了住院时间；另一方面，医院改扩建工程完工后，医院先进的医疗设施，优越的医疗环境，也有利于治疗时间的缩短。

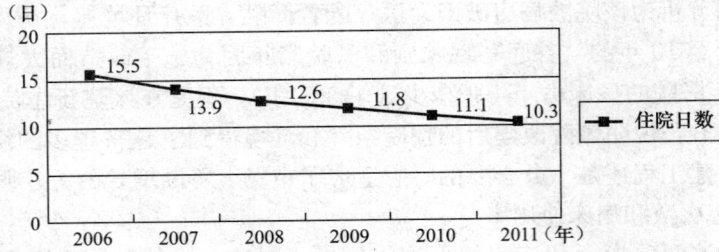

图 8-14 该市××医院平均住院日数变化图

平均住院日数缩短的社会效益十分明显，不但可以减轻病人的痛苦，而且可以减少病人家属因为要照顾病人而造成的误工时间，从而减少了病人家庭的经济损失。通过收集有关数据计算得出了病人家属因住院日缩短而减少的误工损失。具体计算结果，见表 8-10。

病人家属误工损失数据表 表 8-10

年份（年）	1996	1997	1998	1999	2000	2001
平均每人误工天数（天）	15.5	13.9	12.6	11.8	11.1	10.3
比上一年减少的误工天数（天）	—	1.6	1.3	0.8	0.7	0.8
当年职工平均日工资（元）	20.88	22.57	27.11	30.26	33.92	39.02
平均每人减少的误工损失（元）	—	36.11	35.24	24.21	23.74	31.22

注：平均每个病人家属减少的误工损失＝当年职工平均日工资×比上一年减少的误工天数

由以上数据看出，由于从 2008 年开始病人家属比上一年减少的误工天数一直呈下降状态，所以导致从 2008 年起减少的误工损失比 2006 和 2007 年有所下降，但是由于病人住院时间的缩短，每年都会比上一年减少一定的损失。可见，××医院改扩建工程社会影响的相对有效性。

2）医疗服务质量指标

医院的医疗服务质量可以用治愈率、好转率、未愈率、死亡率来反映，也可以用平均住院日、诊断符合率等指标来反映。平均住院日数前文已经做过分析，下面来分析一下治愈率、好转率、病死率及诊断符合率的变动情况。

① 治愈率、好转率、病死率的变化

该医院病人治愈率、好转率、病死率指标表 表 8-11

年份（年）	2006	2007	2008	2009	2010	2011
治愈率（%）	78.1	75.4	75.5	77.1	73.4	73.6
好转率（%）	17.0	19.7	20.5	18.0	22.5	22.5
病死率（%）	2.1	2.1	1.5	2.1	1.9	1.8

由表 8-11 可知，该市××医院治愈率变化较大，而好转率有所上升。治愈率在 2007 年下降了 2.7 个百分点，在经历了 2008 年和 2009 年的短暂回升后，2010 年又大幅度下降，在 2011 年小幅回升。说明××医院的医疗服务质量有所下降，尤其是 2007 和 2008 年，治愈率下降较多。原因可能与近几年来不断有新发病症出现，医疗服务不断面临新的挑战有关，但是也是和该医院超负荷运转及就医环境较差分不开的。

尽管该院的病死率在近几年一直是稳定的下降趋势，并且治愈率在改扩建工程完工后有所提升，但是水平仍旧不高，说明××医院的科研水平今后还需要进一步的加强。

② 出入院诊断符合率变化

由图8-15可知，自2009年以来，医院的诊断符合率有所下降。因此，改扩建工程后，××医院只有科研水平跟上，才能充分发挥新建设施的效益。

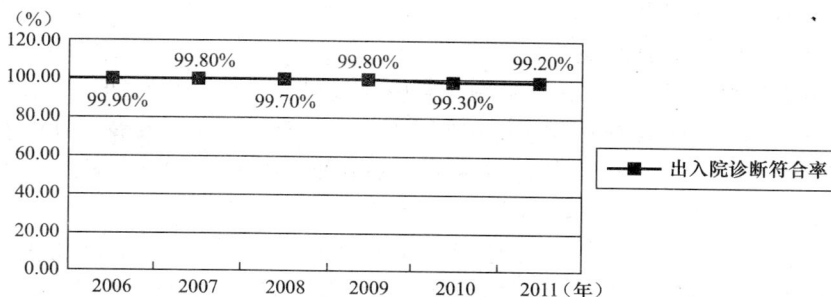

图8-15　××医院近年来出入院诊断符合率趋势图

3）医院的科研评价

××医院在近几年来实行人才兴院的战略，尤其在医院改扩建以后，医院的医疗环境和科研环境都得到了很大的改善。医院按项目管理方式加强重点学科建设，建立了两个中心：全国中西医结合××疾病诊疗中心和该市微创外科中心；一个基地：该市中西医结合胃肠疾病诊疗基地。在此战略的带动下，科研水平也上了一个新台阶。

总之，××医院改扩建以后，就医环境大大改善，对于减轻病人痛苦，提高医疗水平，对提高该市中西医结合的医疗保健效果有很大的促进作用。人民身体素质提高后，患病率降低，可以减少家庭在医疗药品方面的开支，同时家庭成员照顾病人的时间也将减少，家庭生活质量提高。从长远来看，医院医疗环境改善，医疗设施和技术水平提高，将会吸引和培养更多的高水平专业人员，对医院的教学和科研也将有很大的促进作用。

（3）环境效益评价

医院环境效益的内涵比较深，外延也比较广，是医院效益评价的新课题，也是医院效益评价的又一重点。我们对××医院改扩建工程后医院的医疗废品的处理、放射科的安全保护措施、医院内部布局和院内绿化等问题作以下分析。

1）××医院原污水处理设备较陈旧，在此次改扩建项目中，"以新带老"增设了2台污水处理设备，大大提高了水质。外排水水质也能做到达标排放，对受纳水体无明显影响。

2）固体废物在采用符合环境保护要求（炉温800～1000℃）的焚烧炉中焚烧，对周边环境无危害。

3）污水处理站的污泥在经过无害化处理后，运往垃圾场集中处理，不会对环境构成明显影响。

4）放射科的防护措施安全有效，按类比资料对外部环境不会产生放射性污染。

5）××医院在改扩建前，两面临街，另两面临进学校用地，占地面积窄小，环境欠佳。在本项目拆除危旧房、改扩新建住院部大楼后，由于楼层加高缩小了占地面积，该院利用这片空地最大限度的种植了花草树木。由于××医院本身占地面积狭小的客观原因，该院的绿化率还是没能达到相关标准。但是，目前的绿化程度较改扩建以前还是有很大程度的提高，它美化了病人的就医环境，净化了空气中的有害气体，一定程度地提高了该医院的环境质量。

5. 项目的投资控制评价

（1）投资控制的基本措施

该项目实施期间，正值国家在财政领域实施公共财政、政府采购和集中支付三大改革措施之际，该市财政局在该项工程中大力推行了这些措施，并有所发展。具体做法有：

1）立项审批制度，执行了严格的项目建议书和可行性审批制度，审批合格的项目才可以列为年度执行项目，列入预算。

2）严格政府采购制度，包括大宗建设用机电设备、工程材料、对承建政府投资工程项目设计、监理施工的公开招标。尤其是在政府投资工程项目上实行了"三分离"、"三集中"和"三公开"，即使用权、采购权与资金支付权分离，采购集中审批、项目集中采购、款项背书支付，采购程序公开、采购方式公开、采购价格公开。

3）严格项目评审程序，从项目可行性研究阶段的估算，到设计、招标阶段的概预算标底以及施工过程的支付，竣工结算（决算），都要执行严格的财政评审制度。

4）严格项目管理制度，政府投资工程项目若缺少投资约束机制，就很可能变成"三超"工程，最后成为参与投资和建设各方谋取利益的"投资黑洞"，为杜绝此类情况发生，该项目严格工程合同管理，实行按进度支付，防止发生索赔事件；严格项目竣工验收以及结算；严格审查工程量变更带来的资金投入的追加。

（2）投资过程中的政府采购

为增强政府宏观调控能力，充分发挥财政监督职能，有效地抑制腐败行为，进一步加强财政资金管理，提高资金使用效益，依据国家有关法律、法规以及《××实行政府采购制度暂行办法》的规定，该市财政局受市政府的委托全面负责组织实施全市范围内预算拨款单位、财政投资项目以及属于政府财政性支出单位和项目的政府采购工作。目前，政府采购的管理模式有 3 种。

1）集中采购模式（政府所需的物品、工程和服务统一由一个机构采购）

2）分散采购模式（采购活动在财政监督下，由需求单位和部门自主进行）

3）适度集权模式（法律文明规定部分采购项目由政府指定的专门机构统一采购，其他项目则由各部门自行采购。这种采购模式集集中采购和分散采购之所长）

综合分析，××医院改扩建项目采取的是以集中采购模式为主，分散采购模式为辅的采购模式，即对该工程所需要的空调和电梯等大宗设备均由政府部门统一采购，其他小型设备是在政府部门的监督下自行购买的。在市财政局参与和监督下，有效地防止过去屡屡发生的建设单位主管部门以及建设单位私自挪用建设资金、扩大建设规模及提高建设标准等现象，避免了资金沉淀。政府采购的流程，如图 8-16 所示。

（3）资金支付控制图

为了防止"钓鱼工程"、"三超工程"的出现，有效控制工程投资，该项目采取了工程价款支票背书支付的方法，即指定开户银行，开工前自筹资金及其他来源资金必须全部存入财政指定专户，并上报施工进度计划。开工后，凡是超过 2000 元以上的各项开支，建设单位应按规定日期提出用款申请并上报"工程价款审批单"，经财政部门审核后按进度拨付资金，财政部门对支票背书后，方可到指定开户银行办理资金支付手续。其中，工程价款背书支付的过程，如图 8-17 所示。

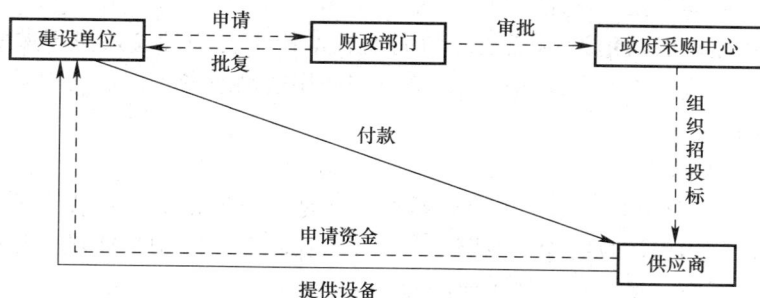

图 8-16 政府采购流程图

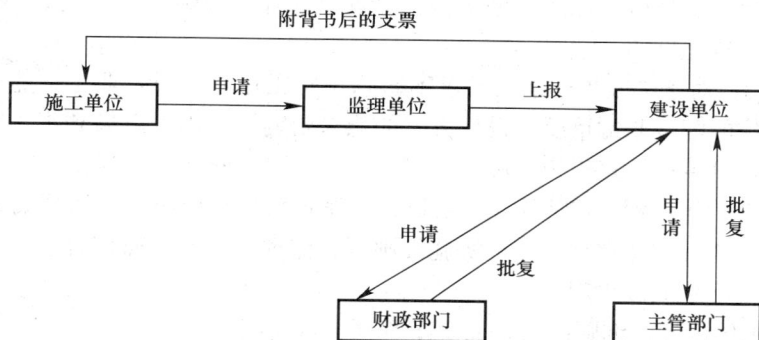

图 8-17 支票背书支付流程图

在工程开工前，建设单位要上报财政局施工进度计划表。在施工过程中，施工单位按照工程进度定期提出工程价款结算申请，由监理单位签证并经建设单位认可，必须再由该市财政局经济建设二处严格审查，并与施工进度计划核对后方可付款。实践证明，这一条办法对于施工进度及工程价款的有效控制起到了积极的作用。

6. 后评价结论

对该市××医院改扩建项目后评价结论如下：

（1）某市××医院改扩建工程完工后，极大地改善了该市人民的就医环境，其硬件指标基本达到了国家三级甲等医院的建设标准，其重点专业也能保持在国内领先的地位，更好地为周边地区患者服务，实现了社会效益和经济效益的双丰收。

（2）该工程在实施过程中，大力推行政府采购制度及支票背书制度。项目的资金筹措采用"拼盘"形式，且财政资金投资包干，超支不补。不仅有效地保证了财政资金不被"钓鱼"，同时，也未影响该医院的工程设计变更。

（3）该项目在实施过程中，医院为不停诊做了大量工作。业主、监理单位、施工单位、设计单位密切配合，设计方案未雨绸缪，施工方案切实可行，医院领导调度有方，保证了在基建工作取得圆满成功的同时，医院医疗工作也没有受到影响，病人没有减少，收入没有减少。

（4）该项目的营运准备工作良好，在项目建设期间及时派出人员到有关设备供货单位实习，掌握有关医疗设施的使用方法，同时注意做好规章制度的建设，保证了新增的医疗设施在项目竣工后马上投入使用，发挥效益。

（5）该项目比较成功地运用了全寿命周期成本最小化的理念，对于关键部分舍得投资，避免了由于一次性投资不足而造成以后维修费用过高或者是以后还得重新投资改造造成更大损失的问题。

7. 主要经验和建议

主要经验 1：对××医院这类既有公益性，又是一个城市的形象代表的工程，建设标准应与该市的地位相称，政府除了在资金上给予补贴以外，在项目建设过程中的协调与管理是使项目节约资金、尽早竣工的主要因素之一。

主要经验 2：医疗卫生机构的配置应符合国家卫生事业的总体要求，在国家大力推行社区卫生服务体系的同时，"城市大医院主要从事急危重症和疑难病症的诊治，结合临床实践开展医学教育和科研工作，不断提高医学科技水平"。因此，××医院医疗设施和教学设备应该是比较先进的。

主要经验 3：对于在改扩建期间要求不影响正常工作的项目，业主、监理单位、施工单位、设计单位的配合非常重要，设计方案如能未雨绸缪，则可以做到事半功倍，再加上在实施工程中建设单位认真组织实施，就可是实现建设、营业两不误。

主要经验 4：为了保证工程质量，完善的工程质量监督措施非常重要，××医院成功的经验有：制定执行监理规划及监理实施细则制；监理月报制；监理日志制；工程项目总监与业主定期或不定期碰头制。

建议 1：提倡设计咨询顾问兼任监理工程师，这是因为：

（1）一个公司一旦从事设计，那么它的监理工程师比来自其他的公司的监理工程师更熟悉工程。

（2）由于监理与设计同出一家，所以当工程建设过程中发现设计有纰漏或者有更好的建议时，一方面监理方会更积极地提出反馈；另一方面设计方也会积极接受。而且由设计单位来组织施工的监理工作，可以简化手续，降低工作强度。

建议 2：××医院在建设上没有采用双回廊的方式，采光不是很充分，绿化面积也没能达到国家统一标准。但是××医院面积狭小，地处人口密集区，无法做到以上各点也是情有可原的。

思考与练习

1. 什么是项目后评价？后评价的意义是什么？

2. 围绕后评价的范围，请列举出 10 个你知道的必须做后评价的项目名称。

3. 项目后评价的报告包括哪些内容？

4. 项目后评价的指标体系包括哪些内容？

5. 项目后评价的方法有哪些？

6. 结合一个后评价方法，分析这个方法的具体应用过程。

7. 试着整理一个项目的建设过程资料，并对其进行后评价。

8. 试着整理一个项目的立项资料和立项后的经济数据，应用有无对比法进行项目的后评价。

进一步阅读文献推荐

1. 全国注册咨询工程师（投资）资格考试参考教材编写委员会. 项目决策分析与评价 [M]. 北京：中国计划出版社，2011.

2. 张三力. 项目后评价 [M]. 北京：中信出版社，2002.

3. 全国注册咨询工程师（投资）资格考试参考教材编写委员会. 工程咨询概论 [M]. 北京：中国计划出版社，2011.

4. 李丽红. 政府投资项目后评价管理机构研究 [J]. 北京：商业经济，2004，（3）.

参 考 文 献

1. 全国注册咨询工程师（投资）资格考试参考教材编写委员会. 项目决策分析与评价 [M]. 北京：中国计划出版社，2011.11.

2. 夏立明，朱俊文. 工程项目管理 [M]. 天津：天津大学出版社，2010.

3. 全国注册咨询工程师（投资）资格考试参考教材编写委员会. 工程咨询概论 [M]. 北京：中国计划出版社，2011.

4. 张萍. 工程咨询专业人士制度研究 [D]. 天津理工学院硕士论文，2004.

5. 因地制宜，充分吸收和利用规划咨询成果——以"南宁市相思湖新区概念性规划国际咨询"为例，规划纵横，2004，(8)：45—48.

6. 刘雪明. 西方发达国家政策咨询业发展的经验探析 [J]. 江西行政学院学报，2003，5 (4)：32—36.

7. 王兴洲. 我国地方政府应建立现代政策研究咨询机制 [J]. 合作经济与科技，2007，332：67—68.

8. 詹姆斯·汤普金斯. 设施规划 [M]. 北京：机械工业出版社，2008.

9. 齐二石. 物流工程 [M]. 北京：高等教育出版社，2006.

10. 张三力. 项目后评价 [M]. 北京：中信出版社，2002.

11. 尹贻林，阎孝砚. 政府投资项目代建制理论与实务 [M]. 天津：天津大学出版社，2006.

12. 咨询工程师教育丛书编写组. 建设项目咨询工程师实务知识手册 [M]. 北京：中国计划出版社，2003，239-239.

13. 杨枫. 代建制项目风险及取费标准研究 [D]. 中南大学，2010.

14. 白俊峰. 代建项目过程绩效评价及管理绩效改善研究 [D]. 天津大学，2010.

15. 刘媛媛. 全过程造价咨询业务研究：以威宁谢工程咨询公司工料测量及工程造价管理业务为例 [D]. 天津理工大学，2012.

16. 陈艳文. 浅谈建筑工程造价中各个阶段的合理控制 [J]. 民营科技，2012 (1)：167.

17. 吕维锋，吴佳颖. 工程项目验收管理研究 [J]. 项目管理技术，2011，9 (3)：66-70.

18. 唐培文. 浅谈工程竣工验收管理 [J]. 中国有色建设，2009 (4)：33-36.

19. 胡团结. 工程项目竣工结算审计的研究与探讨 [D]. 同济大学，2007.

20. 国家发展改革委. 建设项目经济评价方法与参数（第三版）[M]. 北京：中国计划出版社，2005.

21. 李永福. 建设工程法规 [M]. 北京：中国建筑工业出版社，2011.

22. 齐宝库，黄如宝. 工程造价案例分析 [M]. 北京：中国城市出版社，2013.

23. 顾永才. 招投标与合同管理 [M]. 北京：科学出版社，2009.